viceversa literatur 7

Jahrbuch der Schweizer Literaturen

Porträts von Étienne Barilier, Paolo Di Stefano, Händl Klaus, Kurt Marti, Anne Perrier, Monique Schwitter und Leta Semadeni

Hommage für Anne Perrier von Sylviane Dupuis, Lisa Elsässer und Alberto Nessi

Zu Gast: Plinio Martini und Ángela Pradelli

Übersetzen: Carte blanche für Maurizia Balmelli, Christina Viragh und Christian Viredaz

Inédits von Werner Lutz, Ugo Petrini und Noëlle Revaz

Herausgeber Service de Presse Suisse

Rotpunktverlag
Zürich

Herausgeber und Verlag danken folgenden Institutionen für die großzügige finanzielle Unterstützung:

Bundesamt für Kultur
Sandoz-Familienstiftung
Fondation Leenaards
Loterie Romande
Migros-Kulturprozent
Pro Helvetia, Schweizer Kulturstiftung

Die Redaktion bedankt sich bei folgenden Personen für ihre Unterstützung und ihre wertvollen Hinweise:

Yvonne Böhler, Patrick Bornoz, Doris Jakubec, Alessandro Martini, Nicole Pfister Fetz (AdS), Gabriela Stöckli (Looren), Alexandra von Arx und Gabriela Zehnder

Ein großer Dank gebührt auch den Autorinnen und Autoren, die einen unpublizierten Text zur Verfügung gestellt haben:

Étienne Barilier, Paolo Di Stefano, Sylviane Dupuis, Lisa Elsässer, Händl Klaus, Werner Lutz, Kurt Marti, Alberto Nessi, Anne Perrier, Ugo Petrini, Ángela Pradelli, Noëlle Revaz, Monique Schwitter und Leta Semadeni

www.viceversaliteratur.ch
Eine neue Internetseite für Schweizer Literatur
Nach fünfzehnjähriger Tätigkeit auf dem Netz wurde Culturactif im Oktober 2012 zur dreisprachigen Website www.viceversaliteratur.ch.
Als Online-Schwester des Literaturjahrbuchs Viceversa Literatur widmet sich die Plattform den Schweizer Literaturen.
Das Projekt des Vereins Service de Presse Suisse publiziert wöchentlich neue Beiträge: Rezensionen, themenzentrierte Artikel, Interviews u. a. mehr.
Es unterhält zudem ein Archiv mit Autorinnen und Autoren der Schweiz (unabhängig von ihrer nationalen Zugehörigkeit).
Kontakt: ruth.gantert@viceversaliteratur.ch

www.rotpunktverlag.ch

Lithografie: typopoint GbR, Ostfildern
Druck und Bindung: Friedrich Pustet KG, Regensburg

ISSN 1662-0380
ISBN 978-3-85869-541-3

1. Auflage

Porträts

9 Kurt Marti | *von Lukas Dettwiler und Guy Krneta*

34 Anne Perrier | *von Françoise Delorme, Rui Terra, Sylviane Dupuis, Lisa Elsässer und Alberto Nessi*

70 Paolo Di Stefano | *von Federica Alziati*

91 Monique Schwitter | *von Ruth Gantert und Liliane Studer*

113 Étienne Barilier | *von Sylvie Jeanneret*

139 Leta Semadeni | *von Angelika Overath*

161 Händl Klaus | *von Christa Baumberger*

Zu Gast

182 Plinio Martini | *von Andreas Gefe, Matteo Ferrari und Isabelle Pralong*

196 Ángela Pradelli

Übersetzen

208 Carte blanche für Christina Viragh

215 Carte blanche für Christian Viredaz

223 Carte blanche für Maurizia Balmelli

Inédits

231 Werner Lutz

240 Noëlle Revaz

250 Ugo Petrini

Das Literaturjahr 2012

262 Chronik des Literaturjahres 2012

274 Kurzkritiken, Deutschschweiz | *von Christa Baumberger, Ruth Gantert, Nina Maria Glauser, Christine Lötscher, Beat Mazenauer, Daniel Rothenbühler und Liliane Studer*

291 Kurzkritiken, französische Schweiz | *von Christian Ciocca, Odile Cornuz, Françoise Delorme, Céline Fontannaz, Elisabeth Jobin, Anne Pitteloud, Marion Rosselet und Elisabeth Vust*

303 Kurzkritiken, italienische Schweiz | *von Yari Bernasconi, Roberta Deambrosi und Matteo Ferrari*

308 Kurzkritiken, Romanischbünden | *von Valeria Martina Badilatti und Mevina Puorger*

310 Übersetzungen von Schweizer Literatur in andere Landessprachen

313 Redaktion *Viceversa*

316 Überblick *Viceversa* (2007–2012)

Editorial

»E tuot ils pleds / paisan / listess«, sagt Leta Semadeni, »Und alle Wörter / wiegen / gleich schwer«. Dem Gewicht, dem Klang, dem Geschmack, der Farbe und der Helligkeit der Wörter von hier und anderswo widmet *Viceversa* seine 7. Ausgabe.

Jede Autorin, jeder Dichter, jede Übersetzerin hat eine spezielle Beziehung zu den Wörtern und zum Satzbau der eigenen Sprache.
Für die Lausanner Lyrikerin Anne Perrier können die Wörter ein Schutz sein: »Je m'arrête parfois sous un mot / Précaire abri à ma voix qui tremble / Et qui lutte contre le sable« (»Ich halte bisweilen inne unter einem Wort / Unsicheres Obdach für meine Stimme die zittert / Und gegen den Sand ankämpft«).
Kurt Marti spielt mit Klangfarbe und Rhythmus des Berndeutschen: »dr paraburi rodt sech im schnee / dr schpallamander ghörsch chyche / ds schwipsell triumphiert barockal / und alli analogiele chömed uf ds mal«. Wer versteht hier alles? Und wer hätte vermutet, dass es sich um Verse von Boris Vian handelt, die Kurt Marti aus dem Französischen in die Mundart übersetzt hat?
Händl Klaus wiederum überträgt zusammen mit dem Lyriker Raphael Urweider Robert Walsers Dialekt-Dramolett *Der Teich* ins Hochdeutsche. Welche Entsprechungen finden die beiden für Schimpfwörter wie »Löl«, »Chopfhänger«, »Saumeitli« und »Rätschbäse«? Der Übersetzer Christian Viredaz zitiert den italienischen Dichter Andrea Zanzotto: Die Mundart bewahre »einen Tropfen von Evas Milch« in ihrem Geschmack. So geben die Dichter »più locali ›tüitt‹ che / moderni twitter« (»eher örtliche ›tüitt‹ als / moderne twitter«) von sich, wie der Tessiner Ugo Petrini augenzwinkernd vermerkt. Doch nicht immer wurde die sprachliche Hinwendung zum Regionalen geschätzt: Charles-Ferdinand Ramuz, dessen Brief an den Verleger Bernard Grasset die Übersetzerin Maurizia Balmelli vorstellt, musste sich gegen den Vorwurf des »schlechten Stils« verteidigen, weil er Aspekte des Waadtländer Französischen in die literarische Sprache aufnahm.

In *Viceversa* gelangen die Wörter und Sätze von Lavin nach Zürich, von Biel nach Berlin, von Paris nach Bern, von Lausanne nach Paris oder reisen über noch größere Distanzen. Ángela Pradelli findet in Italien Briefe ihres nach Argentinien ausgewanderten Großvaters an seine Familie und erkennt darin die Wurzeln ihres Schreibens. Briefe schreibt und erhält auch der nach Kalifornien ausgewanderte Gori aus dem Bavonatal (Vallemaggia) in Plinio Martinis *Il fondo del sacco* – aber erst wieder zu Hause in Cavergno kann er den »Sack leeren« und seine ganze Geschichte erzählen.

Gedichte, Kurzgeschichten, Theaterstücke, Opernlibretti, Briefe, Romane, Essays – nicht nur verschiedene Sprachen, sondern auch verschiedene literarische Formen treffen sich in diesem Band. In vielen Texten ist die Kommunikation selbst ein Thema: Wer spricht mit wem, wie und weshalb? Der einsame Spaziergänger in Werner Lutz' Gedichten unterhält sich mit der Natur – oder sie sich mit ihm: »gut dass der regen / zu reden beginnt mit mir«. Andere führen Selbstgespräche, wie eines Abends der Budapester Leichenbestatter in Gyula Krúdys Roman *Asszonyságok díja* (Frauengewinn), den sich die Übersetzerin und Autorin Christina Viragh für ihre Carte blanche ausgesucht hat. Die Kinder in zwei gar nicht kindgerechten Texten von Noëlle Revaz protokollieren Vorfälle in einem inneren Monolog oder Tagebuch. Monique Schwitter charakterisiert ihre Figuren im Dialog, der ihnen eine unmittelbare Präsenz verleiht, wobei Lautstärke und Tonfall, Mitgedachtes und Verschwiegenes ebenso wichtig sind wie das Gesagte. Étienne Barilier lässt in pointiert ausformulierten Wortgefechten verschiedene Positionen und Wertvorstellungen gegeneinander antreten, während Paolo Di Stefano die Stimmenvielfalt im Roman bewusst pflegt, um den Reichtum an Sprechweisen und Melodien der Umgangssprache zu bewahren.

Vielstimmig, aber nicht mit gespaltener Zunge spricht auch *Viceversa* 7 – möge jede Stimme darin gehört und gelesen werden!

Ruth Gantert

Kurt Marti

»o rosa loui / rosa lou / i wett / so rosa / wär ig ou« – wem schlägt das Herz nicht höher bei Kurt Martis Mundartgedichten? Dass der Berner Autor aber auch mit Erzählungen, einem Roman, Tagebüchern, Essays, Notizen, Aphorismen u.a. ein »Multiversum« geschaffen hat, zeigt Lukas Dettwiler in seiner Einführung.
Im Gespräch mit Guy Krneta erzählt Kurt Marti von seinem Werdegang und seinem literarischen Umfeld. Er erinnert sich an einen erstaunlichen Versuch von Walter Vogt, das Unservater in Dialekt zu übersetzen, und an seine eigenen Mundartübertragungen von Samuel Beckett und Boris Vian – vom Schwung und Sprachwitz dieser Texte kann man sich hier selber überzeugen.

Mont Marti – Ein Streifzug

Von Lukas Dettwiler

Mensch, werde wesentlich!
Angelus Silesius

Kurt Marti. Werkauswahl in 5 Bänden, 1996 zum 75. Geburtstag des Autors erschienen, ist greifbar gewordener Regenbogen: gelb, rot, violett, grün und blau prangen die Buchrücken aus ihrem Schuber. Was draufsteht, ist drin, die Verpackung hält, was sie verspricht, ein Verfallsdatum ist keines angegeben, erübrigt sich, denn jede neue Lektüre atmet frischen Geist, verströmt Lust zum Lesen, nochmal Hinsehen, wirken lassen, weiterlesen, auch jetzt, beim Wiederlesen. Das Spektrum der Farben deutet es an: Diese Literatur kennt den ganzen Farbkreis des Lebens, ob im heiteren Ton, ruhigen, knalligen, alles wird reflektiert, mitsamt aller Mischklänge, auf der Klaviatur der Themen zwischen Geburt und Tod. Reichliche Ernte ist der Lohn der Lektüre, mit Einsichten, Ansichten, Unfug und Ulk. Die fünf Bände enthalten die Quintessenz des Schriftstellers Marti, das ganze Register, alle Facetten seines Werks sind darin eingefangen. (Fast alle: Es fehlen zum Beispiel *Die Riesin*, sein »Roman«, und natürlich die Schriften des Theologen und die nach 1996 entstandenen Publikationen.) Man, schlage irgendeine Seite eines dieser Bücher auf: Zuwendung und Dialog spricht aus jeder einzelnen Zeile. Sie sprechen einen direkt an, mit der Stimme eines wachsamen Geists mit Herz. »Ein literarisches Multiversum« tut sich auf, so Elsbeth Pulver 1996 über das Werk Martis. Ein Bücherberg, der heute, 2013, ergänzt durch ein gewichtiges »Alterswerk« wie etwa die Gedichte *Zoé Zebra* von 2004, die 2010 als Buch publizierten *Notizen und Details 1964–2007. Beiträge aus der Zeitschrift Reformatio*, oder die Memoiren *Ein Topf voll Zeit 1928–1948* von 2008, imposant dasteht. Martis Bücher haben längst Literaturgeschichte geschrieben, nicht nur in der Schweiz. Die Werkauswahl zeichnet seine Entwicklung minutiös nach. Elsbeth Pulver beleuchtet in ihrem Begleitwort die wichtigsten Stationen seines Schaffens. Sie zeigt, wie aus kurzen Texten und kleinen Formen ein großes Werk entsteht: Von ersten Gedichten und Dorfgeschichten (1960) zu den »modernen Klassikern« *rosa loui* (1966) und *leichenreden* (1969), von der Empörung der 1970er-Jahre zur Nachdenklichkeit von *Högerland* (1990).

Zärtlichkeit und Schmerz – einer seiner bekanntesten Titel, Sprachwitz und Wortsinn, Unfug und Besonnenheit, nicht als Gegensätze, sondern als Ergänzungen verstanden, zeichnen das Werk aus. Beim Jazzliebhaber Marti spielt zudem Improvisation eine Rolle, eine wichtige Ingredienz, nicht bloß seiner Lyrik. Die stete Bereitschaft für das Unerwartete: Singet (dem Herrn) ein neues Lied. (Hat dieses Überraschende, »Blitzartige« bei Marti mit dem »senkrecht von oben« zu tun, wie Barth das in seinem *Römerbrief* postuliert hat?) Revolte jedenfalls pulsiert durch sein Werk und gibt den Takt an: »Play, man, play«, zitiert Marti unverdrossen Miles Davis gleich zweimal hintereinander nach seinem Entschluss, sich an der Universität Bern »nicht auf die Vorschlagsliste für die definitive Besetzung des homiletischen Lehrstuhls setzen [zu] lassen« (nachdem ihm der Regierungsrat zuvor einen Lehrauftrag verweigert hatte). Nie konnten Amtsstellen oder Behörden ihn davon abhalten, den eingeschlagenen Weg (gesellschafts-)kritisch weiter zu gehen. Bereits in »schriftgelehrte« von 1963 klingt das bei ihm so:

schriftgelehrte

... gotteserörterer ...
peter hille

sie örtern
wir örtern
gott
vergeblich
mit wörtern

doch
er ist
der geist
und lässt sich nicht
örtern

er ist
das wort
und lässt sich nicht
wörtern

In Bern absolviert Kurt Marti im Herbst des zweiten Kriegsjahrs am Freien Gymnasium die Matura; das Aufsatzthema lautet: »Kampf ist der Vater aller Dinge (Heraklit)«. Zu Beginn statuiert der 19-Jährige: »Dem menschlichen Geiste stellen sich immer wieder dieselben oder wenigsten ihrem Wesen nach ähnliche Fragen. Mit dem Charakter der Zeit und des Menschen ändern die Antworten: Sie sind relativ. Die Fragen jedoch bleiben: Sie sind das Feststehende, Absolute.« In der Folge analysiert und prüft er den berühmten Satz, rekonstruiert die Herkunft der Aussage, aber verneint ihre Gültigkeit mit der Begründung: »Trotzdem die Erfahrung, trotzdem auch meine Einstellung den Kampf als ein schöpferisches Prinzip bejaht, kann ich logischerweise die Konsequenz, die Heraklit zieht, für mich nicht ziehen. Ja, der Kampf ist ein schöpferisches Prinzip, aber er ist nicht der ›Vater‹, der Ursprung. Denn Kampf bedingt die Existenz zweier Gewalten, die da sind. Woher sind sie? Aus einem noch früheren Kampf entstanden? Nehmen wir dies an, so gehen wir beständig im Kreise herum: Es ist nicht möglich, dass am Anfang der Kampf war: Er setzt immer schon zwei sich widerstrebende Existenzen voraus. Sehen wir dies ein, so müssen wir alsbald auch einsehen, dass wir nicht mehr sagen können: Kampf ist der Vater aller Dinge, denn er ist ja nicht einmal mehr Vater des ersten Dings.« Und Marti zieht daraus den Schluss: »Kommen wir wieder auf unsere Feststellung am Anfang zurück, so müssen wir gestehen: Unser Verstand hat geantwortet, aber entschieden ist nichts. Die Frage bleibt, weil ihr Ursprung jenseits unsrer Erkenntnis ist. Die vorläufige Antwort, die wir gaben, ist durch verschiedene Komponenten seelischer, zeitlicher und geistiger Art bedingt: Sie ist bedingt, nicht unbedingt, wie wir sie eigentlich wünschten. Aber sie führt uns tiefer in die Geheimnisse des menschlichen Seelenlebens ein, dem diese Fragen entwachsen sind. Dadurch lernen wir sehen und leben.« Dem Geheimnis auf der Spur, durchdringt diese Haltung das ganze Schaffen von Marti.

Nach der Matura 1940/41 besucht Marti »zwei Schnuppersemester« an der juristischen Fakultät, in »ratloser Nachahmung meines älteren Bruders [Hans]«. Nach fast einjähriger Dienstzeit im Réduit wechselt er zur Theologie, überzeugt von der antifaschistischen Haltung Karl Barths, der von Basel aus zum Widerstand aufruft. Nach der Ordination, 1949, übernimmt Marti ein Vikariat in der bernischen Gemeinde Rohrbach, später das Pfarramt im aargauischen Niederlenz, von 1961 bis 1983 schließlich ist er als der weitum engagierte Pfarrer der Berner Nydeggkirche bekannt, eine auch schriftstellerisch äußerst fruchtbare Zeit. Bern war bereits 1967 schon (fast) überall: Der Band *Rosa Loui. Vierzg Gedicht ir Bärner Umgangsschprach*, mit einem Nachwort von Helmut Heißenbüttel versehen, machte schlagartig bis über die Schweizer Grenze von diesem »Mundartpoeten« reden.

Der Debütant war längst ausgereift, als er 1959 an die Öffentlichkeit trat. Bereits dem 16-Jährigen jedoch haben philosophische wie literarische Fragen unter den Nägeln gebrannt, und so griff er zur Feder und notierte, was ihn umtrieb. In einer über zwei Jahrzehnte dauernden Brieffreundschaft mit Pfarrer Ernst Merz (1896–1977), die er von Bruder Hans »erbte«, legte er darüber Rechenschaft ab. Mit Merz stand Marti bis zu dessen Tod (1977) in Korrespondenz. Merz lebte seit 1937 als »eremita« und Korrespondent von Deutschschweizer Zeitungen für die Südschweiz in Sant'Abbondio über dem Lago Maggiore, wo er auch Ferienkurse anbot. An ihn schreibt Marti im Mai 1937 einen eindrücklichen Brief, in dem seine Leidenschaft für theologische und literarische Fragen bereits klar zum Ausdruck kommt. Der Gymnasiast fragt sich, »ob ein Dichter überhaupt notwendig sei«, und erklärt, »sein ganzes Leben lang den Mitmenschen zu zeigen, wie das Leben ist, oder wie es sein sollte, scheint mir weder notwendig noch überhaupt die Lebensaufgabe eines Dichters zu sein«. Am Ende aber gibt er seiner großen Bewunderung für einen Dichter Ausdruck – für Stefan George.
Schon hier (letzte Briefseite, siehe Faksimile S. 16) tritt uns der heilige Ernst entgegen, der das Werk Martis durchzieht. Ob *Ein Topf voll Zeit 1928–1948* (2008), seine Memoiren oder die Gedichte *Zoé Zebra* von 2004: stets stehen die Fragen im Vordergrund, nicht Antworten. Das philosophische Staunen – auch über die Sprachen-Welt. Im Spiel verwandt mit dem kindlichen Staunen. Mit ihm verbindet Marti sehr viel: »Ein Kinderwagen/ist/der Mittelpunkt der Welt«, heißt es an einer Stelle. Das existenziellste aller Hilfsverben steht da hervorgehoben auf einer Zeile für sich. Dazu passt gut Martis wie beiläufig dahingewürfeltes Statement und fragmentarisches Selbstverständnis:

Et voilà
Literatur: permanenter Einspruch subjektiver Erfahrungen
gegen die Diktate und Vorurteile »objektiver« Ideologien.

Dass dieses Streben der Literatur (wie der Literaturwissenschaft) einer Vorläufigkeit unterliegt, gilt auch für das »Multiversum« Kurt Marti und dessen Erforschung. Oder mit Marti formuliert – durch den Mund des Predigers Salomo:

All unser Reden müht sich ab,
und doch kann niemand alles sagen,
und nie wird das Auge satt vom Sehen,
das Ohr nie voll vom Hören.

Lukas Dettwiler, 1954 in Basel geboren, ist Mitarbeiter des Schweizerischen Literaturarchivs (SLA) in Bern, wo er u. a. das Archiv von Kurt Marti betreut.

Maturaaufsatz von Kurt Marti, Schweizerisches Literaturarchiv (SLA), Bern, übermittelt von Klaus Bäumlin.
Brief von Kurt Marti an Ernst Merz, datiert Bern, 24. Mai 1937. In: Nachlass Ernst Merz, Schweizerisches Literaturarchiv (SLA), Bern.
Abdruck der Zitate und des Briefes mit freundlicher Genehmigung von Kurt Marti.

Viele sind berufen zur Führung. Aber z. B. ein Thomas Mann, ein Knut Hamsun, ein Gottfried Keller, ein Gotthelf sind sicherlich nicht berufen zu führen. Und sein ganzes Leben lang den Mitmenschen zu zeigen, wie das Leben ist, oder wie es sein sollte, scheint mir weder notwendig noch überhaupt die Lebensaufgabe eines Dichters zu sein.

Zu den zur Führung Berufenen gehört für mich auch George. Er zeigt uns zwar auch, wie das Leben ist oder sein sollte, doch er bleibt bei dem nicht stehen: Feststellen und Fordern wachsen bei ihm aus der Fülle seiner Welt heraus, es sind keine beherrschenden Hauptsachen. Das tönt vielleicht ein wenig phrasenhaft, aber so kann mein Eindruck von George am besten wiedergegeben werden.

Eine Daseinsberechtigung für andere Dichter jedoch (es sind dann schon mehr Schriftsteller) habe ich nicht gefunden.

Ich will Sie aber nicht länger mehr aufhalten und danke Ihnen nochmals herzlichst

Ihr Kurt Marti.

»Häb Sorg zu dym Imitsch«
Eine Unterhaltung zwischen Kurt Marti und Guy Krneta

»Tradition des Traditionsbruchs« hieß eine Mundarttagung, die kürzlich in Bern stattfand. – Als ich begonnen habe, Mundart zu schreiben, konnte ich an Traditionen anknüpfen, an den Mundartrock, die Liedermacher oder eben die »modern mundart«. Als du begonnen hast, gab es vor allem Traditionen, mit denen du wohl nichts zu tun haben wolltest.

Ja, das »bluemete Trögli«.

Aber gab es auch Vorbilder, die für dich wichtig waren?

Nein. Erst hinterher habe ich gemerkt, dass es C.A. Loosli gab mit seinen Gedichten. Aber die habe ich nicht gekannt. Ich hatte ja bereits Gedichte und anderes auf Hochdeutsch geschrieben. Und dann habe ich einfach aus eigenem Impuls heraus eines Tages gedacht: Ich rede im Dialekt, wahrscheinlich auch im Traum rede ich im Dialekt. Warum nicht mal Gefühle, Beobachtungen und Formulierungen direkt im Dialekt versuchen aufzuschreiben. Es gab H.C. Artmann, der im Wiener Dialekt geschrieben hatte. Das war der einzige Anknüpfungspunkt.

Artmann war eine Bestätigung für dich?

Ja, man konnte sehen, da schreibt einer gut im Wiener Dialekt. Warum nicht auch auf Berndeutsch? Wobei: Artmann hat ja stark mit der Sprache gespielt und ich habe das eigentlich nicht gemacht. Das hat dann eher Ernst Eggimann gemacht.

Hat es etwas mit deinem Pfarrersein zu tun, dass du in Mundart zu schreiben begannst? Es ist ja auffällig, wie viele wichtige Mundartautoren in der Literaturgeschichte reformierte Pfarrer waren.

Es macht vielleicht etwas aus, dass ich alle meine Predigten in der Nydeggkirche auf Hochdeutsch gehalten habe. Und dann habe ich jeweils die gleiche Predigt noch mal in einem Quartierzentrum auf Dialekt gehalten. Das war lehrreich, ich merkte, dass ich im Hochdeutschen sehr einfach formulieren muss, wenn ich nachher dieselbe Predigt noch mal im Dialekt halten will.

Hast du sie schriftlich übersetzt oder direkt im Moment des Vortragens?

Nein, auf Dialekt geschrieben hab ich sie nie. Es gab ja Diskussionen, ob man in der Kirche nicht einfach auf Dialekt predigen sollte. Man ist schon näher bei den Leuten, wenn man Dialekt spricht. Aber für mich kam das deshalb nicht infrage, weil es in der Nydeggkirche auch sogenannte Laufkundschaft gibt. Man weiß nie, wer da sitzt. Im Quartierzentrum ist das anders.

Gab es das bei den Gedichten auch, dass du sie erst hochdeutsch verfasst und danach in Dialekt übersetzt hast?

Nein, das habe ich nicht gemacht. Es gab mal einen Disput mit Walter Vogt. Ich behauptete, man kann das Unservater nicht in Dialekt übersetzen. Und dann hat das Walter Vogt halb im Spaß, halb im Ernst versucht. »Unser Vater«, das ging ja noch: »Üse Vatter im Himu«. Aber die Bitte »Geheiligt werde Dein Name« übersetzte er mit »Häb Sorg zu dym Imitsch«. Und die Formulierung »Dein Reich komme« wurde zu »Dys Rych söll cho«. Ich weiß nicht. Mir gefällt das so gar nicht mehr. Das tönt dann wirklich so kleinkariert, diese Formulierungen.

Vielleicht müsste man ganz frei werden und es mit anderen Begriffen versuchen.

Ja, das kann man natürlich versuchen. Aber dann kann das nur noch der Pfarrer sprechen. Das kann man dann nicht mehr gemeinsam sprechen. Ich habe das Unservater auch in einem Dialekt-Gottesdienst immer auf Hochdeutsch gesprochen. Es geht nicht anders. Berndeutsch ist keine liturgische Sprache wie Latein oder Hochdeutsch.

Die *Leichenreden* hättest du nicht in Dialekt schreiben können?

Ich habe ja nie solche Leichenreden gehalten, wie sie in dem Büchlein stehen. Das sind Konzepte, Kurzfassungen. Aber auch die tatsächlich gehaltenen Leichenreden in einem Krematorium oder in der Kirche habe ich immer auf Hochdeutsch gehalten.

Du hast vorhin zwischen den Schreibkonzepten von dir und Ernst Eggimann unterschieden. Kannst du das noch ein bisschen ausführen?

Eggimann hat diesen Verfremdungseffekt in die Dialektlyrik gebracht. Das habe ich nicht gewollt oder nicht gekonnt. Ich habe einfach so drauflosgeschrieben mit der Absicht, dass es leicht lesbar ist. Orthografisch auch, keine Lautexperimente.

Neben deinen eigentlichen Dialektgedichten hast du Gedichte in die Mundart übertragen, von Boris Vian zum Beispiel oder Beckett. Wie kam es dazu?

Das war mehr so ein Spiel. Das waren Fingerübungen.

Warum ausgerechnet Vian und Beckett?

Das war Zufall. Das Leben ist ja voller Zufälle. Boris Vian habe ich noch persönlich als Trompeter erlebt. Ich war fast ein Jahr lang in Paris, 1947/48. Da habe ich auch die Aufregung erlebt, die er mit seinem Buch *J'irai cracher sur vos tombes* erregt hat. Das war ein Skandalroman, den er unter einem amerikanischen Pseudonym herausgegeben hat. Er hat sich geärgert, dass die Franzosen amerikanische Romane lesen, und hat sich gesagt, das kann ich auch.

Hast du auch aus dem Deutschen in die Mundart übersetzt?

Nein, das wäre mir unsinnig vorgekommen. Es waren ja auch nur so Fingerübungen. Ich hatte keine Systematik.

Deine Wahl, Mundart zu schreiben, war keine Entscheidung gegen das Deutsche?

Nein, wie sollte ich mich gegen das Deutsche entscheiden?

Mir und meiner Generation wird oft der Vorwurf gemacht, die Wahl der Mundart als literarische Schriftsprache bedeute vor allem Ausschluss. Wir meinen, dass das Gegenteil der Fall ist: Wir weisen darauf hin, wie welthaltig das uns Umgebende, das Lokale ist.

Es gab ja in der Schweiz eine Antipathie gegen das Hochdeutsche während des Krieges und auch noch nach dem Krieg. Man hat nicht gern Hochdeutsch gehört. Aber das spielte bei mir keine Rolle, nein. Es war einfach eine Erweiterung der Möglichkeiten.

Deine Mundartgedichte haben sich im ganzen deutschsprachigen Raum verkauft, nicht zuletzt weil sie in einem deutschen Verlag erschienen sind.

Die Gedichte sollten ja eigentlich im Walter-Verlag erscheinen. Dann wurde Otto F. Walter entlassen aus dem väterlichen Verlag.

Der Walter-Verlag war ein katholisch-konservativer Verlag. Otto F. Walter wollte diesen Verlag umpolen auf einen modernen Verlag mit moderner Literatur. Das ging eine kurze Zeit gut. Bis der Verwaltungsrat intervenierte. Ich glaube, ausschlaggebend war der Band *Laut und Luise* von Ernst Jandl. Da sagte der Verwaltungsrat: Nein, solche Literatur wollen wir nicht. Daraufhin haben die meisten Schweizer Autoren ihre Verträge gekündigt. Und Otto F. Walter hat uns alle mitgenommen zum Luchterhand-Verlag. Es war reiner Zufall, dass *Rosa Loui* zuerst in Deutschland erschienen ist.

Ein guter Zufall.

Das kannst du doch nicht bei Luchterhand bringen, sagte ich damals, berndeutsche Gedichte. Aber Walter sagte: Doch, das machen wir. Wir fügen einfach noch ein Nachwort von Helmut Heißenbüttel an. Und der hat dann brav ein Nachwort geschrieben, aus dem hervorgeht, dass er die Gedichte eigentlich nicht verstanden hat.

Dadurch wurden die Texte von Anfang an als modernes Sprachexperiment vorgestellt und nicht als Regionallyrik.

Ja, das war eigentlich ein Glück, dass Otto F. Walter rausgeschmissen wurde. So landete ich bei Luchterhand.

Du hattest *Rosa Loui* nicht von Anfang an als Gedichtband geplant?

Nein, das hat sich so ergeben. Ich habe einzelne Gedichte da und dort publizieren können. In der *Literarischen Tat* und anderswo. Es war Otto F. Walter, der eines Tages gesagt hat: Kannst du nicht einen Band zusammenstellen mit diesen Gedichten?

Bevor du Mundartgedichte geschrieben hast, hast du ja bereits darüber geschrieben, wie moderne Mundartliteratur sein müsste, zum Beispiel in den *Sechs Thesen aus dem Handgelenk zur Situation der bernischen Mundartliteratur* von 1964, die Fredi Lerch viel später in seinem Buch *Muellers Weg ins Paradies* zugänglich machte.

Ja, großartige Thesen waren das …, das war offenbar für eine Veranstaltung in der Junkere 37.

Für mich sind diese Thesen sehr wichtig und ich zitiere sie oft. Du forderst darin, die moderne Mundartliteratur solle bei der Konkreten Poesie anknüpfen, beim Dadaismus, beim Surrealismus. Das wurde später eingelöst.

Ich weiß nicht, woher Fredi Lerch diese Thesen hat. Ob es eine Art Chronik über die Veranstaltungen in der Junkere 37 gibt? Irgendwo muss er sie ja herhaben.

In *Notizen und Details* findet sich ein Beitrag von 1966, in dem du dich über die »Schweizerische Gesellschaft volkstümlicher Autoren, Komponisten und Verleger« und deren Vorstellung von Mundartliteratur lustig machst.

Ja, wir haben uns damals natürlich, jung und frech, über die vorhandene Mundartliteratur lustig gemacht. Eben, das »bluemete Trögli« am Radio. Und diese Heimattümelei. Und diese Verharmlosung und so. Wie gesagt: Loosli habe ich erst später entdeckt.

Loosli hat *Mys Ämmital* geschrieben, um zu zeigen, dass sich der Dialekt auch für die »hohen« Versformen eignet.

Ja, das war schon eine Pioniertat.

Im Gegensatz zu Loosli warst du nicht allein. Ihr habt beim Entwickeln der »modern mundart« aufeinander hingewirkt.

»Modern mundart« ist eine Prägung von Walter Vogt. Das sollte auch ein bisschen provozieren. Und ich kann mich noch an die Veranstaltungen erinnern, die unter diesem Titel gelaufen sind. In der Schwarzen Tinte. Oder in einem Keller in der Berner Altstadt. Wo wir unsere Texte lasen. Ernst Burren kam dann auch dazu. Und eben Eggimann.

Jörg Steiner.

Hat der auch im Dialekt geschrieben?

Es gibt einzelne publizierte Mundarttexte von ihm. Neulich hat er mir mitgeteilt, dass er gerade alte Mundarttexte von sich weggeschmissen habe.

Von Walter Vogt gibt es auch einzelne Gedichte. Und ich kann mich erinnern, wie wir eine Lesung hatten in einem der Altstadtkeller. Danach gab es einen Verriss im *Bund*, wir hätten völligen Unsinn produziert.

Wer war noch wichtig im Umfeld? Mani Matter?

Mani Matter war in der Troubadour-Szene. Aber ja. Ich bin ein paar Mal mit ihm zusammen aufgetreten. Er mit Liedern und ich habe gelesen. Aber ich habe dann als Kontrast zum Beispiel *Leichenreden* auf Hochdeutsch gelesen.

Du hast nie von Mundart oder Dialekt gesprochen, sondern immer von »Berner Umgangssprache«. Warum?

Das war schon, um mich abzugrenzen gegen die Mundartfans, die einem das »richtige« Berndeutsch beibringen wollten. Und darauf pochten, dass man im Berndeutschen so sagt und nicht so. Dass man zum Beispiel möglichst keine Fremdwörter braucht. Dieses konservative Bild von Dialektliteratur, repräsentiert vielleicht durch Rudolf von Tavel. Wir wollten zeigen, dass man mit dem Dialekt alles sagen kann. Man kann auch Fremdwörter brauchen. Man kann über alles reden.

Zum Beispiel über Vietnam?

Ja, oder auch über Wissenschaft, wissenschaftliche Begriffe einfügen. Dialekt ist eine volle Sprache, nicht nur eine Teilsprache. Das war unsere Vorstellung. Und dann gab es die berndeutschen Konservativen, die das als Entweihung des Berndeutschen ansahen.

Wie waren denn die Reaktionen auf deinen ersten Gedichtband?

Ich glaube, der Versuch war irgendwie fällig. Und er fand dann auch ein Publikum.

Aber wurde er nicht auch als Angriff empfunden? Als Bruch mit der Von-Tavel-Tradition?

Nichts gegen von Tavel. H. C. Artmann lebte ja eine Zeit lang in Bern. Der hat gerne Von-Tavel-Bücher gelesen. Das hat mir Sergius Golowin erzählt.

Du hast die Versuche nur in Lyrik unternommen. Es gibt keine Erzählungen von dir in Mundart. Warum bist du bei der Lyrik geblieben?

Einmal habe ich Mini-Dramen geschrieben. Die sind nie …, doch einmal hat eine Schulklasse eines der Mini-Dramen gespielt. Ich schrieb sie im Wissen oder in der Absicht, dass sie unaufführbar sind. Und irgendwann sind sie dann auch erschienen, in einer Ausgabe der Dialektgedichte im Münsinger Fischer-Verlag. Ich schrieb sie zum Spaß, als Textversuche oder Lesestücke meinetwegen.

Von Robert Walser gibt es auch ein schönes Mundart-Dramolett, *Der Teich*, das nicht unbedingt zum Aufführen gedacht war, aber mittlerweile viel gespielt ist.

Zu den Mundartautoren gehörte übrigens auch Eugen Gomringer. Der hat ja ein paar Mundartgedichte, Mundartkonstellationen verfasst.

Wie war deine Beziehung zu Gomringer?

Ich lernte ihn als Sekretär von Max Bill an der Hochschule für Gestaltung in Ulm kennen. Max Bill hat mich eingeladen mal vorbeizukommen. Und dann machten wir eine kleine Reise durch Süddeutschland, meine Frau Hanni und ich. So kamen wir nach Ulm. Es war Ende Oktober, Anfang November. Jedenfalls war es schon ziemlich dunkel. Wir fragten uns zum Büro der Hochschule durch. Und da saß dann einer, abends. Es war schon sechs Uhr oder später. Und der war immer noch fleißig bei der Arbeit. Das war Gomringer.

Warum hattest du Kontakt zu Max Bill?

Ich hatte einen Artikel geschrieben über »Das Zweite Gebot und die abstrakte Kunst«. Den habe ich der *Weltwoche* geschickt. Die *Weltwoche* war ja damals noch etwas Anstandiges. Und die haben das auf der ersten Seite gebracht. Daraufhin bekam ich einen Brief von Max Bill. Er finde das sehr interessant. Nur müsste ich einen Unterschied machen zwischen abstrakter und konkreter Kunst. Da habe ich mich belehren lassen. So hatten wir Kontakt.

Wie wichtig war denn die konkrete Poesie für dich?

In der damaligen deutschsprachigen Lyrik war das etwas komplett Neues. Wie Gomringer da mit einzelnen Wörtern Konstellationen machte. Er nannte das nicht Gedichte, weil sie auch visuell konzipiert waren. Ich bin ja der Meinung, dass Lyrik etwas mit Magie zu tun hat. Wort-Magie. Gute Lyrik, das sind nicht einfach Sätze, die man geradeso gut in Prosa schreiben könnte. Bei Gomringer waren es die einzelnen Wörter, die eine magische Ausstrahlung bekamen durch die Konstellationen. Als die *Konstellationen* erschienen sind, als Band, habe ich die erste Besprechung geschrieben.

Für die *Weltwoche*?

Nein, ich habe sie Max Rychner geschickt für die *Literarische Tat*. Der hat sehr hübsch reagiert. Er hat gesagt, er halte das für Unsinn, diese Konstellationen. Aber ich hätte das schön und gut geschrieben, sodass er die Besprechung bringen könne. Das war eine noble Einstellung eines Literaturredaktors.

Und wie war dein Verhältnis zu Claus Bremer?

Der wohnte da in der Halensiedlung. Der war auch so ein Konkreter, Claus Bremer. Im Gegensatz zu Gomringer hat er sich dann politisch engagiert. Er war zum Beispiel für die Befreiungstheologie in Lateinamerika. Und er hat die reine konkrete Lyrik auch wieder verlassen.

Er hat sich ja eigentlich aus politischen Gründen von der konkreten Poesie verabschiedet. Er empfand es als Verrat an der konkreten Poesie, dass Gomringer damit in die Werbung ging.

Von der konkreten Poesie von Gomringer gibt es keine Weiterentwicklung. Außer eben in die Werbung. Das war irgendwie logisch, dass die konkrete Poesie in der Werbung landete.

Für Claus Bremer war konkrete Poesie »poetische Entnazifizierung«. Der »Versuch, die Diktatur des Ich in der Poesie zu brechen«.

Ja, aber ich sah da einfach keine Weiterentwicklungsmöglichkeit. Ich habe Bremer gut gemocht.

War die konkrete Poesie wichtig für die Entwicklung der Mundartlyrik oder war sie einfach zeitgleich?

Ich habe glaube ich schon ein paar Impulse aufgenommen von der konkreten Poesie, auch für die Dialektlyrik. Aber nicht in Form der Konstellationen. Das Visuelle war mir nicht so vertraut. Aber die Vokalorgie »o rosa loui rosa lou« hat sicher etwas mit der konkreten Poesie zu tun.

Mit *Undereinisch* hast du einen zweiten Gedichtband veröffentlicht und dann aufgehört mit Mundartlyrik. Warum?

Auf einmal gab es eine Woge an Dialektliteratur und das hat mir auch nicht gefallen. Eggimann war gut. Auch Ernst Burren. Aber es gab plötzlich so viel zweitklassige Dialektliteratur. Das hat mir den Mumm genommen. In den Schulen wurde auf einmal nur noch Dialekt gesprochen, auch an der Uni. Mir kam das ungut vor, weil wir uns damit eigentlich abnabelten von der deutschen Sprache, der deutschen Literatur. Darum gab ich's auf. Vielleicht fiel mir auch nichts mehr ein.

Wie wichtig war denn der mündliche Vortrag, das Auftreten? Hat das für dich eine Rolle gespielt?

Ich habe gerne gelesen. Aber meine Möglichkeiten waren beschränkt durch meine pfarramtliche Tätigkeit, die sich ja oft auch über die Abende erstreckt hat. Aber doch ..., eine Lesung ist ja immer auch eine Art Testlauf, ob das Gedicht wirklich stimmt. Man merkt das am besten, wenn man es laut liest.

Die Reaktion des Publikums ist dabei gar nicht das Entscheidende. Es ist mehr der Moment: Man ist da und liest öffentlich. Man hat eine andere Art von Aufmerksamkeit. Und merkt zum Beispiel auch, ob man das jetzt gerne liest oder nicht.

Ja, genau. Bei mir war es auch so.

Hast du für bestimmte Lesungen Texte geschrieben?

Nein. Ich hatte ja ein Vollamt. Ich hatte keine Zeit oder Kraft, um noch extra für Lesungen Texte zu schreiben.

Gab es neben den Auftritten mit Mani Matter auch andere Auftritte mit Musikern?

Ja, das gab's. Aber die Initiative ging nie von mir aus. Es gab ein paar Abende Jazz und Lyrik. Peter Lehner war dabei. Ich auch einmal oder zweimal. Aber das war keine ständige Zusammenarbeit.

Das war dann im Wechsel, Musik und Text? Oder gab es auch die Momente, wo Text und Musik zusammenkamen?

Ja, es gab so eine von mir aus gesehen improvisierte Zusammenarbeit. Etwas Anderes sind natürlich die Komponisten, die Gedichte von mir vertont haben. Jürg Wyttenbach oder Heinz Holliger.

Klaus Huber auch.

Ja, Klaus Huber hat auch mal was gemacht. Der ruft mich auch hie und da an. Aus Italien oder aus Bremen, wo er lebt. Der war ja immer sehr politisch engagiert, Klaus Huber, mit seiner Musik.

Es gibt Autoren, die durchs Schreiben und die Literatur politisiert werden. Bei dir ist es umgekehrt. Du bist als politischer Mensch in die Literatur gekommen. Otto F. Walter hast du kennengelernt, als du ihn um eine Unterschrift gegen die Atombewaffnung der Schweiz angefragt hast.

Ich bin eigentlich durch die Theologie politisiert worden. Schon während der Studienzeit. Durch Karl Barth. Ich habe ja noch ein Semester bei Barth studiert. Wenn man sich mit Karl Barth befasst, kommt man gar nicht darum herum, sich mit seiner politischen Bedeutung auseinanderzusetzen.

Wie bist du zum Schreiben gekommen?

Ich hab's in der Schule gelernt, sagt Bichsel.

Aber als du Kontakt mit Otto F. Walter aufgenommen hast, hast du dich noch nicht als Schriftsteller begriffen.

Ich war ein engagierter Leser von Literatur, auch von Lyrik. Ich hatte großen Respekt vor Stefan George, Georg Trakl und wie sie alle hießen. Ich hätte nie gewagt zu schreiben. Das kam erst mit der Zeit. Ich habe ja spät angefangen literarisch zu schreiben. Als mein erstes Büchlein erschien im Verlag von Jörg Steiner, war ich schon lange im Pfarramt. Ich war vierfacher Vater, bald 40-jährig. Und dann hat's einfach nie mehr aufgehört.

Guy Krneta, geboren 1964 in Bern, lebt als Dramatiker und Spoken-Word-Autor in Basel. Er arbeitete als Dramaturg und Theaterleiter in Deutschland und der Schweiz, ist Mitglied der Spoken-Word-Formation »Bern ist überall« und engagiert sich auch kulturpolitisch. Dafür wurde er 2012 mit dem Prix Suisseculture ausgezeichnet.

Samuel Beckett und Boris Vian, übersetzt von Kurt Marti

Samuel Beckett

musique de l'indifférence
cœur temps air feu sable
du silence éboulement d'amours
couvre leurs voix et que
je ne m'entende plus
me taire.

muusig vor indifferänz
härz zyt luft füür sand
yschturz vor rueh vo dr liebi
verdeck ihri schtimme
so mues i mi nümm ghöre
schwyge

*

vive morte ma seule saison
lis blancs chrysanthèmes
nids vifs abandonnés
boue de feuilles d'avril
beaux jours gris de givre

läbig tot my einzegi jahreszyt
lilje wyssi chrysantheme
näschter läbegi lääri
dräck us aprilloub
schöni tage jitz grau vo rouryf

Boris Vian

Un jour

Un jour
Il y aura autre chose que le jour
Une chose plus franche, que l'on appellera le Jodel
Une encore, translucide comme l'arcanson
Que l'on s'enchâssera dans l'œil d'un geste élégant
Il y aura l'auraille, plus cruel
Le volutin, plus dégagé
Le comble, moins sempiternel
Le baouf, toujours enneigé
Il y aura le chalamondre
L'ivrunini, le baroïque
Et tout un planté d'analognes
Les heures seront différentes
Pas pareilles, sans résultat
Inutile de fixer maintenant
Le détail précis de tout ça
Une certitude subsiste: un jour
Il y aura autre chose que le jour.

aber eines tags

aber eines tags
wird öppis anders sy als e tag
öppis freiers und heiße wirds JODEL
en ougetinktur wo alls transparänt macht
me schprützt sen enand elegant i d'ouge
und wilder wird's de schtrahletier tue
dr schnörggelschnägg jufled no meh
bärggipfel gloube nümm a di ewigi rueh
dr paraburi rodt sech im schnee
dr schpallamander ghörsch chyche
ds schwipsell triumphiert barockal
und alli analogiele chömed uf ds mal
kei schtund wird dr andere glyche
e jedi isch anders und ohni ergäbnis –
drum isch es sinnlos scho jitze
details z'gäh vo däm übererläbnis:
numen uf eis chasch de zelle
dass eines tags
no öppis anders wird sy als e tag

Tout a été dit cent fois

Tout a été dit cent fois
Et beaucoup mieux que par moi
Ainsi quand j'écris des vers
C'est que ça m'amuse
C'est que ça m'amuse
C'est que ça m'amuse
et je vous chie au nez.

alls isch scho hundertmal gseit

alls isch scho hundertmal gseit
hundertmal besser als ig das chaa
ou wenn i dichte –
grad das dunkt mi glatt
grad das dunkt mi glatt
grad glatt dunkt mi das

und wäm es nid gfallt de blas …

*

*

Je n'ai plus très envie

Je n'ai plus très envie
D'écrire des pohésies
Si c'était comme avant
J'en ferais plus souvent
Mais je me sens bien vieux
Je me sens bien sérieux
Je me sens bien consciencieux
Je me sens paressieux

äs wott mer nümm so passe

äs wott mer nümm so passe
no wyters lyhyrik z'verfasse
ja wäris wie albe vilicht
miech i no lieber gedicht
aber i merken es böset
i merke wies seriöset
i wirde ganz hoffnigslos brav
und gschpüre müedi und schlaf

Samuel Beckett: *Six poèmes (1947–1949)*. In: Ders.: *Gedichte*, (1937–1949), München: dtv 1976.

Boris Vian: *Je voudrais pas crever* (1962). In: Ders.: *Romans, poèmes, nouvelles et théâtre*. Préface de Cavanna. Paris: Jean-Jacques Pauvert, 1978.

Die Übersetzungen von Kurt Marti erschienen erstmals in: *apero. Politerarisches Aperiodikum*, Heft 2, Dezember 1967.

Biografie

Kurt Marti wurde 1921 in Bern geboren. Das Gymnasium besuchte er zeitweise mit Friedrich Dürrenmatt. Nach zwei Semestern Jura entschied er sich für das Studium der evangelischen Theologie in Bern und Basel (bei Karl Barth). 1947–1948 verbrachte er in Paris, als Mitarbeiter der Ökumenischen Kommission für die Seelsorge an Kriegsgefangenen. Nach seinem Studienabschluss heiratete er Hanni Morgenthaler, mit der er in den folgenden Jahren vier Kinder hatte. Die ersten zehn Jahre als Pfarrer verbrachte er im aargauischen Niederlenz. Von 1961 bis 1983 war er an der Nydeggkirche in Bern tätig. Er ist Mitbegründer der entwicklungspolitischen Organisation Erklärung von Bern und gehörte zur 2002 aufgelösten Autorenvereinigung Gruppe Olten. Seit 1983 ist Kurt Marti freier Schriftsteller. Sein Werk wurde mit zahlreichen Preisen geehrt; u.a. bekam er 1972 den Johann-Peter-Hebel-Preis des Landes Baden-Württemberg und den Großen Literaturpreis des Kantons Bern, 1981 den Großen Literaturpreis der Stadt Bern, 1997 den Kurt-Tucholsky-Preis, 2002 den Karl-Barth-Preis, 2010 den Literaturpreis des Kantons Bern und 2011 den Schillerpreis für *Notizen und Details 1964–2007.*

Bibliografie

Lyrik

Boulevard Bikini. Gedichte. Holzschnitte von Willy Leiser. Biel: Vorstadtpresse, 1959.

Republikanische Gedichte. Mit 6 Original-Linolschnitten von Max Sulzer, St. Gallen: Tschudy, 1959.

Gedichte am Rand. Teufen: Niggli / Köln: Kiepenheuer & Witsch, 1963. *Gedichte, Alfabeete & Cymbalklang.* Berlin: Wolfgang Fietkau, 1966.

Rosa Loui. Vierzg Gedicht ir Bärner Umgangsschprach. Darmstadt und Neuwied: Luchterhand, 1967.

Leichenreden. Gedichte. Darmstadt und Neuwied: Luchterhand, 1969.

Orazioni funebri. A cura di Annarosa Zweifel Azzone. Milano: Crocetti, 2001.

Heil-Vetia. Etwas wie ein Gedicht. Mit 4 Illustrationen von Ernst Mattiello. Basel: Lenos, 1971.

Paraburi. Eine Sprachtraube. Bern: Zytglogge, 1972.

Undereinisch. Gedicht ir Bärner Umgangssprach. Darmstadt und Neuwied: Luchterhand, 1973.

Meergedichte Alpengedichte. Berlin: Wolfgang Fietkau, 1975.

Nancy Neujahr & Co. Leverkusen: Helmut Braun, 1976.

Abendland. Gedichte. Darmstadt und Neuwied: Luchterhand, 1980.

Gut Schlechtwetter. Illustrationen Dietmar Noworzyn. Schleiden: Chur-Verlag, 1980.

Mein barfüßig Lob. Gedichte. Darmstadt und Neuwied: Luchterhand, 1987.

Der Geiger von Brig. Helvetische Jubelgedichte. Basel: Lenos, 1991.

Da geht dasein. Gedichte. Hamburg: Luchterhand, 1993.

Là vois la vie. Zweisprachig, Deutsch/Französisch. Übersetzung von Patricia Zurcher, Vorwort von Peter Utz. Lausanne: Empreintes, 1998.

Kleine Zeitrevue. Erzählgedichte. Zürich: Nagel & Kimche, 1999.

Zoé Zebra. Neue Gedichte. Zürich: Nagel & Kimche, 2004.

Prosa und Essays

Dorfgeschichten 1960. Gütersloh: Sigbert Mohn, 1960.

Die Schweiz und ihre Schriftsteller – die Schriftsteller und ihre Schweiz. Zürich: EVZ, 1966.

Abratzky oder Die kleine Brockhütte. Nachträge zur weiteren Förderung unseres Wissens, Lexikon in einem Band. Neuwied und Berlin: Luchterhand, 1971.

Zum Beispiel: Bern 1972. Ein politisches Tagebuch. Darmstadt und Neuwied: Luchterhand, 1973.

Die Riesin. Ein Bericht. Darmstadt und Neuwied: Luchterhand, 1975.

Zärtlichkeit und Schmerz. Notizen. Darmstadt und Neuwied: Luchterhand, 1979.

Ein Abend in Lehrer Meilis ruhigem Leben. Erzählung. Die Entfernung: Holzschnitte von Gerhard S. Schürch. Bern: Dendron, 1980.

Bürgerliche Geschichten. Darmstadt und Neuwied: Luchterhand, 1981.

Ruhe und Ordnung. Aufzeichnungen, Abschweifungen 1980–1983. Darmstadt und Neuwied: Luchterhand, 1984.

Tagebuch mit Bäumen. Darmstadt und Neuwied: Luchterhand, 1985.

Schilfgräser. Aphorismen. Holzschnitte von Gerhard S. Schürch. Lugnorre: Dendron, 1985.

Nachtgeschichten. Darmstadt und Neuwied: Luchterhand, 1987.

Nocturnes. Récits. Übersetzung von Laurent Jospin. Vevey: L'Aire, 1994.

Herausgehoben. Notizen und Details. Stuttgart: Radius, 1990.

Högerland. Ein Fußgängerbuch. Frankfurt am Main: Luchterhand, 1990.

Im Sternzeichen des Esels. Sätze, Sprünge, Spiralen. Zürich: Nagel & Kimche, 1995.

Der cherubinische Velofahrer und andere Belustigungen. Mit Illustrationen von Hannes Binder. Zürich: Jordan, 2001.

Ein Topf voll Zeit 1928–1948. Zürich: Nagel & Kimche, 2008.

Notizen und Details 1964–2007. Hrsg. von Niklaus Peter und Elsbeth Pulver, mit einem Nachwort von Elsbeth Pulver. Zürich: TVZ, 2010.

Heilige Vergänglichkeit. Spätsätze. Stuttgart: Radius, 2010.

Theologische Texte

Moderne Literatur, Malerei und Musik. 3 Entwürfe zu einer Begegnung zwischen Glaube und Kunst. Zürich/Stuttgart: Flamberg-Verlag, 1963.

Trainingstexte. Zürich, Bergacker 76: Regenbogen-Verlag, 1967.

Das Markus-Evangelium. Ausgelegt für die Gemeinde. Basel: Friedrich Reinhardt, 1967.

Das Aufgebot zum Frieden. Biblische Perspektiven. Basel: Friedrich Reinhardt, 1969.

Theologie im Angriff. Mit Beiträgen von Martin Stähli, Hans Kasper Schmocker. Zürich: Verlag der Arche, 1969.

Dialog Christ-Marxist. Ein Gespräch. Zusammen mit Konrad Farner. Der Text zum Film von Richard Dindo. Zürich: Verlagsgenossenschaft, 1972.

Bundesgenosse Gott. Versuche zu 2. Mose 1–14. Basel: Friedrich Reinhardt, 1972.

Alleati di Dio. Esodo 1–14. Edizione italiana a cura di Thomas Soggin. Torino: Claudiana, 1998.

»Der Mensch ist nicht für das Christentum da«. Ein Streitgespräch über Gott und die Welt zwischen einem Christen und einem Agnostiker. Kurt Marti, Robert Mächler. Hamburg: Lutherisches Verlagshaus, 1977.

In der Schweiz wird es Weihnacht. St. Gallen: Traber, 1979.
Zart und genau. Reflexionen, Geschichten, Gedichte, Predigten. Hrsg. von Siegfried Bräuer und Hansjürgen Schulz. Berlin: Evangelische Verlagsanstalt, 1985.
Der Aufstand Gottes gegen die Herren. 31 Gedichte und 23 Bilder zum Thema Passion. Mit Ge Gessler. Bildkommentare von Christian Radecke, zusammengestellt und hrsg. von Wolfgang Erk. Stuttgart: Radius, 1981.
Für eine Welt ohne Angst. Berichte, Geschichten, Gedichte. Hannover: Lutherisches Verlagshaus, 1981.
Gottesbefragung. Der 1. Johannesbrief heute. Stuttgart: Radius, 1982.
Widerspruch für Gott und Menschen. Aufsätze und Notizen. Freiberg i. Br: Kerle, 1982.
Lachen, Weinen, Lieben. Ermutigungen zum Leben. Stuttgart: Radius, 1985.
O Gott! Essays und Meditationen. Stuttgart: Radius, 1986.
Schöpfungsglaube. Die Ökologie Gottes. Stuttgart: Radius, 1983 (2008).
Red' und Antwort. Rechenschaft im Gespräch. Stuttgart: Radius, 1988.
Der Gottesplanet. Predigten und Aufsätze. Darmstadt: Lucherhand, 1988.
Die gesellige Gottheit. Ein Diskurs. Stuttgart: Radius, 1989 (2004).
Die Psalmen Davids. Annäherungen. Stuttgart: Radius, 1991.
Fromme Geschichten. Stuttgart: Radius, 1994.
Erinnerungen an die DDR und einige ihrer Christen. Zürich: Jordan, 1994.
Von der Weltleidenschaft Gottes. Denkskizzen. Stuttgart: Radius, 1998.
Der Heilige Geist ist keine Zimmerlinde. Achtzig ausgewählte Texte, mit einem Vorwort von Eberhard Jüngel. Stuttgart: Radius 2000.
Prediger Salomo. Weisheit inmitten der Globalisierung. Stuttgart: Radius, 2002.
Gott im Diesseits: Versuche zu verstehen. Stuttgart: Radius, 2005.
Du: Rühmungen. Stuttgart: Radius, 2008.

Werkauswahl
Werkauswahl in 5 Bänden. Ausgewählt von Kurt Marti und Elsbeth Pulver, Vorwort von Elsbeth Pulver. Zürich: Nagel & Kimche, 1996.

Herausgeberschaft
Stimmen vor Tag. Gedichte aus diesem Jahrhundert, gesammelt in biblischer Sicht von Kurt Marti. München/Hamburg: Siebenstern Taschenbuch Verlag, 1965.
Der du bist im Exil. Gedichte zwischen Revolution und Christentum aus 16 lateinamerikanischen Ländern. Hrsg. und übertragen von Stefan Baciu und Kurt Marti. Wuppertal: P. Hammer, 1969.
Politische Gottesdienste in der Schweiz. Fünf Beispiele. Hrsg. und eingeleitet von Kurt Marti. Basel: Friedrich Reinhardt, 1971.
Wort und Antwort. Meditationstexte. Basel: Friedrich Reinhardt, 1977.
Natur ist häufig eine Ansichtskarte. Gedichte, Texte, Zitate deutschsprachiger Nicht-Schweizer zur Schweiz. Basel: Lenos, 1976.
Für Walter Jens. Eine Festgabe. 111 Grussadressen in Handschriften, Typoskripten und Zeichnungen zum 65. Geburtstag. Mit einem Aquarell von Alfred Hrdlicka, einem Brief an den Herausgeber von Marcel Reich-Ranicki und einem großen Fototeil; eingeleitet und hrsg. von Kurt Marti. Stuttgart: Radius, 1988.

Anne Perrier

»Je cueillerai les fleurs / Absolues du silence«, heißt es in Anne Perriers *Livre d'Ophélie.* Françoise Delorme stellt das Werk der bedeutenden Lausanner Lyrikerin vor, in seiner Bewegung zwischen Freude und Schmerz, Sprechen und Schweigen, Erdenschwere und Leichtigkeit. Rui Terra übersetzt zusammen mit Anne Perrier Gedichte aus dem Portugiesischen. Er spricht mit ihr über das Übersetzen von Lyrik, über ihre Liebe zur Musik, über die Bedeutung der Kindheit in ihrem Werk, über die Wahl der »armen Mittel« und das Engagement gegenüber der Welt. Alberto Nessi, Sylviane Dupuis und Lisa Elsässer widmen Anne Perrier eine poetische Hommage.

Anne Perrier, *Lettres perdues 1968–1970* (extraits)

à Cristovam Pavia

au poète et à l'ami
mort à Lisbonne
le 13 octobre 1968

Autour de moi les grandes fleurs
Muselées du jour
Mon cœur comme la mer
Se retire
Est-ce midi
Minuit?
L'heure pleine de feuilles mortes
Plie

Mon frère entre la sauge et l'ombre
Repose
Que le jour sur le jour
Croise ses liserons
Tu vois
La mort sent l'herbe la rosée
Ton cœur s'est rempli de grillons
Repose
Mon frère entre la menthe et l'ombre
Pour toi
Le temps sèche dans un herbier

Moi au bord de la terre
Je guette encore
Le prochain départ des oiseaux

Anne Perrier, *Verlorene Briefe 1968–1970* (Auszüge)

Für Cristovam Pavia

dem Dichter und Freund
gestorben in Lissabon
am 13. Oktober 1968

Um mich herum die großen Blumen
Geknebelt vom Tag
Mein Herz
Sich zurückzieht wie das Meer
Ist es Mittag
Mitternacht?
Die Stunde voll welker Blätter
Wankt

Mein Bruder zwischen Salbei und Schatten
Ruht
Der Tag über den Tag
Seine Feldwinden kreuze
Siehst du
Der Tod riecht nach Gras und nach Tau
Dein Herz hat sich mit Grillen gefüllt
Ruhe
Mein Bruder zwischen Minze und Schatten
Für dich
Trocknet in einem Herbarium die Zeit

Ich aber warte am Rand der Erde
Noch immer auf den
Kommenden Vogelzug

Oh! dans le vent d'automne
Ce jamais plus
Comme un volet qui bat

Les nuages pouvaient passer
Les vents avaient beau s'en aller
Revenir et la lune courir
Sur la voie lactée
Jamais jamais ne fut brisé
L'arc de la distance
Seules nos voix de paille
Habillèrent l'absence
Puis le silence vint
Comme le merle

Ton âme tourmaline
Saphir liquide
Ton âme je le sais
Dieu la porte à son doigt

Le long des saules
Où vont les barques dans l'hiver?
Où vont les feuilles par milliers
Livrées au vent?
Où vont les songes morts où vais-je
Entre pluie et neige?

Me voilà seule au bord de l'eau courante
Où hier à peine
Nos mains de sable poursuivaient
Sous la pierre les truites

Ach, im Herbstwind
Dieses Nie mehr
Wie ein Fensterladen der schlägt

Die Wolken mochten vorbeiziehen
Die Winde kommen und gehen
Und der Mond
Über die Milchstraße wandern
Nie nie wurde er gebrochen
Der Bogen der Distanz
Nur unsere spröden Stimmen
Belebten die Abwesenheit
Dann kam die Stille
Der Amsel gleich

Deine Seele wie Turmalin
Flüssiger Saphir
Deine Seele ich weiß es
Gott trägt sie an seinem Finger

Den Weiden entlang
Wohin gehen die Boote im Winter?
Wohin gehen die Blätter zu Tausenden
Ausgeliefert dem Wind?
Wohin gehen die welken Träume wohin gehe ich
Zwischen Regen und Schnee?

Nun steh ich allein am fließenden Gewässer
Wo noch gestern
Unsere Sandhände unter dem Stein
Die Forellen verfolgten

POST-SCRIPTUM

La cage pour toi s'est ouverte
Tu as volé jusqu'au cœur de la nuit
Cendres phosphorescentes limaille
Illuminée rubis éternel rubis
Sur l'herbe de minuit
Mais n'est-ce à moi qu'en partant tu laissas
L'inguérissable blessure de vivre

Et pourtant ne serait-ce là
Notre plus beau chemin
Je ne veux rien
Qu'on me laisse les ronces les épines
Le silence sans lignes
Où tu trouvais les mots
Qui lavent la terre

POST-SCRIPTUM

Der Käfig hat sich geöffnet für dich
Du bist geflogen bis zum Herzen der Nacht
Phosphoreszierende Asche leuchtender Feilstaub
Rubin ewiger Rubin
Auf der Mitternacht Gras
Doch hast du sie nicht mir hinterlassen
Die unheilbare Lebenswunde

Und dennoch ist er nicht hier
Unser schönster Weg
Ich will nichts
Man lasse mir die Dornranken die Stacheln
Die Stille ohne Zeilen
Wo du die Worte fandest
Die die Erde reinwaschen

Anne Perrier
Das Gedicht, genau zwischen Freude und Schmerz
Von Françoise Delorme

Si le monde
Était un raisin transparent
Qui survivrait?

Wenn die Welt
eine durchsichtige Traube wäre
wer würde überleben?

In *Feu les oiseaux* (1970), einer Sammlung mit Dreizeilern von seltener Dichte, leuchtet der oben stehende Vers so intensiv, als würde er allein für die ganze Dichtung von Anne Perrier sprechen. Dieses in sich geschlossene, doch gegen das Licht offene oder jedenfalls durchlässige Gedicht nimmt beim Lesen einen ergreifenden, lebendigen Gesang an, der sich fortsetzt, um ewig zu dauern. Es stellt eine Frage, erschüttert eine Gewissheit, die die Bildschärfe und ein virtuoses und sensibles Spiel mit den Perspektiven beeinträchtigen würde. Ein äußerst verdichtetes, komplexes Gebilde nimmt darin die Form einer kleinen Kugel an, die leer und zugleich voll, vergänglich und dennoch von nicht bestimmbarer Dauer ist, es sei denn durch die ungewisse Öffnung, die in einem eingeschränkten Spiel das Licht und eine Frage bilden. Auf welcher Ebene bewegt man sich? Kosmos? Irdische Welt, menschliche Welt, Frucht, Samenkorn, Schale, Fruchtfleisch, Nahrung, Puls, Atmung, Schatten, Licht, Transparenz, reine Geometrie? Welche Seinsart soll man bevorzugen? Rotation, Reflexion, Enthüllung, Maske, in sich geschlossenes Geheimnis, das man jedoch erraten könnte, von einer schwankenden Antwort begleitete Frage, durch Sorge getrübte Freude? Wo ist innen? Wo ist außen?
Dennoch kommen Innen und Außen wieder zusammen in dieser Dichtung, die diese »andere Zeit [erfindet], die wie eine Vorwegnahme der Ewigkeit wäre« (Gespräch mit Mathilde Vischer, Februar 2001). Um eine erahnte Einheit spüren zu lassen, schafft Anne Perrier eine Harmonie zwischen Besitz und Verlust, eine Harmonie, die sich nicht nur als

möglich, sondern für eine genaue Erfassung der menschlichen Existenz als notwendig erweist:

> »ich träume von einer Art zu besitzen, als würde man nicht besitzen, [...] von enteigneten Gesten, von einer Form von Besitz mit offenen Händen, wo der Gesang wie das Wasser zwischen den Fingern hindurchflösse«
> (Aus: *Anne Perrier*, von Jeanne-Marie Baude. Seghers, 2004)

Lebt die Dichterin eine Art von Askese in Bezug auf die syntaktische Verstrebung und die Kürze der Gedichte, so ist die verschwenderische Fülle des Wortschatzes umgekehrt proportional dazu. Hier und dort kommen Anspielungen auf mythische Städte vor, auf Musikinstrumente, Harfen, Flöten. Zuweilen begegnet man Brunnen, Zisternen, die das Wasser zähmen, dieses wilde, lebenswichtige Element, dessen Lauf tödlich ist. Philippe Jaccottet schreibt, Anne Perrier fühle sich angezogen von diesem »Wasser, das trägt und das reinigt, eine verwirrende Mischung aus Lust und Reinheit, und von der Faszination des Todes«. Einer Faszination, gegen die sie sich gewehrt habe, »indem sie *Le Temps est mort* schrieb, die erste ihrer Gedichtsammlungen, wo der Riss, den das Leiden im Herzen zurücklässt, nicht immer durch den Gesang geheilt wird« (Philippe Jaccottet, Vorwort zu *Poésie 1960–1986).* Das Wasser durchzieht das ganze Werk mit seiner widersprüchlichen, nutz- und zugleich todbringenden Art und bringt Wörter und Dinge wieder zusammen. Man hört in ihrer Dichtung »die Stimme und das Wasser, das heißt, einer stets im Gras und Schatten verborgenen tiefgründigen Quelle gleich, das Leben selbst«:

> On vit couler dans la vallée
> La luzerne et le serpolet
>
> Man sah unten im Tal
> Luzerne und Feldthymian fließen
> (Aus: *Le Petit pré)*

Mit seinem unablässigen Fluss trägt das Wasser das Gedicht, die Dichterin und ihren Gesang, der sich darin auflöst und gleichzeitig seine klare, anhaltende Musik verbreitet:

O l'ineffable errance
Je passerai sous les merles tranquilles
Je cueillerai les fleurs
Absolues du silence

Oh unsagbares Umherirren
Ich werde unter den stillen Amseln wandeln
Ich werde die reinen Blumen
des Schweigens pflücken
(Aus: *Le Livre d'Ophélie)*

Wie die Traubenbeere im eingangs zitierten Dreizeiler (oder ist es eine ganze Weintraube, auf der das Licht spielt?), werden die Reiche der Natur eher unter den einzelnen Namen der Blumen und der Tiere, besonders der Vögel, aufgeführt. In einem Werk, das die Wörter so sparsam einsetzt, bringt das Schweigen die Misstöne in einer üppigen, erstaunlich mannigfaltigen Welt wieder in Einklang. Taube, Lerche, Amsel, Rotkehlchen, Elster, Star, Möwe, Kolibri, Paradiesvogel und wie sie alle heißen, jeder von ihnen stößt einen Ton aus und bringt seine Art zu singen, zu fliegen, sich zu ernähren und auch zu sterben mit. Und genauso die Blumen, die Gräser, die Bäume *(Les Noms de l'arbre,* 1989). Wir sind umgeben von der lexikalischen Fülle der wirklichen Dinge, welche der ursprünglichen Einheit einen untrennbar mit ihr verbundenen Schatten hinzufügt. Die unendliche Vielfalt der Welt verherrlicht die Welt, macht sich in einer langen Läuterungsarbeit, die ihre unübersehbare Materialität schließlich gleichsam unsichtbar werden lässt, sich selbst transparent. Bei einer ersten Lektüre scheinen alle Gedichte von Anne Perrier diaphan, mit leuchtender Leere gefüllt, ausgehöhlt, um den ganzen Platz dem Licht zu überlassen. Die Winden, die reifen Zitronen, die Feigen, die Raubvögel, die Gesteine, sie alle wirken an der langsamen Erarbeitung einer ätherischen Durchlässigkeit, eines ruhigen und klangvollen Atems mit. Ein unfassbarer Hauch entfaltet endlos materielle Formen, oder umgekehrt; gegenseitig verweisen schließlich die einen auf die anderen, in einem aussöhnenden Freudentaumel.

Das Vertrauen der Dichterin in die Bilder lässt nie nach:

> »Ich hatte immer ein glückliches Verhältnis zum Bild. [...] Die Gedanken, die Gefühle, alles, was ich in meinem Inneren brodeln spürte, nahm ganz einfach im Bild Gestalt an.«
> (Gespräch mit Mathilde Vischer, Februar 2001)

Desgleichen kommt in ihrer Dichtung ein nicht weniger unerschütterliches Vertrauen in die Wörter zum Ausdruck, ein Vertrauen in eine schmucklose, belebende Lyrik. Diese Lyrik gründet in einer idealen Beziehung zur Kindheit, einer Kindheit, die sie auch als Zukunft der Liebe, als Horizont betrachtet – und genauso stellt sie sich in einem ihrer wenigen theoretischen Texte die Dichtung vor:

> Ist das »Paradies der Sprache« nicht ein auf ewig verlorenes Paradies, nach dem wir uns in unendlicher Sehnsucht verzehren? Ich glaube es. [...] könnte man nicht von einem »Paradies der Sprache« träumen, das vor uns läge und in dem die Wörter die Farben der Unschuld wiedergefunden hätten – die neue Unschuld einer gewissermaßen losgekauften Sprache?
> (Aus: *Arts poétiques*, La Dogana, 1996)

Doch natürlich ist nicht alles so einfach! Manchmal bleibt alles dunkel... Oder alles entflieht...

> Abeille, qu'as-tu fait?
> Toutes les fleurs te furent prêtées
> [...]
> Nulle excuse pour toi
> Et nul amendement
> L'été fut grand
> Comme un geste de roi
>
> Biene, was hast du getan?
> Alle Blumen standen zu deiner Verfügung
> [...]
> Kein Pardon für dich

Und keine Gnade
Der Sommer war so groß
Wie die Geste eines Königs
(Aus: *Le Petit pré)*

Nichts würde in dem durch die Wörter gewonnenen und wieder verlorenen Licht sprießen. Der poetische Elan pendelt zwischen der in der Erwartung enthaltenen Hoffnung und einer Art Verzweiflung. Die so schwer anzunehmende Überzeugung, dass sich das Licht zugleich aus dem Tod und dem wahrnehmbaren Leben zusammensetzt, festigt sich. So wird häufig offen der Wunsch geäußert, zu sterben und eine Einheit wiederzufinden, die, man ahnt es, in Flammen aufgegangen ist:

Vienne sur moi l'essaim
Lumineux et que je meure

Komme er auf mich der leuchtende
Bienenschwarm auf dass ich sterbe
(Aus: *Le Petit pré)*

Doch nichts vermag je die absolute Liebe zu einer Sinnenwelt zu zerstören, vor allem nicht die Betrübnis darüber, sie nicht überleben zu können:

La seule tristesse
C'est de savoir que les jours s'ouvriront
Comme des lys au fond du temps
[...]
Et que sous tant de fleurs
J'aurai les yeux remplis de terre

Traurig ist nur zu wissen
dass die Tage wie Lilien
sich öffnen werden auf dem Grund der Zeit
[...]
Und dass unter so viel Blumen
Meine Augen dann voll Erde sind
(Aus: *La Voie nomade)*

Im Laufe der Gedichtsammlungen wird nach und nach eine Trauerarbeit geleistet und eine langsame Bejahung errungen. Bisweilen ist eine Auflehnung gegen den individuellen Tod spürbar, vor allem in *Lettres perdues*, einem Buch, in dem der Tod des Freundes Cristovam Pavia seine dunklen Wurzeln ausstreckt, selbst wenn es heißt, »der Tod riecht nach Gras und nach Tau«. Doch auch eine Bejahung des eigenen Tods zieht sich durch das Werk, in besonderem Maße in *Le Livre d'Ophélie* (1979). Die Notwendigkeit, der menschlichen Barbarei Rechnung zu tragen, ohne das Streben nach größter Transparenz zu zerstören, verdüstert die abschließenden Dreizeiler von *Le Joueur de flûte* (1994). Die Komplexität der Welt, ihre Widersprüche und die ersehnte Einheit überlagern sich in ihren Bildern nicht mehr so mühelos. Dennoch erstirbt der Gesang nicht; seltsamerweise macht ihn dieses Gewicht sogar leichter:

Je m'arrête parfois sous un mot
Précaire abri à ma voix qui tremble
Et qui lutte contre le sable
Mais où est ma demeure
Ô villages de vent
Ainsi de mot et mot je passe
À l'éternel silence

Ich halte bisweilen inne unter einem Wort
Unsicheres Obdach für meine Stimme die zittert
Und gegen den Sand ankämpft
Doch wo ist meine Wohnung
Oh Dörfer des Windes
So rück ich von Wort zu Wort
Zum ewigen Schweigen vor
(Aus: *La Voie nomade*)

Tatsächlich hat nichts Anne Perrier je von einem poetischen Weg abgebracht, der, den Schmerz und die Freude miteinander verknüpfend, sie dazu geführt hat, Gedichte zu schreiben, in denen die Lebenswahrheit ein Gesang wird, ein Gesang bleibt, ein glühender Gesang, in dem und durch den es möglich wird, »das Herz eines Nomaden zu bewahren, das immerzu offen ist für die Rufe der Vögel und des Windes«:

Si j'erre si j'ai soif
Je creuserai des puits
Dans le ciel

Et nous boirons ma vie nous boirons
De cette eau
Jusqu'à en mourir

Wenn ich umherziehe wenn ich Durst habe
Werde ich Wasserlöcher in den
Himmel graben

Und dann trinken wir mein Leben trinken wir
Von diesem Wasser
Bis wir daran sterben

(Aus: *Feu les oiseaux*)

Françoise Delorme ist Töpferin und Dichterin sowie Redaktorin von www.viceversaliteratur.ch. Zuletzt publizierte sie *Du cerisier* (L'Atelier du Grand Tétras, 2012); demnächst erscheint *Poreux par endroits* (Samizdat, 2013).
Das erwähnte Gespräch zwischen Anne Perrier und Mathilde Vischer kann auf www.viceversaliteratur.ch nachgelesen werden.

O próximo voo das aves / Le prochain départ des oiseaux Gespräch mit Anne Perrier

Von Rui Terra

Anne Perrier und ich haben uns im März 2012 dank der Dichtung von Cristovam Pavia kennengelernt. Ich hatte mir vorgenommen, *35 Poemas* zu übersetzen, das einzige Buch des portugiesischen Dichters, das zu seinen Lebzeiten erschienen ist (1959). Pavia war damals 26 Jahre alt. Wie hätte ich an ein solches Projekt denken können, ohne es sogleich mit Anne Perrier in Verbindung zu bringen, war sie doch vor mehr als vierzig Jahren, zwischen 1966 und 1968, die enge Vertraute und Briefpartnerin des Dichters, dem sie ihre Gedichtsammlung *Lettres perdues* (1968–1970) gewidmet hat? Anne Perrier ließ sich sofort begeistern.
Auch wenn die Dichterin den Ruf aus *Selon la nuit* (»Lasst meine Landschaften zu mir kommen / Damit sie die Stille aufbauen«) nachklingen lässt, hat sie noch immer ein erstaunliches Bedürfnis, sich auszudrücken. Heiter und zugleich sehr hellsichtig, strahlt das »Kind der langsamen Flüsse, das Kind des Sands und des Schlamms«, jedes Mal, wenn man auf die Dichtung zu sprechen kommt, und dem, der sich sanft dem klaren Wasser zwischen den Bäumen nähert, schenkt sie das Licht der »hellen Kieselsteine«, das vergnügte Murmeln des munteren Wassers ...
Anne Perrier schätzt die Dinge mit erstaunlichem Scharfblick ein: »Wo keine Tragik ist, soll man nicht welche hineindichten!«, hat sie an ihrem 90. Geburtstag im letzten Juni Freunden erklärt. Dieser schalkhafte Humor und die wohltuende Energie, die ihr lebhaftes Lachen freisetzt, sind auch im nachfolgenden Gespräch spürbar.

Portugal, die portugiesische Dichtung, die Freundschaft

Wie haben Sie Cristovam Pavia kennengelernt?

Pfarrer Journet hat eines Tages zu mir gesagt: »Ein sehr netter Junge, ein bisschen Poet, ein bisschen verrückt, schreibt mir, und ich möchte, dass Sie ihm Ihre Gedichte schicken.« Ich habe ihm geantwortet: »O nein, vielen Dank«, denn ich hatte schon hie und da mit Dichtern ein wenig korrespondiert und wollte mich nicht auf unmögliche Geschichten einlassen. Pfarrer Journet liebte die Dichtung, insbesondere meine, und veröffentlichte auch viel davon, und er dachte, meine Gedichte könnten Cristovam ansprechen. Er ließ nicht locker, und schließlich habe ich um des lieben Friedens willen nachgegeben und mir gesagt: »Also gut, ich werde ein kleines Kreuz tragen und einen kleinen Brief schreiben …« Und das war der Beginn eines Aufstiegs zum Paradies *(lacht):* Cristovam hat mir einen glücklichen Brief geschrieben – einen glücklichen und schönen Brief (er war zweisprachig), und auch wenn er etwas chaotisch war, spürte ich doch seine unermessliche Liebe zur Dichtung, in diesem Fall auch zur meinen, und gleichzeitig immer diesen Bruch, der in ihm war. Es war traurig, ja, man spürte ihn immer.

Sie haben Portugiesisch gelernt, um die Dichtung von Cristovam Pavia, aber auch die Gedichtbände seiner bevorzugten portugiesischen Dichter lesen zu können – oder der brasilianischen, wie Manuel Bandeira, den er sehr bewunderte und dessen Gedichtbände er Ihnen schickte, nicht wahr?

Die Migros bot Portugiesischkurse an, und ich habe einen besucht. Cristovam schickte mir Unmengen von Büchern! Der Briefträger verwünschte mich, wenn er am Morgen mit der Post kam! Cristovam wusste, dass er sterben würde, deshalb schickte er sie mir. Er hatte beschlossen, seinem Leben ein Ende zu setzen, und er wollte, dass ich alle diese Bücher kennenlernte, bevor er ging – er sagte es nicht, aber ich bin mir dessen sicher. Für ihn war es eine Art des Abschiednehmens – nicht von der Dichtung, die war immer in ihm, aber im Austausch schloss sich eine Tür, während sich gleichzeitig eine andere öffnete – anderswo.

Und Sie haben begonnen, die Originaltexte zu lesen und Gedichte von Cristovam, von José Régio, seinem engen Freund, und später von Manuel Alegre zu übersetzen …

Ja, mit Löchern hier und dort, Fehlern, aber im Gegensatz zu Italienisch oder zu anderen Sprachen ist Portugiesisch eine Sprache, die mir schließlich vertraut geworden ist, auch aufgrund all der Freundschaften, die sie mir eingebracht hat. Es war ein Gebiet, auf dem ich mich wohl fühlte, obschon ich mich für unwürdig hielt zu übersetzen. Ich brauchte Hilfe, das ist klar. Aber Portugiesisch ist immerhin eine lateinische Sprache; wenn es Deutsch oder Russisch gewesen wäre …

Lettres perdues, die einzige Ihrer Gedichtsammlung, die sich an eine bestimmte Person richtet, ist zwei Jahre nach Cristovam Pavias Tod erschienen; sie ist dem Dichter gewidmet, der – ohne dass Sie ihm je begegnet sind – zwischen 1966 und 1968 ihr bevorzugter Briefpartner war und der Ihnen mit seinem Selbstmord »die unheilbare Lebenswunde« hinterlassen hat.

Dieses Ereignis ist mir natürlich als etwas Schreckliches geblieben. Ich sage mir, dass ich ihm nicht hätte ankündigen dürfen, ich werde ihn besuchen. Mein Mann hatte mich auf die Idee gebracht: »Schreib ihm, sag ihm, wir kommen.« Mein Mann war sehr großzügig – und vielleicht auch etwas neugierig. Er spürte, dass zwischen uns eine schöne, tiefe Verbindung bestand, die etwas Besonderes war. Es war keine Liebesbeziehung, »ich liebe dich, du liebst mich«. Das war es nicht. Es war etwas viel …, etwas, das unabhängig von unserer Person war. Doch Cristovam ertrug den Gedanken nicht, dass ich ihn sehen würde, wie er im tiefsten Inneren nicht war. Ich habe später von jemandem aus seiner Umgebung erfahren, dass er sich äußerst seltsam benehmen konnte, dass mich ein so wunderliches Verhalten tief getroffen hätte. Man musste ihn schon gut kennen, um zu wissen, was er tun oder sagen wollte. Ich hätte einen anderen Cristovam entdeckt als den, der mir schrieb. Im Grunde war er sich seines seltsamen Verhaltens und seiner Wirkung bewusst. Aus der Entfernung war es wunderbar, dieser Briefwechsel, dieser Austausch, diese Freundschaft, die auf Briefen, aber auch auf der Dichtung beruhte. Darin kam seine schönste Seite zum Vorschein. Wohl war zwischendurch eine gewisse Traurigkeit spürbar, aber ich glaube trotzdem, dass es mehrere offene Türen gab, durch die er immer wieder entfliehen konnte, um etwas Frieden zu finden. Dieser Briefwechsel war etwas ganz Außergewöhnliches in seinem Leben, das er in seiner Umgebung nicht fand, weil ihn alle kannten, weil ihn alle gesehen und gehört hatten und um seine Lücken wussten.

Mit mir, die ihn nie gesehen hatte, konnte er sich vielleicht erlauben, so zu sein, wie er im tiefsten Inneren hätte sein wollen. Es ist traurig, ein solches Handicap zu haben und zu wissen, dass man nie ein normales Leben wird führen können. Daher hat er den Gedanken nicht ertragen, dass ich sehen würde, wie er war – nicht wer er war, denn das konnte sich in seinem Inneren nicht ändern. Er wollte, dass ich mich an ihn erinnerte, wie ich ihn in seinen Briefen kennengelernt hatte, und nicht anders. Und er ist gegangen. Für mich gibt es keine andere Erklärung. Es ist eine traurige, schmerzliche Geschichte, doch sie enthält auch schöne Abschnitte voller Tiefe, die wir auf außergewöhnliche Art und Weise gelebt haben.

Und heute, mehr als vierzig Jahre nach dieser Tragödie, übersetzen wir mit großer Freude dieses Buch von Cristovam …

Ja, für mich ist es ein Glück und eine Erfüllung. Wie der Abschluss von etwas, was in der Luft geblieben ist. Es ist schön, was wir zusammen machen können: Wir lassen Cristovam etwas präsenter, etwas lebendiger werden. Es ist, als hätten wir ihm gegenüber eine Schuld zu begleichen; wir machen ihm dieses Geschenk über den Tod hinaus.

Übersetzen, zwischen Treue und Verrat

Bei unserer Arbeit als Übersetzer werden wir häufig mit zwei Ansprüchen konfrontiert: Einerseits sollen wir möglichst nah am Ausgangstext bleiben, und andererseits braucht es einen gewissen Abstand zu diesem, um ihn in der anderen Sprache wiederzugeben. Was halten Sie von dieser ständigen Spannung zwischen Treue und Verrat, die der Übersetzung innewohnt? Welche Freiheit kann – oder muss – sich ein Dichter nehmen, wenn er einen anderen Dichter übersetzt?

In diesem Fall bleiben wir innerhalb der lateinischen Sprachen, zwischen Schwestern, sozusagen. Wenn wir aus dem Russischen übersetzen müssten – das ich nicht spreche –, hätten wir es mit einer anderen Welt zu tun, für das Ohr, für das Auge, für alles. Nein, man soll auf keinen Fall zu viel Freiheit und Abstand nehmen; man kann nicht einfach so in einer Dichtung herumspazieren und sie nach Lust und Laune umwandeln. Man muss nah an der Musikalität und den Bildern bleiben. Das geht nicht immer, aber man muss es versuchen und möglichst genau bleiben. So sollte man übersetzen. Jaccottet tut es, ich finde das äußerst bemerkenswert. Es ist nicht einfach, aktiv zu sein und sich zugleich im Hintergrund zu halten.

Ich glaube, man sollte an den Autor denken, den man übersetzt, und *ihn* ins Rampenlicht stellen, nicht sich selbst. Es gibt Übersetzer, die dazu neigen, zu zeigen, was sie können, indem sie zum Beispiel ein Bild wählen, das eine gewisse Wirkung erzeugt, das jedoch nicht dem entspricht, was geschrieben ist. Meiner Meinung nach muss man sehr nah am Text bleiben, den man die Ehre hat in einer anderen Sprache aufleben zu lassen. Ein Übersetzer muss im Dienste des Textes stehen – nicht umgekehrt!

Die Kindheit, sie lieben

In der Dichtung von Cristovam Pavia ist die Kindheit ein wichtiges Thema, und häufig wird sie durch die frische, melancholische Stimmung der Abenddämmerung symbolisiert. In einem Ihrer Texte, »Le Voyage«, sagen Sie über die Kindheit: »Nein meine Kindheit / Dich zu lieben / Bedeutet nicht zurückzukommen und die Arme nach dir auszustrecken / Zurückzuschauen und zu warten bis der Tag / eine Tote auferweckt / [...] / Nein meine Kindheit / Dich zu lieben / bedeutet zu wissen dass du vorwärts schreitest / ...

... Wie eine Braut« ... Ich erinnere mich an diesen Vers! Ja, es besteht eine Erwartung, es geht um eine Eheschließung. Vielleicht deshalb, weil man eine so intensive und reine Erinnerung an die Kindheit in sich trägt; als wäre sie unvollendet, diese Kindheit, die beginnt, wenn man klein ist, die aber meiner Meinung nach nicht abgeschlossen ist. Warum soll man nicht einen Vorrat an Dingen in sich haben, an Empfindungen, Sanftheit und allem, was sich einem vielleicht gerade in der Kindheit eingeprägt hat und das man mit sich herumträgt, ohne daran zu denken. Denn das Leben nimmt das alles mit, fort von uns; es hindert uns in gewissen Momenten nur daran, es zu spüren, zu sehen, zu erkennen, es würde also eine zweite Sicht brauchen.

Als wären die unerschöpfliche Reinheit und Helligkeit der Kindheit immer vor uns – wie ein Stern?

Sie haben das Wort gefunden: wie ein Stern. Eine Sternschnuppe. *(Lacht.)*

Die Musik, die »armen Mittel«

In einem Interview von 2004 mit Jeanne-Marie Baude haben Sie gesagt: »Im ›wenig‹ steckt eine Art Dynamik, eine explosive Kraft, die ich im Überfluss nicht spürte. Das Wenige an Wörtern ist wie ein Atom: Es kann helfen, das

Gedicht zu sprengen.« Wie sind Sie, schon von Ihren ersten Gedichtsammlungen an, zu diesem Ideal der Kunst des »Wenigen«, der »armen Mittel« gelangt – die Ihr Freund, der Philosoph Jacques Maritain, den »vielfältigen zeitlichen Mitteln« entgegenstellte –, einem Ideal, das mit der Zeit immer stärker zum Ausdruck kam?

Maritain hat das auf wunderschöne Art gesagt. Mit ihm habe ich gefunden, was schon in mir war. Es war faszinierend, eine Welt zu betreten, die nicht den Gewohnheiten entsprach. Normalerweise erfasst man die Welt durch das, was reich ist, doch das war überhaupt nicht Jacques Maritains Methode. Auch ich hatte begonnen, kurze, knappe Gedichte zu schreiben, etwas, das auf eine andere Weise sprach als mit einer Menge Sätze und Bilder. Dieses Gefühl war im Grunde schon in mir. Man hat Maritains Denken viel zu wenig Beachtung geschenkt, obschon es wesentlich, tiefgründig war. Hingegen überschwemmen uns viele Dichter mit ihrer Sprache. Doch diese haben viel zu sagen, Dinge, die mit Kraft, mit einer Fülle von Bildern gesagt werden müssen. Für mich war das nicht der Fall.

In Ihrer Dichtung, die völlig frei und ohne jeden Zwang ist, erscheint diese Wahl der »armen Mittel« schon in *Le Petit pré* (Die kleine Wiese), auch in Form eines Engagements gegenüber der Welt: »Wer ist dieser Schatten? Wer ruft mich?/ Wenn es auf der Welt einen Schmerz gibt/ Bin ich in ihm.« Was bedeutet für Sie dieses Engagement?

Es war für mich zunächst wichtig, weil meine Mutter Elsässerin war, und Sie wissen, wie sehr das Elsass gelitten hat, als es von Frankreich an Deutschland und von Deutschland wieder an Frankreich überging. Meine Großeltern mussten fliehen, vermutlich wurden sie von den Deutschen bedroht. Als sie nach einem Jahr in ihr Haus zurückkehrten, war es zerstört. Sie mussten also neu aufbauen und reparieren. Es war eine unruhige und traurige Zeit. Und dann, während des Algerienkriegs, hatten mein Mann und ich Gelegenheit, Algeriern zu helfen, die verwundet und vielleicht sogar gefoltert worden waren, Mädchen, die man vermutlich vergewaltigt hatte, und wir haben sie bei uns untergebracht, ihnen zu Essen gegeben, sie manchmal versteckt.

Die Dichtung kann den Schmerz eines Volks widerspiegeln – sie hat es mehrmals getan, seit jeher –, doch ich behaupte nicht, dass ich so weit gegangen bin, ich wäre nicht dazu fähig gewesen. Sagen wir, ich habe am Schmerz all der Menschen teilgenommen, die ich gesehen habe, die wir untergebracht haben, denen wir zugehört haben und die gelitten haben.

Besteht eine Verbindung zwischen diesem Ideal der »armen Mittel« und der kurzen Form Ihrer Verse und Gedichte, dem Fehlen von Satzzeichen, dem Einsatz von Großbuchstaben, um den Anfang eines Verses zu kennzeichnen, den leeren Stellen auf einer Seite? Was hat Sie zu diesen formalen und ästhetischen Kriterien bewogen?

Diese Kommas, diese Strichpunkte, bei denen man sich sagt: »Hier muss ich eine Pause machen, oder hier muss ich etwas weniger lang innehalten«, unterbrechen die Musik eines Verses, eines Gedichts. Für die Musikalität des Gedichts sind sie nicht notwendig. Ohne sie kommt man der Musik näher. Man setzt für das Ohr, das Gehirn und das Herz einen Fluss in Bewegung, und man verleiht ihm eine Art Freiheit, die Freiheit zu sein, vorwärtszugehen, innezuhalten. Der Rhythmus gibt vor, was nötig ist, man geht, wohin man gehen muss, man bewegt sich wie auf einem Weg. Und es wird sich zeigen, wohin man gelangt.

Als ich vor ein paar Tagen zu Ihnen kam, hörten Sie gerade mit geschlossenen Augen Musik und bewegten den Kopf und die linke Hand im Takt dazu, während die andere Hand neben dem CD-Player auf Ihren Knien lag. Ich habe mich leise Ihnen gegenüber hingesetzt, doch Sie haben meine Anwesenheit gespürt und lächelnd zu mir gesagt: »Ich höre Mozart!« Und ich habe für mich gedacht: »Da habe ich also die ›Musikerin der Stille‹ vor mir«, wie Alain Lévêque, einer Ihrer Dichterfreunde, Sie genannt hat.

Ja, und jemand anders hat gesagt, meine Dichtung sei die musikalischste Dichtung der französischen Schweiz – das war nicht schwierig! *(Lacht.)*

Der Ruf der Musik und die Bedeutung, die sie in der Entwicklung Ihrer künstlerischen Sensibilität hatte, haben Ihre ganz eigene Art beeinflusst, Ihre Gedichte, die Sie »im Inneren« hören und sehen, »im Kopf« zu schreiben und zu erarbeiten. Wie kam das genau?

Ich habe meinem Vater viel zu verdanken, der immer ein Abonnement für die Konzerte des Orchestre de la Suisse Romande mit Ernest Ansermet und die Konzerte des Orchestre de chambre de Lausanne mit Victor Desarzens hatte. Außerdem kaufte er die ersten guten Aufnahmen, die damals erhältlich waren. Wenn er sie hörte, näherte ich mich ihm wie eine Katze, auf leisen Sohlen – ich war etwa neun, zehn Jahre alt –, setzte mich auf den erstbesten Stuhl und bewegte mich nicht mehr. Meinen Bruder interessierte das wenig, aber ich liebte diese Platten von Mozart. Ja, ich habe einen ganzen Teil meiner Kindheit mit diesen großen Musikern gelebt.

Sie haben eine Zeit lang sogar gezögert zwischen der Berufung zur Komponistin und derjenigen zur Dichterin …

Als mein Vater meine Neigung bemerkte, hat er mir die Türen zum Konservatorium geöffnet. Doch mit meinen Fingern haperte es, ich war nicht begabt, Musik zu spielen. Ich nahm zwei oder drei Jahre lang Klavierunterricht bei einer alten Dame, die mich Fingerübungen machen ließ: und-eins, und-zwei, und-drei, und-vier … Für mich war Musik etwas anderes. Sie war für mein Ohr, nicht für das Gehirn!

Doch ich bin mit Musik aufgewachsen, und das war ein großes Glück für mich; ohne meinen Vater und seine Liebe zur Musik, die er an mich weitergegeben hat, wäre meine Dichtung nicht, was sie ist.

Eine Dichtung, die Sie schon sehr früh »im Kopf« geschrieben haben, nicht wahr?

Ja, vollständig – auch nachts, wenn ich durch nichts gestört wurde, wenn niemand ahnen konnte, dass ich dichtete, wenn ich sah, dass kein Licht mehr an war und alle im Bett lagen und niemand mehr plötzlich unter der Tür auftauchen und sagen konnte: »Was machst du da, schläfst du noch nicht?« Ah, das machte mich rasend! Was verstanden meine Eltern denn schon von Dichtung? Sie waren noch bei Victor Hugo und Lamartine – wenn überhaupt! Sie hätten bestimmt zu mir gesagt: »Aber deine komischen Verse reimen sich ja gar nicht!«

In meinem Kopf entstanden die Gedichte, ihre Musik, die Farbe der Bilder, und diese Dichtung nahm in der Nacht Gestalt an. Doch da ich Angst hatte, ich würde am nächsten Morgen alles vergessen haben, legte ich mich mit der Taschenlampe unter die Bettdecke.

Um etwas aufzuschreiben?

Ja, ich versuchte einige Gedanken zu notieren, um die Gedichte dann auswendig zu lernen. Ich hatte nämlich keine Zeit, sie ganz aufzuschreiben, meine Mutter hätte mich gefragt, was ich denn da mache. Doch meine Eltern waren nicht immer zu Hause, ich hatte ab und zu Gelegenheit, die Schreibmaschine zu benutzen, und so konnte ich nach und nach Dinge ausarbeiten, die noch etwas ungeordnet waren. Ich versteckte die Blätter immer an Orten, an denen man hoffentlich nicht suchen würde. Ich fühlte mich unbehaglich beim Gedanken, man könnte mir Fragen stellen. Ich brauchte eine absolute Freiheit, ich wollte nicht, dass mein Vater kam und sagte: »Ich möchte die Gedichte gerne lesen; darf ich sie heute lesen?« Ich war mitten in der Pubertät, ich brauchte meine Freiheit. Mein Bruder machte sich über mich lustig, er sagte zu meinen Eltern: »Haha, sie liest Gedichte!« – er sagte nicht: »Sie schreibt Gedichte«, denn zum Glück wusste er es nicht …

Und Ihre späteren Gedichtsammlungen, haben Sie diese auch so geschrieben?

Ja, alle.

Dichter sein, Dichterin sein

Ihr Werk, das heute in mehrere Sprachen übersetzt ist, wurde mit namhaften Preisen ausgezeichnet. Kritiker und Dichter wie Jean Starobinski, Philippe Jaccottet und Doris Jakubec haben sehr früh die Tragweite Ihrer Stimme erkannt und ihre Bedeutung für das kulturelle und dichterische Leben in der Schweiz hervorgehoben. Sie haben jedoch häufig Ihrem Bedauern Ausdruck verliehen, dass die Dichterinnen unterschätzt, ignoriert oder nicht ernst genommen werden …

Ja, Jaccottet kann lesen, Starobinski auch. Aber andere können es nicht. Sie können vielleicht Zeitungsartikel lesen, das ja. Im Prinzip schreibt eine Dichterin mehr oder weniger gelungene Liebesgedichte, und damit hat sich's. Man sieht sich nicht näher an, was sie schreibt. Diese Dichtung gab es, und vielleicht hat man sie zu ernst genommen, hat man sie überschätzt. Dahinter stand die Überzeugung, dass die Frau zu nichts anderem fähig ist – der Gedanke, dass eine Frau dem Mann ebenbürtig sein kann in der Wahl dessen, was sie auszudrücken hat, war fremd. Man betrachtete die Dichterin noch mit einer gewissen Geringschätzung und Ironie. Wir mussten uns unseren Weg bahnen, uns dem Unverständnis entgegenstellen und dabei immer uns selbst treu bleiben, ohne Konzessionen zu machen – entweder oder!

Das war ein ganzes Stück Weg, und es scheint, dass gewisse ihn geschafft haben. Sagen wir, es besteht heute etwas mehr Offenheit, Interesse und Ernsthaftigkeit. Ich habe ein wenig dazu beigetragen, dass man der weiblichen Dichtung Achtung entgegenbringt. Mein Mann hat meine Gedichte sofort ernst genommen. Er war sehr stolz auf das, was ich machte, war voller Hochachtung und las meine Gedichte mit Bewunderung und ohne Voreingenommenheit. Das hat die Schar der anderen etwas aus der Fassung gebracht! Ja, sie waren die Ersten, die mir schrieben: »Wir sind glücklich für Sie, chère Madame«, wenn ich einen Preis erhielt. Was habe ich gelacht. Wir lachten viel, mein Mann und ich.

Ihr Werk weckt immer wieder Interesse, und zwar nicht nur in der Schweiz und in Frankreich, sondern auch anderswo, mit neuen Übersetzungen in mehreren Sprachen, etwa in Englisch, Ukrainisch oder Rumänisch.

Ich halte es für ein spannendes Abenteuer voller Überraschungen, guten und vielleicht auch weniger guten, das wird sich zeigen … Auf jeden Fall scheint mir, meine Dichtung sei weit davon entfernt, tot in einer Ecke zu liegen, sie ist noch lebendig, sie existiert, wird gelesen. Und dann interessiert mich auch, wie sie bei denen tönt, die sie heute übersetzen, damit andere sie lesen können, und wie sie bei denen tönt, die sie lesen werden. Es ist eine Art, wie soll ich sagen, unerwartete Wendung, vielleicht.

Rui Terra, 1959 in Angola geboren, flüchtete 1975 mit seiner Familie nach Portugal, wo er ein Diplom als Krankenpfleger erwarb. Nach seiner Ankunft in der Schweiz 1983 spezialisierte er sich im CHUV in Lausanne in Pädiatrie und Neonatologie und wendete sich anschließend dem Krankenhausmanagement zu. Er liebt die Dichtung und übersetzt in Zusammenarbeit mit Anne Perrier den portugiesischen Dichter Cristovam Pavia auf Französisch. Daneben übersetzt er drei Gedichtsammlungen von Anne Perrier auf Portugiesisch: *Lettres perdues*, *La Voie nomade*, *L'Unique jardin*. Seine Übersetzungen und seine eigenen Gedichte sind noch unveröffentlicht.

Alberto Nessi, *Conversazione con l'angelo*

per Anne Perrier
»Un ange
Ou peut-être le vent
A fermé toutes les étoiles«
Anne Perrier, *Le Temps est mort*

»E tu cos'hai avuto, cos'hai dato?«
mi chiede uno seduto sotto il carpino
al tavolo di pietra avvolto dall'edera
un angelo con una scarpa sola, mi pare,
e senza le ali, forse un passatore
uno spallone di dio, un Icaro caduto
in mezzo ai rovi fulminato dal sole
»cosa ti resta, perché vivi nascosto?«

»Non so. Pesano i morti sulle spalle
le loro figure mi vengono incontro
luminose, disegnano ombre sul prato:
io sono un po' tutti loro, mi arrampico sul fico
perdo i capelli, ho il mento di mia madre.
Cos'ho avuto? Già più anni di mio padre
e ho dato più d'un abbraccio alle nuvole.
Vivo in disparte come fa il capriolo
caracollante fra carpini e faggi
ma io spesso mi perdo nel fondovalle,
parlo da solo, rincorro a perdifiato
la bellezza che sfugge a prima vista.
Cosa mi resta? Un poco di stupore
per lo scricciolo, di pena per i dementi
che allevano serpenti dentro il cuore,
mi resta il piacere di sbucciare un'arancia
voltare una pagina, sfiorare il viburno
seguire tracce di selvatici nella neve,
rosazzurrina se il sole l'accende,
ascoltare il silenzio del suo canto

il contrappunto delle faggiole nel bianco
la gazza innocente che s'imbosca
con un volo ubriaco. E d'un tratto
un guanto nero mi si para davanti
ai margini del sentiero, un teschio
riemerge nel sottobosco. Ma ostinato
io metto un piede dietro l'altro, in bilico
sui sentieri, come fa il bracconiere«.

»Hai rimorsi, ritorni, ritorsioni?«
»Torno ogni giorno ai fuochi di stagione.
E mi ritorco contro il tempo che mi torce
il collo: oggi diventa subito ieri
coda mozzata di lucertola
foglio di giornale che s'ingorga
nel tombino, neve portata.

»E tutte quelle righe cha vai tracciando?«
»Niente, solo formiche sulla soglia
briciole sparse, resti di frattaglie
rami che s'inombrano come madri
arie di un musicante di paese
rimasto indietro dopo la festa, flabelli
di vinca contro i soffi del vento
diagrammi in fuga sulle balze scoscese
discorsi divaganti, preghiere. Ma tu chi sei?
M'hai chiamato? È già l'ora? Che fretta!
Ripongo la cornetta nella custodia
preparo la valigia: vado e saluto
le donne, le foglie, la luce che ho amato.«

Alberto Nessi, ***Gespräch mit dem Engel***

Für Anne Perrier
»Ein Engel
Oder vielleicht der Wind
Hat alle Sterne geschlossen«
Anne Perrier, *Le Temps est mort*

»Und du, was hast du gehabt, was hast du gegeben?«
fragt mich einer, unter der Hainbuche am
efeuumrankten Steintisch sitzend,
ein Engel mit einem Schuh nur, scheint mir,
und ohne Flügel, ein Schlepper vielleicht
ein Schmuggler Gottes, ein Ikarus, mitten in die
von der Sonne versengten Dornbüsche gefallen
»was bleibt dir, warum lebst du im Verborgenen?«

»Ich weiß nicht. Die Toten lasten auf meinen Schultern
ihre Gestalten kommen mir entgegen,
sie leuchten, zeichnen Schatten auf die Wiese:
Ich bin ein wenig sie alle, klettere auf den Feigenbaum
verliere die Haare, habe das Kinn meiner Mutter.
Was ich gehabt habe? Ich bin schon älter als mein Vater
und habe mehr als einmal die Wolken umarmt.
Ich lebe abseits wie das Reh, das zwischen
Hainbuchen und Rottannen herumtollt
ich jedoch verirre mich oft unten im Tal,
rede allein, jage außer Atem
der Schönheit nach, die auf den ersten Blick entflieht.
Was mir bleibt? Ein leises Staunen
über den Zaunkönig, Mitleid für die Irren
die im Herzen Schlangen nähren,
mir bleibt das Vergnügen eine Orange zu schälen
eine Seite umzublättern, am Sommerflieder zu riechen
den Spuren von Wild zu folgen im Schnee
blassblau und rosa, wenn ihn die Sonne entzündet,

der Stille seines Gesangs zu lauschen;
der Kontrapunkt der Bucheckern im Weiß
die unschuldige Elster, die sich
mit trunkenem Flug im Wald versteckt.
Und plötzlich taucht am Wegrand
ein schwarzer Handschuh vor mir auf, ein Totenkopf
kommt aus dem Unterholz hervor. Doch beharrlich
setze ich einen Fuß vor den anderen,
auf den Wegen balancierend wie der Wilderer.«

»Kennst du Reue, Rückbesinnung, Rache?«
»Jeden Tag kehr ich zu den Feuern der Jahreszeiten zurück.
Und rebelliere gegen die Zeit, die mir den Hals
umdreht: Heute wird sofort Gestern
abgetrennter Eidechsenschwanz
Zeitungsbogen, der den Abfluss verstopft
Schneewechten.«

»Und all die Linien, die du zeichnest?«
»Nichts, nur Ameisen auf der Schwelle
verstreute Krümel, Überreste von Innereien
Äste die sich umschatten wie Mütter
Lieder eines Dorfmusikanten
der zurückgeblieben ist nach dem Fest, Fächer
aus Immergrün gegen den Windhauch
fliehende Diagramme auf Steilhängen
abschweifende Gespräche, Gebete. Aber du, wer bist du?
Hast du mich gerufen? Ist es schon Zeit? Welche Eile!
Ich lege das Kornett ins Etui zurück
und packe den Koffer: Ich gehe und nehme Abschied
von den Frauen, den Blättern, dem Licht
von allem, was ich geliebt habe.«

Der 1940 in Mendrisio geborene Alberto Nessi ist einer der wichtigsten Tessiner Schriftsteller und Dichter. Sein neuster Roman, *La prossima settimana, forse* (Casagrande, 2008) wurde gleich auf Deutsch und Französisch übersetzt. 2010 erschien *Ladro di minuzie* (Casagrande), eine von ihm selbst zusammengestellte Anthologie aus seinen früheren Gedichtbänden mit bisher unveröffentlichten Texten. Alberto Nessi lebt in Bruzella.

Sylviane Dupuis, *Ballade pour Anne Perrier*

Elle *tige tremblante*
entre deux mondes (à moins qu'ils n'en fassent qu'un
mortel)

l'errante
l'écartelée
l'absolue:

glisser entre deux rêves, et
se faufiler parmi les morts
aimés, qui de loin nous tendent les mains

fut depuis toujours sa manière
de s'en aller, *d'être et de n'être pas*
au monde

et sa façon de résister,
de dresser ce visage en pleurs
irréductible – contre le pire

Fassent tes larmes
– ô sœur humaine –
que Poésie nous veuille absoudre

De quelle amour blessée
de quelle énigme tue
elle fut la consentante proie

celle que tortura le bec
impitoyable du désir
infini:

nul ne le sait, pas même
la douce la violente
Ophélie

qui descend les fleuves à l'envers,
trop fière trop pure
pour la terre, et son limon

– ni même cette voix
en deuil
et qui meurt de ne pas mourir

Fasse ton chant
– ô sœur humaine –
qu'Amour nous veuille tous absoudre

Pourtant l'abeille du jour
et l'ici-bas cruel
et si beau l'ont emporté sur l'appel

nocturne des noyés:
sa voix de rescapée
s'agrippe, fragile, aux racines

à l'herbe, au vent
à l'unique réalité
des choses

– mortelle merveille passagère,
jardin prêté, si tôt
repris

où elle attend
tige tenace
de réunir un monde à l'autre

Sylviane Dupuis, *Ballade für Anne Perrier*

Sie *zitternder Halm*
zwischen zwei Welten (es sei denn sie bilden nur eine
sterbliche)

die Umherirrende
die Hin- und Hergerissene
die Absolute:

zwischen zwei Träume gleiten und
sich unter die geliebten Toten mischen,
die von Weitem die Hände nach uns ausstrecken

war schon immer ihre Art
fortzugehen, *in der Welt zu sein und*
nicht in der Welt zu sein

und ihre Art sich zu widersetzen,
dieses tränennasse Gesicht unerschütterlich
dem Schlimmsten entgegenzuhalten

Bewirken deine Tränen
– oh Menschenschwester –
dass Poesie uns verzeih

Von welch verletzter Liebe
von welch stummem Rätsel
war sie williges Opfer

sie, die der gnadenlose Schnabel
der grenzenlosen Sehnsucht
peinigt:

niemand weiß es, nicht einmal
die sanfte die ungestüme
Ophelia

die rückwärts die Flüsse hinunter schwimmt
zu stolz zu rein
für die Erde und ihren Schlamm

– nicht einmal jene trauernde
Stimme
die vor nicht sterben können stirbt

Bewirke dein Gesang
– oh Menschenschwester –
dass Liebe uns allen verzeih

Dennoch haben die Biene des Tages
und das grausame und ach so schöne Diesseits
sich durchgesetzt gegen den

nächtlichen Ruf der Ertrunkenen:
ihre Stimme der Überlebenden
klammert sich, zerbrechlich, an die Wurzeln

ans Gras, an den Wind
an die einzige Wirklichkeit
der Dinge

– tödliches flüchtiges Wunderwerk,
ein Garten, geliehen und schon
wieder fortgenommen

wo sie wartet
zäher Halm
eine Welt mit der anderen zu vereinen

Sylviane Dupuis hat sieben Gedichtbände veröffentlicht, darunter *Poème de la méthode* (Empreintes, 2011), sowie fünf Theaterstücke, unter anderem *La Seconde Chute* (Zoé, 1993), das in mehrere Sprachen übersetzt und vielfach aufgeführt wurde.

Aus dem Französischen und aus dem Italienischen von Gabriela Zehnder

Lisa Elsässer, ***Für Anne Perrier***

und dass die gedichte
ihre ruhe finden in grauen
blauen grünen dunklen augen
in allen farben ihre letzte ruhe

dann kannst du leicht sterben
erleichtert kannst du tot sein
starr werden für immer leben

in grauen blauen grünen dunklen
augen was unter deinem blick
entstand in einsamkeit und allen
deinen farben

*

nur im traum kehre ich
zurück in den echoraum
ins verzögern einer welle
zurück zum kind zum felsen
der die kalten schatten wirft
auf die unverstellte stimme
auf die stufen dieser zeit

vielleicht wird zum tagesende
die fledermaus schwirren einzig
entzifferndes geräusch im rausch
der stille ihr federndes schreiben
schraffiert der teich und das ende
des tages nur ein leichtes vielleicht
wasser und pergament bewegt
langsam ins verstummen gleitend
die nacht ohne licht das unvollendete
gedicht bewacht von dunklen zweigen

*

vom geringsten   selbst

                    unzertrennlich
redete allein   mit mir
die luft   in gedanken
zu dir   gehe ich
ohne bewegung   oft
                    an deiner hand
an kühlen tagen   das wort
still und stiller   als warte es
schon lange   auf einen
                          schrei

Lisa Elsässer wurde 1951 in Bürglen (UR) geboren. Sie studierte am deutschen Literaturinstitut Leipzig. Heute lebt die Lyrikerin und Autorin in Walenstadt (SG). Zuletzt erschienen der Prosaband *Die Finten der Liebe* (Zytglogge, 2011) und die Gedichtbände *Genau so sag es* (Wolfbach, 2011) und *Da war doch was* (Wolfbach, 2013).

Biografie

Anne Perrier ist 1922 in Lausanne geboren. Sie studierte Literatur an der Universität Lausanne. Eine Zeit lang schwankte sie zwischen der Berufung zur Komponistin und zur Dichterin. 1947 heiratete sie Jean Hutter, der spätere Direktor der Éditions Payot in Lausanne. Das Paar lebte in Lausanne und hatte zwei Kinder.
Anne Perriers erster Gedichtband, *Selon la nuit*, erschien 1952, elf weitere Gedichtbände folgten. Neben den Gedichten schrieb Anne Perrier eine lange Erzählung in freien Versen, einer Form, die sie der mündlichen Tradition Portugals entnahm. Bernard Reichel schuf die Musik für diesen *Conte d'été*, der 1975 im Théâtre de Vidy aufgeführt wurde. Anne Perrier übersetzte auch Gedichte von Manuel Alegre aus dem Portugiesischen, in Zusammenarbeit mit Luiz Manuel. Sie erhielt zahlreiche Auszeichnungen, u. a. 1971 den Prix Rambert nach der Veröffentlichung von *Lettres perdues*. 2012 wurde sie für ihr Gesamtwerk mit dem Grand Prix national de poésie ausgezeichnet.

Bibliografie

Lyrik

Selon la nuit. Lausanne: Les Amis du Livre, 1952.
Pour un vitrail. Paris: Pierre Seghers, 1955.
Le Voyage. Neuchâtel: La Baconnière, 1958.
Le Petit pré. Lausanne: Payot, 1960.
Le Temps est mort. Lausanne: Payot, 1967.
Lettres perdues. Lausanne: Payot, 1971.
Feu les oiseaux. Lausanne: Payot, 1975.
Le Livre d'Ophélie. Lausanne: Payot, 1979.
La Voie nomade. Genève: La Dogana, 1986.
    La via nomade / La Voie nomade. Übersetzung und Nachwort von Monica Pavani. Ferrara: L. Tufani, 2005.
    Die Nomadenspur. Übersetzung von Manfred Bauschulte. Zürich: Howeg, 2002.
Les Noms de l'arbre. Lausanne: Empreintes, 1989.
Le Joueur de flûte. Lausanne: Empreintes, 1994.
Champ libre. Mit sieben Kaltnadelradierungen von Claire Nicole. Pully: R. Meyer, 1998.
L'Unique jardin. Radierungen von Gérard de Palézieux. Montreux: Bernard Blatter, 1999.

Werkausgaben

Poésie 1960–1986. Vorwort Philippe Jaccottet. Lausanne: L'Âge d'Homme, 1993.
La Voie nomade et autres poèmes. Œuvres complètes 1952–2007. Vorwort von Gérard Bocholier. Bordeaux: L'Escampette, 2008.

Übersetzung

Manuel Alegre, *Lusiade exilé*. Traduit du portugais en collaboration avec Luiz Manuel. Paris: Pierre Seghers, 1970.

Paolo Di Stefano

Einen Gedichtband und acht Romane hat der bekannte Journalist des *Corriere della Sera* bisher veröffentlicht. Seine Figuren erleben die Welt in ihrer sinnlichen Vielfalt, sind aber auch geprägt von Erinnerungen und von der Suche nach einem »Anderswo«. Wie war es für den 7-Jährigen, von Sizilien in die Schweiz zu kommen? Welche Bedeutung hat die Erfahrung der Entwurzelung und des Fremdseins in den Romanen des Autors? Wie sieht er die Beziehung zwischen journalistischer und literarischer Arbeit? Im Gespräch mit Federica Alziati geht er diesen Fragen auf den Grund. Die vergnüglich-ernste Erzählung »Liebe Anna«, mit Bildern von Carlotta Di Stefano, gibt eine Probe seines Werks.

Zwischen Erinnerung und dem Hier und Jetzt

Von Federica Alziati

In Italien und im Tessin verbindet man den Namen Paolo Di Stefano mit einem der bekanntesten Autoren des *Corriere della Sera*. Weniger bekannt ist vielleicht, dass der Journalist parallel dazu seit zwanzig Jahren auch literarisch schreibt. Angefangen hat seine fruchtbare literarische Laufbahn mit dem Gedichtband *Minuti contati,* 1991 (mit einem Vorwort von Giorgio Orelli), auf den in fast regelmäßigen Abständen sechs Romane folgten (von *Baci da non ripetere,* 1994, bis *La catastròfa,* 2011).

Unweigerlich hält man in Di Stefanos Romanen nach typisch Journalistischem Ausschau und ist nicht überrascht über die Romananfänge *in medias res*, die knappen Sätze, die wirkungsvollen Bilder und die genaue Schilderung der sicht- und hörbaren Vielfalt der Welt. Man stellt aber auch bald fest, dass das Erzählen für ihn eine Berufung ist, die weit über die bloße Wiedergabe der Ereignisse hinausführt. Das Bedürfnis zu erzählen führt zu einer tiefschürfenden Suche, die sich stets in einem labilen Gleichgewicht zwischen Momentaufnahme und Vergangenheit befindet, es ist ein ständiges Graben im intimsten Magma der Figuren. Als Beispiel für die verschiedenen Ebenen der Wahrnehmung und der Erinnerung sei ein Ausschnitt aus *Baci da non ripetere* zitiert, deutsch 1996 unter dem Titel *Letzte Reise nach Sizilien* (übersetzt von Thomas Lindquist) erschienen:

> In einer klaren Nacht wie dieser mochte man denken, was immer man wollte. Sich erinnern an unsere Begegnung und all die klaren Nächte, die wir zusammen verbracht haben. Gemeinsam konnte man nachsinnen und sich in die Augen schauen oder allein sitzen im Garten, der dieses steinerne Haus zwischen Bergen und Meer umgab. […] Ein fließendes, transparentes Blau, das die Umrisse von Olivenbäumen ahnen ließ, von Häusern, von fernen Glockentürmen. Ein fließendes Blau, das den regellosen Gesang der Zikaden umfasste und den schrillen Ruf des Käuzchens, den herben Duft der Pflaumen, die über unseren Köpfen hingen, und

> unser beider Kindheit, die so verschieden war. Auch umfasste es, dieses fließende Blau, die Wärme unserer nackten keuchenden Körper, die ersten Umarmungen […]. Es umfasste unser einstiges Glück, die Zärtlichkeit, unsere ungeduldigen Hände, unser Staunen, deine schlanken Fesseln. In diesem transparenten Blau schwamm unsere Vergangenheit: unsere Traurigkeit, unser Schmerz und unsere Tränen waren sich da begegnet, wie zufällig, in dieser fließenden Nacht. Unser totes Kind.

Selbst wenn die Erinnerung nur Fragmente preisgibt und die Gegenwart von einer unentzifferbaren Leere geprägt ist, bilden sich im Lauf der Seiten doch die Umrisse einer Geschichte. Das ist etwa beim dritten Roman, *Tutti contenti,* der Fall, wo der Protagonist sich an nichts anderes aus seiner Kindheit erinnert als an den »grauen Hut« des Vaters, »der noch jahrelang an einem Holzhaken im Flur hing«, und an den zu engen Mantel, den seine Mutter trug, wenn sie ihn im Kinderheim besuchte. Ausgehend von diesen kleinen Indizien und dank der Erzählungen der Gefährten aus der Kindheit, welche die Ereignisse aus der Vergangenheit bewahren und gern Anekdoten und Volkslegenden erzählen, setzt sich in einem kaleidoskopischen Spiel mit Details das Bild seines Lebens immer wieder zusammen, um immer wieder zu zerfallen. So nimmt das polyfone, an Exkursen reiche Werk allmählich Form an. Die ineinander verflochtenen Monologe der leidenschaftlichen Erzähler ergeben aber keinen bedeutungsträchtigen Dialog: Trotz der großzügigen Beiträge aller Beteiligter bleibt die Identität des Protagonisten ungreifbar, die Realität der Gegenwart vage und ohne eindeutige Ausrichtung. Einmal mehr gilt die spontane Betrachtung, »dass das Leben, von der Straße aus gesehen, fast gänzlich unverständlich ist«. In *Baci da non ripetere* erlebt der Vater und Protagonist eine Tragödie, die ihn nirgendwo mehr Ruhe finden lässt, in *Azzurro, troppo azzurro* ist der junge Rizzo geblendet und verwirrt von der städtischen Flut grellen Lichts und künstlicher Farben, die sich über die eigentlich graue, eintönige Realität legen.
Wenn es noch Hoffnung gibt, die Wirklichkeit auch nur ein bisschen zu verstehen, liegt sie in der physischen Anwesenheit von Gegenständen und Zeichen, die die menschlichen Landschaften bevölkern. In *Baci da non ripetere* zeigt sich dem Vater die reale Existenz seines zu früh ver-

storbenen Sohnes in den Kinderzeichnungen, die als unauslöschliches Zeugnis auf dem Papier anzusehen und zu berühren sind. Gegenüber einer anderen, transzendenten Dimension scheint es jedoch keine vertrauensvolle Offenheit zu geben. »Vom Himmel kommt nie Hoffnung«, liest man mehrmals in den Briefen, aus denen der vierte Roman Paolo Di Stefanos, *Aiutami tu,* besteht. Es ist das Porträt eines Jungen, der ein fernes, stummes, weibliches Gegenüber vergeblich um Hilfe anruft. Einige in der Handlung gut getarnte Passagen enthalten den wohldosierten Hinweis auf ein erahntes Anderswo, an das aber nicht geglaubt wird. Eine Idee davon vermittelt sich dem Protagonisten in *Nel cuore che ti cerca,* er erinnert sich wieder daran, als er an die ersten Lebenstage seiner Tochter zurückdenkt: »Sie schaute mich an und jenseits von mir schaute sie Gott, den Gott, an den ich nie geglaubt habe und den ich in ihrem erschrockenen Blick erkannte.«

Auch wenn wir davon ausgehen, dass das Leben anderswo stattfindet, so ist das Dasein der einzelnen Individuen doch in den engen Raum des Hier und Jetzt gepfercht. Und hinterlässt keine anderen Spuren als das eine oder andere Foto und ein paar simple Gegenstände. Zurück bleiben die verblassten Bilder und die armselige Habe der Mineure von Marcinelle, bleibt, in den Überlebenden, die Erinnerung an die *»catastròfa«.*

Wenn das Leben anderswo ist
Gespräch mit Paolo Di Stefano
Von Federica Alziati

Ein Leitmotiv, das in allen Ihren Romanen eine mehr oder weniger zentrale Rolle spielt, ist das Thema Emigration, das Verlassen des Ursprungslands – fast immer Sizilien –, die Umsiedlung in einen fremden Kontext – immer einen nördlichen, Mailand, wo Sie jetzt leben, oder die Schweiz. Schwierigkeiten, sich an einem neuen Ort einzuleben, sind unvermeidlich, doch Ihre Figuren haben daneben auch eine ebenso schwierige Beziehung zu ihrer Heimat, sie haben schmerzliche Erinnerungen und tragen oft den verleugneten oder enttäuschten Wunsch einer Rückkehr in sich. Kann man sagen, dass sie nirgends richtig hingehören, nirgends je zur Ruhe kommen?

Ich habe diese Orientierungslosigkeit als Kind selbst erlebt, als meine Eltern beschlossen, von Sizilien in den Norden zu ziehen. Zuerst für drei Jahre nach Mandello del Lario bei Lecco, wo mein Vater an einem Gymnasium geisteswissenschaftliche Fächer unterrichtete, dann 1963 nach Lugano. Glücklicherweise blieb uns die schmerzliche und von Armut geprägte Emigration vieler italienischer Arbeiter erspart, aber trotzdem haben wir Kinder die Unruhe meines Vaters verinnerlicht, sein starkes Heimweh, seine Ablehnung der Kultur des Ankunftslands, seinen Wunsch, nach Sizilien zurückzukehren, und zugleich die Unmöglichkeit, dort die Menschen und die Natur wiederzufinden, die er zurückgelassen hatte. Ich habe meine Kindheit und Jugend in diesem ständigen geistigen Hin und Her verbracht. Ungewollt widerspiegeln meine Bücher diese Unbeständigkeit. Ich sage immer, dass meine Romane im Grunde alle zum Titel eines Buchs von Milan Kundera passen, der seinerseits die Abwandlung eines Rimbaud-Zitats ist: »Das Leben ist anderswo« (bei Rimbaud wörtlich: »Das wahre Leben ist abwesend«). Es stimmt, dass meine Figuren oft den Wunsch nach einer Flucht erkennen lassen, einen anderen Ort wiedererobern wollen, vielleicht den Herkunftsort, ohne dass sie dadurch aber je vollständig zufrieden würden. Bereits in *Baci da non ripetere* ist der erschütternde Bruch zentral, den die Reise im Auto versinnbildlicht: Der Vater fährt aus einer Stadt im Norden (es könnte Lugano sein) in das sizilianische Heimatdorf, im Auto der kleine Sarg des

Sohnes, der dort begraben werden soll. Über meinen Erstlingsroman hat der große Kritiker Giuliano Gramigna geschrieben: »Man könnte auch sagen, dass dies das wahre symbolische Rückgrat des Romans ist: eine Rückkehr in die Heimat, mit der unerträglichen Bürde eines über alles geliebten Todespfands.« Die Unbeständigkeit, von der ich gesprochen habe, verbindet sich mit einem Todesgefühl, und so ist die Reise mit dem Kind, mit dem der Vater während der Reise redet und singt, eine Form von Trauerarbeit. Diese prekäre Situation sorgt hier, aber auch in anderen meiner Bücher für eine erzählerische Zersplitterung, für einen nichtlinearen Verlauf auch der Erzählzeiten, die sich überlagern, umkehren, verschieben, verlangsamen oder plötzlich beschleunigen. Die Vorläufigkeit des Orts findet offensichtlich ihr Pendant in der Vorläufigkeit der zeitlichen Abfolge, denn mit dem Wunsch einer Rückkehr zu den Wurzeln lässt man in der Gegenwart ständige Flüsse und Rückflüsse der Vergangenheit zu, die das Leben unlebbar machen: Das ist das, was man umgangssprachlich Heimweh nennt. Ich möchte, dass man sich bei der Lektüre meiner Romane fragt, ob das, was erzählt wird, wirklich so geschehen ist, und dass man bei dieser Frage eine Art Schwindel verspürt, der den Empfindungen der Romanfiguren entspricht. Die Wirklichkeit ist nicht interpretierbar, so wie die Tat Rizzos, des Protagonisten aus *Azzurro, troppo azzuro* nicht interpretierbar ist – nachdem er aus seinem süditalienischen Dorf nach Mailand geflüchtet ist, beschließt er eines Abends, mit der Kalaschnikow fünf Menschen zu erschießen.

Kann man in den Ereignissen, die Sie erzählen, Kindheits- und Jugenderfahrungen eines aus Sizilien eingewanderten Italieners im Tessin erkennen?

Ich habe keine besonders glücklichen Erinnerungen an meine Kindheit im Tessin: Im Gedächtnis ist mir die Unfähigkeit geblieben, mich in eine Lebenswelt einzufügen, der ich nicht zugehörig war. Ich habe immer gelitten unter diesem Bruch zwischen einem »Innen« (eine sizilianische Familie, in der nur sizilianischer Dialekt gesprochen wurde und in der man alle archaischen Riten des alten Siziliens befolgte) und einem »Außen« (einem Land, das nicht nur in der Art der Menschen, sondern auch in Bezug auf Wetter und Landschaft nicht meines war). Diese Unbeständigkeit, von der ich gesprochen habe, wurde mir zu einem Großteil von meinem

Vater übertragen, der darunter litt, in einem Land zu leben, das er fast schon hartnäckig als fremd ansah, und der nichts sehnlicher wünschte, als nach Sizilien zurückzukehren. Das Gefühl der Instabilität ist wohl zu einer fixen Idee geworden, die, wie gesagt auch unabsichtlich, meine Bücher prägt. In diesem Sinn ist alles, was ich geschrieben habe, autobiografisch – auch wenn ich nicht von mir selbst spreche und keine persönlichen Familiengeschichten erzähle (nur mein erster Roman kommt der Autobiografie nahe).

Was haben Sie heute für eine Beziehung zum Tessin, speziell zu seiner Kultur und Literatur? Anders gefragt: Hat das vielsprachige Panorama der zeitgenössischen Schweizer Literatur Ihnen Vorbilder gegeben beziehungsweise Ihr schriftstellerisches und journalistisches Interesse geweckt?

Meine besten Freunde sind immer noch Tessiner, meine Eltern und Geschwister leben in Lugano. Das Tessin ist Teil meiner Gefühlsbiografie, meiner kulturellen Prägung. Ende der Achtziger-, Anfang der Neunzigerjahre habe ich zusammen mit ein paar gleichaltrigen Intellektuellen die Zeitschrift *Idra* gegründet, weil wir das allgegenwärtige Gerede von Identität satt hatten und das Konzept der Kulturbrücke, über das so viel ins Leere geredet wurde, in die Tat umsetzen wollten. Wir haben viele Schweizer Autoren auf Italienisch übersetzt und publiziert, die in Italien zu Unrecht niemand kannte. Viele italienische Freunde trauern der Zeitschrift heute noch nach. In Italien waren jahrelang nur Frisch und Dürrenmatt bekannt, die im Übrigen ein verbreitetes politisches Klischee der Schweiz bestätigten. Dann begannen einige kleine Verlage wie Marcos y Marcos und Sellerio ihr Spektrum zu erweitern, auch dank der Übersetzungszuschüsse der Pro Helvetia: In den Achtzigerjahren erschienen Glauser, Muschg, Bichsel, Hohler und, zuerst bei Guanda, dann bei Einaudi, die großartige Agota Kristof. Man kann sagen, dass die zeitgenössische Schweizer Literatur heute eine gewisse Sichtbarkeit und Verbreitung hat. Ich selber habe nach dem Rausch der Lektüre von Glauser, Kristof und Martin Suter in den letzten Jahren mit großem Interesse Autoren wie Markus Werner und Lukas Bärfuss gelesen. Auch wenn sie als engagierte Schriftsteller gelten können, schwingt bei ihnen eine Ironie und Selbstironie mit (auch in Bezug auf ihr Heimatland), die Italienern oft fehlen, wenn sie sich politischen Themen zuwenden. Doch bleiben wir im Tessin: sehr viel zu verdanken habe ich Giovanni Orelli. Ich habe ihn am Gymnasium als großartigen Lehrer erlebt, der seine Begeisterung für die Literatur weiterzugeben vermochte und uns auf den neuesten Stand der Literaturanalyse brachte. In den frühen Siebzigerjahren war es nicht selbstverständlich, dass man im Unterricht mit Grünschnäbeln über Contini, Saussure, Spitzer, Barthes und Eco, über Semiotik und Linguistik redete! Nicht vergessen darf man natürlich auch, was mich Giorgio Orelli und sein Glaube an die Poesie gelehrt haben. Von Giorgios großartiger Lektion in Bezug auf literarische Strenge und Leidenschaft haben viele Generationen profitieren können. Und es ist unglaublich, wie er es im provinziellen Bellinzona geschafft hat, als Dichter wie als Literaturkritiker mitten im Feuer der Gegenwart zu sein. Ich glaube, dass die beiden Orelli für mich und viele meiner Altersgenossen im Tessin, etwa Fabio Pusterla, Antonio Rossi und Giovanni Fontana, die Meister sind, um die man nicht herum kommt, wenn es um die Herangehensweise an Texte und das Verhältnis zur Tradition geht. Ich weiß nicht, wie viele Junge anderswo das Glück gehabt haben, »Väter« dieses Kalibers zu haben. Mit den Jahren kamen als Ergänzung andere Meister und Bezugspunkte dazu, in meinem Fall Cesare Segre und Maria Corti.

Es gibt Themen, die in Ihren Werken häufig wiederkehren, etwa die Fragilität der Familie, die Schwierigkeit, solide und dauerhafte Bindungen aufzubauen, das versagte oder von Schwäche und Mühsal geprägte Vatersein. Ist das als Ausdruck einer noch nicht abgeschlossenen Suche zu verstehen oder eher als Zeichen für die große Bedeutung dieser Probleme in unserer Gesellschaft?

Das wiederkehrende Motiv der geraubten Kindheit (das seinen Ursprung wahrscheinlich im Tod meines Bruders 1967 hat) bringt unvermeidlich auch Reflexionen über das Provisorische familiärer Bindungen mit sich: Nicht nur der Tod unterbricht eine Kindheit abrupt, sondern auch die Trennung der Eltern, die das Kind zu seinem gewaltsamen Sprung in Richtung eines »erwachsenen« Verantwortungsbewusstseins zwingt (wie in *Aiutami tu,* das in Briefform von der Reaktion eines Kindes auf die Scheidung erzählt), und ebenso der Verlust der Eltern (wie in *Tutti contenti* oder *La catastròfa)* und die Grausamkeit der Gesellschaft *(Nel cuore che ti cerca* erzählt von der Entführung eines Kindes durch einen Verrückten).

Die Familie ist der mythische Ort, an dem alles, was geschieht, sowohl positiv als auch negativ verstärkt wird, besonders für ein Kind. Ein berühmter Satz Tolstois lautet: »Alle glücklichen Familien sind einander ähnlich, jede unglückliche Familie jedoch ist auf ihre besondere Weise unglücklich.« Die Literatur weiß wohl, dass in Familiendramen fast alles Erzählbare vorkommt. Nolens volens stoße ich immer wieder auf diese Themen. Um Ihre Frage zu beantworten: Ich würde sagen, dass es nicht Ausdruck einer noch nicht abgeschlossenen Suche ist, obwohl ich mich auch für Rechercheartikel und journalistische Reportagen, aus denen Bücher entstanden sind *(La famiglia in bilico* und *Io vorrei)*, mit familiären Beziehungen beschäftigt habe. Es geht auch nicht um eine Vertiefung des Themas aufgrund seiner großen gesellschaftlichen Bedeutung. Es ist eher eine Obsession, deren Ursprung man vielleicht psychoanalytisch im Unterbewusstsein suchen müsste. Frei nach Shakespeare könnte man sagen, dass meine Bücher, wie die Bücher vieler anderer Schriftsteller, aus dem gleichen Stoff gemacht sind wie meine Obsessionen, und nicht etwa wie die Obessionen der Gesellschaft. Umso besser oder umso schlimmer, wenn beides übereinstimmt.

In Ihren Werken herrscht fast immer Stimmenvielfalt. Erzählstimmen wechseln sich nicht nur im polyfonen Roman *Tutti contenti,* sondern auch in den anderen Werken ab, es werden Briefe eingefügt oder sogar Nachrichten, die irgendwo aus einem Fernseher kommen. Wie kommt man zu dieser Vielfalt von Gesichtspunkten?

In *Baci da non ripetere* und *Azzurro, troppo azzurro* findet ein Wechsel zwischen den Stimmen statt, aber es gibt keine Polyfonie. Es sind zwei klar klaustrophobe Romane mit inneren Stimmen, mit fast launenhaft auftretenden und abbrechenden Monologen, die aber keine echte, physische Kommunikation ermöglichen: Falls es eine Kommunikation gibt, findet diese nur untergründig, auf der geistigen Ebene statt. Der Wechsel zwischen den Stimmen, der in erster Linie durch die kursive Schrift markiert wird, soll im Schriftbild und in der Musik des Textes die Instabilität wiedergeben, von der ich vorhin gesprochen habe, dieses Schwindelgefühl, das vor allem den Figuren eigen ist. Nach *La famiglia in bilico* hatte ich sozusagen die Stimmen der Welt entdeckt und hatte das Bedürfnis, sie sprechen zu lassen. In *Tutti contenti* wollte ich versuchen, unzählige Ich-Erzähler einzuberufen, die mit jemandem sprechen, der wirklich physisch präsent ist, und zwar mit dem alten Typografen Nino Motta, der als Journalist verkleidet seine ehemaligen Klassenkameraden befragt. Das, was man Polyfonie nennen kann, geht auf den beinahe natürlichen Impuls zurück, individuell zu erzählen. Es findet kein großer Austausch in der Gemeinschaft statt, jeder geht seinen Weg allein. Als Motta bei seinen ehemaligen Kameraden auftaucht, befriedigt es diese so sehr, endlich ihre Geschichte erzählen zu können, dass sie sozusagen zu Platten mit einem Sprung werden und ein Sammelsurium auf sich selbst bezogener Geschichten entsteht. Dantes Verse, die ich als Motto vorangestellt habe (»Noch weiter zeigt' er einen nach dem andern / Und jedem schien es recht, genannt zu werden«), sprechen vom Glück, das jeder empfindet, wenn er nach so langer Zeit auch nur aufgerufen wird… Für die Zeugen ist es wichtig, sich von den Geistern der Vergangenheit zu befreien, indem sie von sich erzählen. Nur gelingt es ihnen nicht, eine Auswahl aus den Erinnerungen zu treffen, die für die Allgemeinheit tauglich sein könnte. So beschließt Nino Motta irgendwann, sich mit dem Erfahrenen zufriedenzugeben und wieder anzufangen zu leben (nun, da ihm endlich bewusster ist, was geschehen war). Die Aufsplitterung der Perspektiven ließ mich die verschiedenen Sprechweisen durch wiederkehrende Aussprüche und individuelle sprachliche Ticks unterschiedlich gestalten, sodass der Roman wirklich polyfon wurde. Dasselbe geschieht auch in *Nel cuore che ti cerca*, wo die Anwesenheit von Augenzeugen der Entführung zu einer Vielfalt von Klangfarben führt.

Es ist also richtig, wenn man sagt, dass in Ihren jüngsten Werken zu den unterschiedlichen Perspektiven auch die Suche nach einer unterschiedlichen sprachlichen Charakterisierung Ihrer Figuren hinzukommt?

Ja, nach vielen »einfarbigen« Büchern ist dieses Bedürfnis irgendwann aufgekommen, vielleicht auch im Zusammenhang mit meinen Erfahrungen als Journalist, der sich mehr und mehr mit Gesellschaftsfragen beschäftigt. Ich verlasse oft die Redaktion, um Menschen ganz unterschiedlicher sozialer Schichten zuzuhören, und dabei habe ich entdeckt, dass die sprachliche Vereinheitlichung, die Pasolini so fürchtete, in Italien nie eingetreten ist. Es gibt einen solchen Reichtum an Sprechweisen und Melodien in der

Umgangssprache, dass er von der Literatur bewahrt werden muss: unerwartetes Funkeln, sonderbare, oft amüsante Verbindungen, Assoziationen von großer poetischer Kraft.

In *La catastròfa* treiben Sie die sprachliche Charakterisierung auf die Spitze: Die Erzählungen der Interviewten sind buchstäblich gespickt mit Füllwörtern und verschiedenen dialektalen Formen. Sind diese starken Markierungen spontan während der Interviews entstanden oder sind sie hauptsächlich auf die darauffolgende Arbeit an der Sprache zurückzuführen?

Der Fall dieses Buchs, das auf einem Bergwerkunglück basiert, ist für mich nicht nur inhaltlich bemerkenswert (es geht um Zeugnisse alter, überlebender Mineure, Witwen, Waisen usw.), sondern auch wegen der lautsymbolischen Substanz, mit der diese Inhalte überliefert wurden. Man könnte sagen, dass ich mir mit dem sozialhistorischen Vorsatz, diese tragischen Erinnerungen zu bewahren, auch zum Ziel gesetzt habe, der Stimmenvielfalt Rechnung zu tragen und möglichst viel Mündlichkeit, möglichst viel der manchmal überraschenden und immer wieder anderen Mischung aus Italienisch, Dialekt und Gallizismen hinüberzuretten. Daraus ergaben sich bei der Transkription riesige Probleme: Es ging natürlich nicht darum, die Gespräche »getreu« wiederzugeben, es ging darum, ihren untergründigen Klang, die innere Musik zu erfassen und diese, innerhalb eines enormen Spannungsverhältnisses zwischen Treue und Verrat, ähnlich wie beim Übersetzen von Lyrik, in schriftliche Form zu bringen. Es wäre ein großer Fehler gewesen, wenn ich diese Anstrengung nicht unternommen und nur die Inhalte gerettet hätte, ich hätte unterwegs auch einen großen Teil des tragischen Werts dieser Zeugnisse verloren.

La catastròfa wird als »romanzo-verità«, als »Wahrheitsroman« bezeichnet: Wie bringen Sie die Wiedergabe der in diesem Fall tragischen und umstrittenen Tatsachen mit den Eigenheiten literarischer Prosa in Einklang? Inwiefern unterscheidet sich das Buch von Ihren journalistischen Reportagen?

Die Bezeichnung Roman ist eher fragwürdig, aber sie gefällt mir, weil die erzählenden Stimmen dadurch zu echten Figuren werden, die handeln, indem sie erzählen, dabei aber dennoch innerhalb der Grenzen ihres Alltagslebens bleiben. Ich würde sagen, dass jeder Zeuge seinen persönlichen Roman zu erzählen hat und alles in der feurigen Glut der Tragödie des 8. Augusts 1956 zusammenläuft. In diesem Sinn betrachte ich das Buch als meinen ersten wirklich vielstimmigen, polyfonen Roman. Fast schon ein epischer Roman, dessen Protagonisten die Nationalhelden des Elends sind. Dass dabei alles den Fakten entspricht, spielt keine Rolle. Es gibt in der Literatur unzählige Beispiele von Romanen, die nie Verrat üben an der Wahrheit der Dinge, von Capotes Meisterwerk *Kaltblütig* bis hin zu vielen Romanen von James Ellroy und Emmanuel Carrère. Ja, diese spezielle Sprache in *La catastròfa* soll weniger die unumstößliche Wahrheit ans Licht kommen lassen als vielmehr ihr Gespenst, wie eine Art Halluzination. Ich habe mich sehr gefreut über eine ausführliche Besprechung von Arturo Mazzarella, der auf die internen Dissonanzen im Buch hinwies und es als Beispiel eines antirealistischen Realismus bezeichnete, eine Art Anti-*Gomorrha*, in dem die Regeln der Mimesis nicht ein für alle mal vorgegeben sind und auf empörte, von Mitgefühl geprägte Kommentare verzichtet werden kann.

Natürlich könnte man das Buch auch als Reportage definieren. Allerdings würde eine Zeitung nie einen so verwirrlichen und im Grunde »wenig klaren« Stil zulassen, einen Stil, der nur in der Komplexität und Gesamtheit eines vielstimmigen Buchs verstanden und interpretiert werden kann und dort auch seine Berechtigung findet.

Nel cuore che ti cerca ist direkt von einem bekannten Verbrechen inspiriert, und wenn man Ihre Werke überblickt, erkennt man, dass sie sich beinahe alle um ziemlich extreme, gewaltsame Ereignisse aus der Spalte Verbrechen und Unfälle drehen: Warum wählen Sie immer diese Grenzsituationen, dieses außerordentliche Leiden?

Das weiß ich nicht. Es passieren täglich Dinge, die meine Aufmerksamkeit so sehr auf sich ziehen, dass ich überlege, ob ich etwas darüber schreiben soll. Dieser Gedanke führt aber bereits weg vom Ereignis: Es ist wie eine Art Herausforderung, zu sehen, wohin mich das Ereignis führen würde, wenn ich es als Ausgangspunkt einer Erzählung nähme. Manchmal übt das eine unwiderstehliche Faszination aus und ich lasse alles liegen, um mich kopfüber in eine neue Geschichte zu stürzen, aber ich könnte, wie gesagt, nicht genau sagen, warum. Es gibt keinen vorgängigen Plan, ich greife eine Idee unmittelbar und ganz auf der emotionalen Ebene auf. Vor ein paar Jahren reifte in mir die Idee, etwas über die Entführung eines Kindes zu machen, ich hatte schon mehrere Seiten über das Thema geschrieben, und als dann der Fall Kampusch aufflog, habe ich mich daran festgeklammert wie an einen fahrenden Zug, womit ich auch das Risiko einging, zu fallen und ein übles Ende zu nehmen. Diese Geschichte hat mich sofort gepackt – wie das alles geschehen ist, die beteiligten Personen, die klaustrophobischen Zustände des Kindes, das Milieu, auch wenn mein Buch mich dann in eine andere Richtung geführt hat. Später habe ich Natascha Kampusch in Wien persönlich getroffen. Diese Erfahrung, einer Figur, mit der man ein paar Jahre lang in einer imaginären Symbiose zusammengelebt hat, wirklich zu begegnen, hat mich begeistert.

Aiutami tu wiederum entstand aus einer Kürzestnachricht, in der über die Tötung der Großeltern durch einen Enkel berichtet wurde, ich weiß nicht mehr, wie alt er war, ich wollte auch gar nichts Genaueres darüber wissen. Ich habe mit Empathie und Vorstellungskraft gearbeitet, für einen Schriftsteller zwei grundlegende Eigenschaften.

Die junge Frau in *Tutti contenti* hilft dem Protagonisten bei der Rekonstruierung seiner dramatischen Vergangenheit, da sein Schmerz sie anzieht, vielleicht ist sie sogar eifersüchtig auf sein Leiden, sie empfindet ihr einfaches Mädchenleben im Vergleich dazu als leer, als zu wenig dicht. Welche Rolle spielt der Schmerz in der Identitätsbildung einer Person? Hat er auch eine positive Bedeutung, ist er unabdingbar?

Heute versuchen wir, zu Recht, Schmerz mithilfe von Anästhesien und Behandlungen um jeden Preis zu verhindern: Es gibt Leute, die sogar für das Ziehen eines Zahns am liebsten eine Vollnarkose verlangen würden. Und in der Literatur verabscheut man den Schmerz: Er ist nicht verkaufsfördernd, außer wenn es sich um einen geschönten Schmerz handelt, wie das in vielen Erfolgsromanen der Fall ist (ich möchte keine Namen nennen). Andererseits lässt sich Schmerz im Leben nicht vermeiden, und wir erfahren ihn nicht nur selbst, sondern erleben ihn auch bei unseren Nächsten. Unsere Persönlichkeit wird auch durch die Aneignung des Schmerzes der anderen geformt. Natürlich kann man sich je nach Temperament mehr oder weniger davon distanzieren, wir können ihn durchleben oder uns davon nur streifen lassen. Als seine Mutter starb, schrieb Barthes, Schmerz sei etwas, was im Herzen der Liebe weh tue, und wo Liebe und Schmerz vorhanden seien, würde daraus ein ewiger, unheilbarer, bestürzender Zustand. Literatur findet oft im Innern dieser feurigen Glut statt. Barthes sagte auch, dass es unmöglich sei, etwas Authentisches zu schreiben, wenn man nicht mindestens den Tod eines Freundes erlebt habe: eine etwas extreme Position, aber es ist etwas Wahres daran. Der französische Schriftsteller Philippe Forest erzählt in seinem sehr eindrücklichen Buch *Tous les enfants sauf un* vom krankheitsbedingten Tod seiner vierjährigen Tochter, hält aber auch fest, dass selbst ein solcher unsagbarer Schmerz nicht die ganze Schönheit der Welt auslösche.

In vielen Ihrer Figuren kommen zum Schmerz Apathie und geistige Unbeweglichkeit hinzu, oder manchmal treten sie an dessen Stelle: Halten Sie das für heutzutage nötige und unvermeidliche Mechanismen?

Einige meiner Figuren reagieren tatsächlich so. Aber sie finden auch immer einen Moment der Befreiung, manchmal in extremis. Vor Schmerz schützt sich jeder so, wie er kann, alle Methoden sind legitim. Ich habe den Eindruck, dass die Strategie der Verdrängung heute die vorherrschende ist, zum Beispiel bei großen, kollektiven Katastrophen. Die Medien tun alles, um uns im gleichen Moment, in dem sie uns die Katastrophen zeigen und unseren Voyeurismus befriedigen, bei der Verdrängung zu helfen.

Wir haben uns auf Ihre Prosawerke konzentriert, nun zum Abschluss eine Frage zu Ihrer Erfahrung als Dichter: Würden Sie sich als solchen bezeichnen oder sehen Sie die Gedichtsammlung, mit der sie 1990 debütiert haben, als einzelne, abgeschlossene Episode in Ihrer literarischen Laufbahn an?

Die Erfahrung war entscheidend, sozusagen keimbildend. Goethes Zweizeiler, den ich *Minuti contati* vorangestellt habe, könnte auch in allen meinen folgenden Büchern stehen: »Lass den Anfang mit dem Ende / sich in Eins zusammenziehen«.

Federica Alziati, geboren 1987 in Gaggiano (Mailand), studierte italienische Literatur an der Università Cattolica in Mailand. Sie ist Redaktorin der Tessiner Zeitschrift *Cenobio*.

Paolo Di Stefano, *Cara Anna*

Liebe Anna,

heute Morgen bin ich mit einem Schlag aufgewacht und habe die Jahre gezählt, die mich noch vom Alter trennen, in dem mein Vater gestorben ist. Sieben. In sieben Jahren werde ich gleich alt sein wie mein Vater, und schon heute könnte ich mein Vater sein, denn zwischen vierundvierzig und einundfünfzig gibt es im Grunde keinen großen Unterschied. Mein Alter ist mir immer gleichgültig gewesen, meine Einstellung zum Leben war unberührt davon, dass man irgendwann alt sein wird, ich verschwendete Zeit mit überflüssigen Dingen, vor allem mit Schlafen, wie deine Mutter immer sagte; heute Morgen aber hat mich beim Gedanken, bald das Alter meines Vaters zu erreichen, das Entsetzen gepackt. Als er starb, war ich vierundzwanzig, ich hatte gerade angefangen zu arbeiten, war in deine Mutter verliebt, und jetzt hole ich ihn allmählich ein, ich gehe vorwärts und er steht still und wartet auf mich, wartet bei einundfünfzig. Klar, vielleicht werde ich ihn auch gar nicht einholen, sondern vor ihm zum Stillstand kommen. Heute habe ich an nichts anderes gedacht als an den Tag, die Stunde und die Minute, in der ich ihn einholen werde, wenn ich ihn je einhole. Heute Morgen hat mich genau dieser Gedanke geweckt, und nachdem ich den größten Teil meines Lebens schlafend verbracht habe, wie mir deine Mutter immer vorwarf, habe ich nun Angst davor, dass der Gedanke mir den ganzen Schlaf rauben könnte. Wer weiß, ob ich heute Nacht schlafen kann.

Es wird die Angst sein, jedenfalls muss ich dir unbedingt schreiben, als ob der Gedanke an den Tod mich dir endlich näherbringen könnte, indem er mir den Schlaf nimmt, und so sitze ich auf diesem Stuhl, voller Drang, mit dir zu reden, dir mein Leben, das zum Teil auch deins ist, zu erzählen, denn unser Leben ist auch das Leben der anderen, und das Leben der Väter und Mütter ist leider auch das Leben der Kinder, das lässt sich nicht vermeiden, selbst wenn wir weit weg voneinander sind, selbst wenn wir alles tun, um zu vergessen, und irgendwann überzeugt sind, den ganzen Schmerz ausgelöscht zu haben.

Deine Mutter gefiel mir sehr. Als ich sie zum ersten Mal sah, ging sie die Straße vom Bahnhof ins Zentrum hinunter, aufrecht, mit einem schönen dunklen Schopf und einem blauen Rucksack über der Schulter, sie war neunzehn, es war im Sommer 1980. Ich saß im Auto mit meinem Freund Franco, wir fuhren mit dem Taunus meines Vaters die Straße hinauf, aber kaum hatte ich sie erblickt, machte ich eine Kehrtwendung, ohne mich um das Verbot zu kümmern, während Franco wie ein Depp lachte, als wir jung waren, lachten wir uns immer halbtot; dann wäre ich beinahe mit einem Auto aus der Gegenrichtung zusammengestoßen, bestimmt hatte der Fahrer gehupt, aber ich hatte es nicht gehört, weil in voller Lautstärke Musik lief, vermutlich De Gregori oder Battisti, damals hörte ich nichts anderes. Damals lebte mein Vater noch, im Auto sang ich zusammen mit meinem Freund Franco »Alice«, und als du klein warst, sang ich dir dieses Lied immer leise zum Einschlafen vor, die sanfte Melodie begleitete dich allmählich in den Schlaf, während du zart und duftend in meinen Armen lagst, ich bewegte mich langsam zum sanften Rhythmus von »Alice«, du bliebst ein paar Minuten wach und deine großen Augen blickten hinauf, manchmal hast du ins Halbdunkel gelächelt, ich ging auf und ab und nach einer Weile sah ich im Halbdunkel, wie deine Lider wie zwei kleine Klappen zugingen, dann hörte ich auf zu singen und du machtest die Augen wieder ein klein wenig auf, damit ich weitersang, ich sang eine Weile weiter und hörte wieder auf, so ging es drei, vier Mal, bis die beiden Klappen zublieben, dann bettete ich dich in die Wiege und blieb noch ein paar Minuten da, um dich zu betrachten. Ich fühlte mich glücklich. Aber lassen wir das, reine Nostalgie, wirst du sagen, und vielleicht hast du recht. Jedenfalls fuhr ich mit meinem Freund Franco immer in der Stadt herum, um Mädchen nachzuschauen, schlief nachts neun, zehn, elf Stunden, erwachte am späten Vormittag und legte mich manchmal auch nachmittags hin. Damals wäre ich nie auf die Idee gekommen, dass die Tage meines Vaters gezählt sein könnten. In vollem Tempo, beschallt von der Musik, erreichten wir schließlich von der Hauptstraße her das Ende des Abstiegs, wo deine Mutter wieder zum Vorschein kommen musste, ich bremste scharf, während mein Freund Franco immer noch lachte und mich verrückt nannte, wir warteten ein paar Minuten, dann tauchte sie mit ihrem Rucksack über der Schulter auf, sie musste uns bemerkt haben, denn sie hatte ein leichtes Lächeln auf den Lippen, man sah, wie ihre weißen Zähne mit dem schwarzen Haar kontrastierten. Dieses Lächeln hat mir immer gefallen an ihr, aber ich sah es in unserem

Leben nicht mehr oft wieder, wie du weißt, lächelte deine Mutter nie; die Leute verändern sich, ohne dass sie es merken, und sie hat sich zu schnell verändert. Franco kurbelte das Fenster herunter, wie er das bei allen Mädchen tat, die ihm gefielen, er schämte sich überhaupt nicht, zu pfeifen und zu gestikulieren, um die Aufmerksamkeit auf sich zu ziehen, was ihm meist auch gelang. Sie ging vorüber und entschwand, groß und aufrecht, ohne uns eines Blickes zu würdigen, wir sahen, wie sie die Straße überquerte und zwischen den Läden und Cafés einer Gasse verschwand. Franco sagte: Vergiss sie, sie ist ein Miststück. Er nahm nie ein Blatt vor den Mund. Ich sagte ihm, dass er selbst ein Miststück sei. Dann ließ ich ihn im Auto sitzen und rannte ihr nach, bat sie um Entschuldigung, sagte, mein Freund sei ein Miststück, sie schenkte mir ein schönes Lächeln, ich fragte sie, ob ich sie zu einem Kaffee einladen dürfe. So hat alles angefangen.

An den darauffolgenden Tagen schlief ich unendlich viel, erwachte sehr spät, dachte nicht daran, zu lernen, machte nichts anderes als schlafen, und wenn ich wach war, rief ich deine Mutter an. Es war ein unendlich heißer Sommer. Du kennst die Geschichte mit der Schläfrigkeit nur zum Teil, ich habe sie dir nie richtig erzählt, eigentlich habe ich dir gar nie etwas erzählt. Seit meiner Kindheit kann ich, wenn ich einen fixen Gedanken im Kopf habe, nichts anderes machen als schlafen. Gedanken ermüden mich, sie wiegen schwer in meinem Kopf, und manchmal könnte ich den ganzen Tag schlafen. Meine Mutter sagte immer, dass ich schon müde auf die Welt gekommen sei, und sie hat recht, sie sagte auch, dass sie die ganze Schwangerschaft durch pausenlos im Haushalt gearbeitet habe, weil die Großmutter krank im Bett lag und sie sie bis zum Ende pflegen musste und in der übrigen Zeit die Familie mit den vier Kindern versorgen.

Sie sagte, dass das vielleicht der Grund für meine Müdigkeit sei, dass ich Nachholbedarf hätte. Mehrmals habe ich in der Schule, während der Lehrer redete, den Kopf auf das Pult gelegt und bin eingeschlafen, und jedes Mal brachte mich die Mutter zum Arzt, aber der Arzt sagte, dass es mir bestens gehe und man nichts tun könne. Der Grund, warum ich die Universität nie abgeschlossen habe, ist, dass ich zu viel geschlafen habe und keine Zeit zum Lernen fand, meine Studienkollegen lernten nachts, ich aber schlief nachts, besonders wenn eine Prüfung näherrückte.

Als Erwachsener ist es mir dann oft passiert, dass ich bei der Arbeit eingeschlafen bin, ich saß am Schreibtisch und fühlte plötzlich, wie der Schlaf in immer breiteren Wellen oder schwindelerregenden konzentrischen Kreisen in mir aufstieg, sodass sich die Halsmuskeln entspannten und mein Kopf mit einem Mal baumelte, es schien alles im Bruchteil einer Sekunde zu geschehen, das Bewusstsein schwand, und auch wenn ich die Augen aufreißen wollte und die Muskeln und Kräfte wieder zu beherrschen versuchte, blieb alles unverändert, der Hals entspannt, der Kopf baumelnd. Es nützte nichts, wenn ich mich angestrengt konzentrierte, im Gegenteil, je mehr ich das versuchte, umso stärker übermannten mich die Müdigkeit und ein angenehm mattes Gefühl. Ich konnte der Schläfrigkeit nie widerstehen, auch wenn die Anzeichen eindeutig waren, die Trägheit einer Bewegung, ein kaum angedeuteter Gedanke, ich gab nach, ohne mich beherrschen zu können, fühlte, wie sie kam, wie sie langsam, aber unerbittlich vom Bauch in die Augen hochstieg, ich hatte keine Chance. Deine Mutter konnte das nicht verstehen, sie nannte es Faulheit, Gleichgültigkeit, Leichtfertigkeit, Unverfrorenheit, anfangs versuchte ich ihr zu erklären, dass es einfach Schläfrigkeit war, aber dann gab ich es auf und ließ sie reden. Tatsache ist, dass ich einschlief, wenn wir selten einmal ins Kino gingen, im Theater sowieso, auch auf den Bergwanderungen, die deine Mutter so liebte, ich legte mich auf eine Bank oder eine Wiese und gab mich dem Schlaf hin, ich konnte sogar beim Reden einschlafen, und erst recht wenn ich im Sessel oder auf dem Sofa vor dem Fernseher saß, da genügten wenige Minuten; ich habe mir noch nie einen ganzen Film anschauen können, von den Nachrichten kenne ich nur die Erkennungsmelodie und die Übersicht, von Fußballspielen bleiben mir wenige unklare Bruchstücke. Du weißt, dass für mich und deine Mutter das eigentliche Problem meine Schläfrigkeit gewesen ist, sie ertrug es nicht, dass ich einschlief, während sie redete, aber ich konnte nichts dagegen tun, ihre Worte, der Tonfall, der Rhythmus wiegten mich in den Schlaf, auch Kaffee nützte nichts.

Ich erinnere mich, dass wir vor einigen Jahren – du warst etwa fünfzehn oder sechzehn – bei meinem Kollegen Gradoni zum Abendessen waren, es kam höchst selten vor, dass wir abends ausgingen, aber damals hatten wir die Einladung aus irgendeinem Grund angenommen. Nach dem Essen saßen wir im Wohnzimmer, in einem schönen, behaglichen, großen Wohnzimmer, ich kann mich erinnern, dass die Frau meines Kollegen über die immer stärker um sich greifende Unanständigkeit der Leute redete, und da konnte ich nicht widerstehen, ich spürte, wie vom Bauch aus die Müdigkeitswellen losgingen, sah gerade noch den entsetzten Blick meiner Frau, dann war ich weg. Nach einigen Sekunden erwachte ich, wenige Zentimeter von meinem entfernt waren die Gesichter meines Kollegen, seiner Frau und deiner Mutter, sie schauten mich bestürzt an, unsere Gastgeber dachten, ich sei krank, und deine Mutter bestärkte sie in diesem Glauben, dann wollte man einen Arzt rufen, ich sagte, dass es nicht nötig sei, mein Kollege holte das Blutdruckmessgerät hervor, aber es kam ihm alles normal vor, er führte sich als Experte auf, tatsächlich war alles normal, ich habe noch nie Probleme mit dem Blutdruck gehabt, deine Mutter sagte, dass ich blasser sei als sonst, um den Verdacht meines Kollegen zu bestärken, aber sie wusste natürlich genau, dass es nichts Verdächtiges gab. Als wir an diesem Abend schließlich im Auto saßen, ließ deine Mutter eine Schimpftirade auf mich los, die ich dir lieber nicht wiederhole, und während sie schrie, pochte eine heftige Müdigkeit in meinen Schläfen, ich musste am Straßenrand anhalten und sie bitten zu fahren; sie war außer sich vor Wut und schlug mit den Fäusten auf das Lenkrad, aber ich hörte ihre Stimme nur noch von Weitem, erst als sie beim Aussteigen die Tür hinter sich zuknallte, erwachte ich. Wir haben zwei Tage nicht miteinander geredet, du erinnerst dich sicher daran. Aber glaube mir, dass ich wirklich keinen Ausweg wusste.

Ich ging wieder zum Arzt, der mich erneut zum Neurologen schickte, der mich zum Psychiater schickte, der mir einen Psychoanalytiker empfahl, aber nach drei Sitzungen gab ich es auf, ohne es deiner Mutter zu sagen, ich war sicher, dass mir niemand helfen konnte, und im Grunde, um ehrlich zu sein, schlief ich ja gern. Heute morgen bin ich mit dem Gedanken an meinen Vater erwacht, jetzt ist es Viertel nach zwei nachts, und ich kann nicht schlafen. Ich weiß nicht, ob ich mich darüber freuen soll. Ich könnte deine Mutter anrufen und ihr sagen, dass jetzt alles anders ist, aber das tue ich nicht, es ist zu spät und unsere Leben sind nach neun Jahren zu verschieden.

Aus dem Italienischen von Barbara Sauser

Biografie

Paolo Di Stefano, geboren 1956 in Avola (Sizilien), zog als 7-Jähriger mit seiner Familie nach Lugano. Nach dem Romanistikstudium bei Cesare Segre in Pavia arbeitete er zuerst beim *Corriere del Ticino*, später bei der *Repubblica* und schließlich beim *Corriere della Sera*, wo er zunächst Verantwortlicher des Feuilletons war und nun als Sonderberichterstatter tätig ist. Er unterrichtete Journalistische Kultur an der geisteswissenschaftlichen Fakultät der Università Statale in Mailand. Sein erstes literarisches Werk ist die Gedichtsammlung *Minuti contati* (1990), darauf folgten zahlreiche Romane, angefangen bei *Baci da non ripetere* (1994, deutsch *Letzte Reise nach Sizilien)*, für die er mit vielen Preisen ausgezeichnet wurde. 1988 bis 1991 arbeitete er als Verlagslektor für italienische Literatur bei Einaudi. Unter dem Titel *Tutti i nostri mercoledì* widmete er Giulio Einaudi ein Interview-Porträt.

Bibliografie

Romane

Baci da non ripetere. Milano: Feltrinelli, 1994.
  Baisers à ne pas renouveler. Übersetzt von Daniel Colomar. Genève: Metropolis, 2003.
  Letzte Reise nach Sizilien. Übersetzt von Thomas Lindquist. Frankfurt am Main: S. Fischer, 1996.
Azzurro, troppo azzurro. Milano: Feltrinelli, 1996.
Tutti contenti. Milano: Feltrinelli, 2003 (überarbeitete Neuausgabe: 2007).
  Tous contents. Übersetzt von Étienne Barilier. Genève: Metropolis, 2012.
Aiutami tu. Milano: Feltrinelli, 2005.
Nel cuore che ti cerca. Milano: Rizzoli, 2008.
Per più amore. Lecce: Manni, 2009.
La catastròfa. Palermo: Sellerio, 2011.
Giallo d'Avola. Palermo: Sellerio, 2013.

Lyrik

Minuti contati. Prefazione di Giorgio Orelli. Milano: Scheiwiller, 1990.

Sachbücher und Herausgeberschaft

Gianfranco Contini, *Lettere all'editore. 1945–1954*. Premessa di Giulio Einaudi, a cura di Paolo Di Stefano. Torino: Einaudi, 1990.
La famiglia in bilico. Un reportage italiano. Prefazione di Adriano Sofri. Milano: Feltrinelli, 2001.
Giulio Einaudi, *Tutti i nostri mercoledì*. Interviste di Paolo Di Stefano. Bellinzona: Casagrande, 2001.
Io vorrei. Desideri e passioni degli adolescenti di ogni età. Milano: Edizioni del Corriere della Sera, 2004.
Potresti anche dirmi grazie. Gli scrittori raccontati dagli editori. Milano: Rizzoli, 2010.

Monique Schwitter

Vom fulminanten Debüt *Wenn's schneit beim Krokodil* über den Roman *Ohren haben keine Lider* zum neuen Erzählband *Goldfischgedächtnis* besticht Monique Schwitter mit ihrem Sinn für Dialog und für (zuweilen auch verpasste) Begegnungen zwischen Menschen. Leben und Tod, Erinnern und Vergessen, Realität und Fiktion sind zentrale Themen ihrer Bücher, die Ruth Gantert vorstellt. Über ihren Weg vom Theater zum Schreiben, ihre Projekte und ihre Arbeitsweise spricht die Autorin mit Liliane Studer. Welche Rolle die Schweizer Legende des Wilhelm Tell in einer Paarbeziehung spielen kann, ist schließlich in der hier erstmals veröffentlichten Kurzgeschichte von Monique Schwitter zu lesen.

Monique Schwitter – Die Fiktion als Überlebenselixir

Von Ruth Gantert

Begegnungen mit offenem Ausgang

Wenn's schneit beim Krokodil – wer seinem Erstling diesen Titel gibt, weckt Neugierde: Was meint der Halbsatz? Schneit es denn überhaupt jemals beim Krokodil, in Afrika?

In Wirklichkeit ist der Halbsatz in der gleichnamigen Geschichte weniger rätselhaft: Es geht um eine Verabredung im Zoo, zu der die Ich-Erzählerin in einem kurzen Brief eingeladen wird. Die Mutter der jungen Frau liest ihrer Tochter, die nicht mehr in ihrer Heimatstadt lebt, den an ihre frühere Adresse gelangten Brief am Telefon vor: »*Ich bin sicher dort. Zoo, 1. Januar, 9 Uhr. Wenn's schneit beim Krokodil, sonst beim Kamel.*« Eine Unterschrift steht nicht da, und die Botschaft ist aus Zeitungsschnipseln zusammengeklebt. Die Adressatin erstellt eine Liste der dreiunddreißig Kindheits- und Jugendbekanntschaften, die als Absender infrage kämen. Da ist der »winzige Matthias«, für den sie als Kind gerne aufgehört hätte zu wachsen und mit dem sie tatsächlich einmal im Zoo war, bei einem Ausflug der Primarschulklasse mit der gehassten Lehrerin. Oder der Mann, in den sie einmal verliebt war, der jetzt aber weit weg wohnt.

Die Auswanderin verbringt die Weihnachtsferien bei der Mutter in der Stadt, in der sie aufgewachsen ist, und geht seit ihrer Ankunft fast täglich zum Zoo. Dort leistet sie sich entweder den Eintritt, oder sie beobachtet die Besucher von außen. Wer den anonymen Brief geschrieben hat, findet sie nicht heraus, und ob sie sich der Verabredung stellen wird, weiß sie auch am Neujahrsmorgen um 4.30 Uhr nicht. »Aber ich habe noch Zeit, mich zu entscheiden. Über 200 Minuten. Es schneit übrigens nicht.«

So offen und schwebend wie in der Titelerzählung enden die Texte von Monique Schwitter meistens: Die Geschichten nehmen nicht ihre schlimmstmögliche Wendung, wie Dürrenmatt es einmal empfahl, sondern sie lassen Raum für ein Weiterspinnen. Wirft der Anfang die Leserinnen und Leser unvermittelt *in medias res*, so entlässt der Schluss die Figuren in eine unbestimmte Zukunft. Es liegt noch eine

Erwartung in der Luft – sei sie gerechtfertigt oder nicht, gewichtig oder belanglos: »Er setzte sich auf den Holzsessel an seinem Schreibtisch und wartete« (Erzählung »Wendel wartet«); »Ich überlege, ob ich duschen soll« (Erzählung »rummachen«).

Erzählung und Dialog

Die fünfzehn Texte des 2005 erschienenen Erzählbands *Wenn's schneit beim Krokodil* überzeugen mit kraftvollen Erzählungen eigenartiger oder auch alltäglicher Begebnisse, die geheimnisvoll, aber nicht verschlungen sind, die nicht nach Erklärung verlangen und die nichts aufzulösen vermag. »Rendezvous« heißt die letzte Geschichte, und um Begegnungen – reale, imaginäre oder auch unmögliche – geht es in den Erzählungen immer. Scheinbar ziellos und doch präzise umkreisen die meist kurzen, sachlich gehaltenen Sätze die Lebenssituationen von Menschen, die einander treffen oder verpassen, suchen oder meiden, unterdrücken, hassen oder faszinieren. Dabei knistert es oft erotisch, vor allem in der Beziehung zwischen zwei Frauen, während die heterosexuellen Beziehungen ebenso häufig von Missverständnissen und Machtspielen bestimmt werden. Mit Ausnahme von »Wendel wartet«, deren gleichnamige Hauptfigur in der dritten Person und teilweise in der Vergangenheit auf doppelte Distanz gehalten wird, erzählt jeweils eine junge Frau in der Ich-Form, häufig in der Gegenwart. Dadurch lässt sich die Geschichte verfolgen, wie wenn sie im Moment des Lesens entstünde. Zum unmittelbaren Miterleben der Szenen tragen auch genaue Beschreibungen des Ortes und der Personen bei, die oft durch ein körperliches Merkmal, ein Kleidungsstück oder ein Objekt, mit dem sie sich beschäftigen, Dichte und visuelle Präsenz erhalten. Am meisten Unmittelbarkeit entsteht aber durch die Dialoge, durch die in jeder Geschichte kursiv gedruckte direkte Rede. Die Theaterausbildung und -erfahrung der Autorin findet da ihren Ausdruck: Sie charakterisiert ihre Figuren durch die Art des Sprechens, wobei nicht nur die Wiedergabe der gesprochenen Sätze, sondern auch Lautstärke und Tonfall, das Mitgedachte und Ungesagte eine große Rolle spielen. So folgt der erste Text, »Wild erlegen«, der aufkeimenden erotischen Beziehung zweier Frauen, die nebeneinander auf einer Parkbank sitzen, mit einem Messer spielen und Rotwein trinken.

Sag mal, wieviel Erfahrung hast du eigentlich mit Frauen. Sie richtete das Messer gegen ihr Herz, mit einer Handbreit Abstand. Sie blickte nach unten, auf die Hand oder das Messer oder ihre Brust, die ihr Herz schützte und barg.
[...]
Keine, sagte ich kleinlaut.
Ich sagte nicht: *Keine* Punkt. Mit fester Stimme und einem Gesicht, das deutlich sagte, dass ich nichts weiter sagen würde.
Nein, ich murmelte: *Keine* Komma, Fragezeichen. Und heiß wurde mir auch noch. Sie klappte das Messer auf und zu.

Rapportiert wird nicht nur, was die Personen zueinander sagen, sondern auch, wie sie sprechen und was die Ich-Erzählerin sich dabei denkt. So lässt sich verfolgen, wie sich das Gesagte mit dem Gedachten verflicht, wie sich die beiden Spuren kreuzen und wieder trennen. In »Carlos« trifft die Erzählerin, die mit ihrem Mann zusammenlebt, im Café den ehemaligen Untermieter, der mit Freundin und Hund einst in ihrer unterdessen aufgegebenen Wohnung gewohnt hat.

Und, wie geht's Carlos, frage ich. Ich frage nach dem Hund und meine seine Freundin.
Der ist ein richtiger Kerl geworden, sagt er. *Wir haben jetzt eine Männer-WG, Carlos und ich*, sagt er.
Aha, denke ich. *Aha*, sage ich.
Ja, sie ist ausgezogen, sagt er.
Das geht aber schnell, denke ich.
Wir gehen getrennte Wege, sagt er. Getrennte Wege, denke ich.
Ich stehe auf und bringe die Zeitung zum Ständer.

Hellhörigkeit ohne zu psychologisieren

Nach *Wenn's schneit beim Krokodil* veröffentlicht Monique Schwitter 2008 ihren ersten Roman, *Ohren haben keine Lider*. Der Roman gliedert sich in einen langen ersten Teil, der von Mai 1994 bis Anfang Januar 1995 in Zürich spielt, und einen kurzen zweiten Teil, dessen dreizehn Kapitel jeweils mit einem Jahr Abstand von 1996 bis 2008 in verschie-

denen Orten angesiedelt sind. Die Geschichte endet am Neujahr 2008 in Berlin. Ort, Zeit und Personen der Handlung werden wie bei einem Theaterstück gleich am Anfang vorgestellt: Die dreiunddreißig Kapitel von Teil 1 erzählen neun Monate im Leben einer 20-Jährigen in einem Zürcher Mietshaus mit sechs Parteien. Die Ich-Erzählerin zieht nach Abschluss des Gymnasiums und mehreren WG-Erfahrungen mit ihrem Freund, den sie »mein Mann« nennt, zusammen. Die beiden teilen sich das Klo auf halber Treppe mit drei Studenten. Unter ihnen wohnt die Lehrerin Frau Baumgartner, die ihre Instruktionen und Rügen wegen Lärm- und Geruchsimmissionen auf gelben Post-it-Zetteln (signiert »Baumg«) mitteilt, über ihnen der amerikanische Cellist Jeff, der an Verfolgungswahn leidet. Die 40-jährige Kinderärztin Conny im Erdgeschoss hört Salsa, tanzt und malt in Abwesenheit ihrer Fernliebe Guy, während das Paar gegenüber, Agnes und Gerd, unterschiedlichen Leidenschaften frönt: Gerd, der 50-jährige Motorradfahrer mit Bierbauch, ist ein Heavy-Metal-Fan; seine dreizehn Jahre jüngere Gefährtin Agnes pflegt zu Hause im tropischen Wohnzimmer den exotischen Blumengarten, braut Kaffee und Kräutertee und hört Bikutsi, Musik aus Kamerun. Die namenlose junge Frau ist fasziniert von der immer freundlichen Agnes, die sie in ihrer Wohnung besuchen darf, wann sie will, während »ihr Mann« anfängt, abends mit Gerd auszugehen. Die Erzählerin bekommt wegen Zahnschmerzen von Connys Freund Danilo Schmerztabletten und findet heraus, dass mehrere Personen im Haus, so auch Agnes, von Danilo mit Medikamenten und Drogen versorgt werden. Sie stellt sich Fragen über die Beziehung zwischen Conny und Agnes. Einmal gesteht ihr Agnes, dass sie sich zu Frauen hingezogen fühlt. Die Hausgemeinschaft nimmt ein brutales Ende, als Agnes in der Silvesternacht ermordet wird: Gerd wird verhaftet, Conny setzt keinen Fuß mehr in die Wohnung, Jeff fliegt zurück nach Amerika, das junge Paar trennt sich und zieht aus.
Im zweiten Teil wechseln in raschem Tempo Szenen aus den folgenden dreizehn Jahren, Begegnungen mit Unbekannten und mit Personen aus der Mietshaus-Zeit, bis die erwachsen Gewordene schließlich in Berlin zu einem neuen Leben findet.

Ichfindung

»Leben und atmen«, schreibt die Gymnasiastin, als sie vor der Matura ihre Berufspläne angeben soll. Als sie mit ihrem Freund zusammen-

zieht, scheint sich dieses Projekt zu verwirklichen. Während er sich als »Prosaist« sieht, als »Biograf«, der sich »fernab der Lebenstrampelpfade« dem Chaos des Nichtstuns aussetzt und vom Erbe seiner Großmutter lebt, verdient sie ihr Leben als Serviertochter. Tatsächlich schreibt er aber nichts, während sie die Leute um sich herum beobachtet und Szenarien erfindet, in denen Bekannte und Unbekannte eine Rolle spielen. In ihrer Fantasie ist Jeff ein Frauenmörder, der in seinem Cellokasten den Körper einer Getöteten mit sich trägt. Als im Haus tatsächlich ein Mord geschieht, dem die sanfte Agnes zum Opfer fällt, bricht die Welt der Erzählerin in Stücke. Im lauten Mietshaus neben der Karaoke-Bar, dem Elektrizitätswerk, der Schnellstraße und der U-Bahn-Linie ans Weghören gewohnt, hatte sie in der Nacht die Schreie einer Frau gehört und nicht reagiert. Über die Auswirkungen dieser traumatischen Erfahrung wird kein Wort verloren, doch die anschließenden Momentaufnahmen ihres unsteten Lebens lassen sie erahnen.
Im zweiten Teil wird aus der Ich-Erzählerin eine Figur, von der in der dritten Person die Rede ist. »Sie« heißt es plötzlich, nicht mehr »ich«: »Sie« erwacht neben Simon, arbeitet als »das Fräulein« in einer Konditorei, als »die Schweizerin« in einer Bar in Mâcon, verbringt als »die Touristin« den Millenniumswechsel in Kamerun auf den Spuren von Agnes, wohnt dem Mordprozess bei, schreibt an Jeff, wird arbeitslos und wandert schließlich nach Berlin aus. In Berlin arbeitet sie nachts in einer Tankstelle und lebt erneut in einer Wohngemeinschaft, mit Judith und Rudolf, die beide enge Vertraute werden.
Ganz am Schluss des Romans, als die Figur eine Frau von dreiunddreißig Jahren und zehn Monaten ist, und somit um einen Monat älter als Agnes bei ihrem Tod – eine verheiratete Frau, die im Bereich der Früherkennung von Schwerhörigkeit arbeitet, erst da heißt es »Diese Frau bin ich«.

Im Textgarten des Romans

Was die junge Frau in Agnes' Wohnzimmer besonders fasziniert, sind die exotischen Pflanzen – weniger wegen des Aussehens oder des Duftes als wegen der poetischen Namen, die Agnes ihr im Takt der Bikutsi-Musik nennt: vom »Dschungelohr« über die »Geigenfeige« zum »Süßblattbusch«. Wie die Kurzgeschichten arbeitet auch *Ohren haben keine Lider* stark mit dem Klang der Sprache und mit dem Rhyth-

mus der Erzählung und der Dialoge. Dazu gesellt sich aber beim Roman noch das Zusammenspiel der verschiedensten Textsorten. Der (post-)moderne Entwicklungsroman beginnt mit einem Bibelzitat, mit dem auch der zweite Teil einsetzt: »Und es wurde Abend, und es wurde Morgen.« Auf diese Entstehung des Romanuniversums folgt eine Collage unterschiedlicher Sprachformen, deren Effekt irritierend, lustig, beklemmend oder traurig sein kann: Bekannte Genres wie Theater, Erzählung, Kriminal- und Liebesroman durchmischen sich mit Elementen unterschiedlichster Art und Herkunft: Liedtexte, Zeitungsannoncen, Listen, Vernissagereden, Interviews, Dialogfetzen und Selbstgespräche, Fantasien und Traumerzählungen finden sich ebenso wie Briefe, Telefonate und Kurznachrichten.
Die eingestreuten Zitate können tragisch sein wie der »Obduktionsbericht des Rechtsmedizinischen Instituts« über die Ursache des Todes von Agnes Knabenhans; sie können aber auch hell auflachen lassen wie der witzige Dialog per Post-it-Zettel zwischen der jungen Mieterin und ihrer älteren Nachbarin, der Lehrerin Frau Baumgartner. Die Ich-Erzählerin wendet sich manchmal direkt an ihren »werten Leser«, korrigiert sich selbst, kommentiert, greift vor oder zurück. So unterstreicht sie wie die Romanciers des 18. Jahrhunderts die künstliche Form des Romans und gestaltet ihn rasant und abwechslungsreich, nimmt ihm aber bisweilen die Stringenz.

Leben und Tod, Erinnern und Vergessen, Realität und Fiktion

Mit *Goldfischgedächtnis* (2011) kehrt Monique Schwitter zu den Erzählungen zurück. Die Texte sind etwas länger als in ihrem Erstling, die Sätze womöglich noch konziser und packender, die Thematik ernster und existenzieller: Fast alle handeln vom Tod. Ein Schriftsteller am Ende seines Lebens und seines Werkes dichtet nur noch meist makabre Haikus; eine alternde Schauspielerin, die mit dem Vergessen ihres Textes kämpft, reist dem Tod entgegen; eine junge Frau, Halbwaise, träumt wachend und schlafend den Tod ihres trinkenden Vaters; ein Spielerpaar überfährt nach einer Nacht im Casino einen Clochard; eine ältere Spaziergängerin erschreckt im Wald einen Selbstmörder »zu Tode«, dessen Vorhaben sie mit einer Erzählung nur um einen Tag verschieben, nicht aber ändern kann; eine junge Frau hat als Kind den Unfalltod ihres Bruders miterlebt, der ihre Mutter und ihre Tante entzweite; ein kleiner Junge, der seine Mutter verloren hat, verlangt vom

Vater, sich an Halloween als Toter zu verkleiden, und vergeht dann fast vor Angst, obwohl er ihn erkennt; eine Ich-Erzählerin trifft nach dem Tod ihres Geliebten und ihres Vaters einen Mann, den sie mehrmals mit einem der beiden zusammen gesehen hat, in der Hoffnung, er erinnere sich an die Toten.

Welches Gedächtnis hat ein Goldfisch? Erinnert er sich wirklich nur an die letzten drei Sekunden, bevor er sich in seinem Glas umdreht, und macht deshalb die ewig gleichen Bewegungen, als wären sie jedes Mal neu? Und wie ist das beim Menschen? Erinnern und Vergessen sind zwei einander bedingende Vorgänge, die ebenfalls in allen Erzählungen eine Rolle spielen. Was bleibt von einem Erlebnis, von einem Menschen, von einer Lektüre? Und inwieweit bestimmt das Erinnern unser Handeln und Sein? Im letzten Text, »Anstelle eines Nachworts: Dinner mit Dürrenmatt«, geht es um ein Essen in der renommierten Zürcher Kronenhalle, das wirklich stattfand: Eine junge Frau, Schriftstellerin, wurde nach dem Tod ihres Vaters von ihrem Paten und dessen Frau in die Kronenhalle eingeladen. Sie hatte ihrer Mutter von dem Essen erzählt und es dann vergessen. Zehn Jahre später erinnert ihre Mutter sie an die Geschichte – die Erzählerin aber denkt sich gerade ein ganz anderes Treffen in der Kronenhalle aus, mit Dürrenmatt. »Nun also gibt es zwei Kronenhallen in meinem Leben: eine reale und eine fiktive. Wie immer ist die Realität weniger schön und die Fiktion mein Überlebenselixier.«

Leben und Tod, Erinnern und Vergessen, Realität und Fiktion – die Koordinaten dieses durchkomponierten Bandes treffen sich bereits im Anfangstext, »Unsere Geschichte«. Er erzählt den letzten Besuch einer Schriftstellerin bei ihrer vom Krebs gezeichneten Freundin. Angesichts des Todes wollen die beiden Frauen ihre Freundschaft in der Literatur verewigen, deshalb diktiert die kranke Charlotte der sie besuchenden Marie ihre gemeinsame Geschichte. Marie schreibt auf, protestiert und korrigiert zuweilen und erzählt in Gedanken ihre eigene Sichtweise der Ereignisse und der Beziehung.

In den beiden Parallelerzählungen entsteht das Porträt zweier unterschiedlicher Frauen. Der literarische Text als Denkmal der verstorbenen Geliebten – ein bekanntes Genre seit Dante und Petrarca – erfährt so eine ganz spezielle Variation. In Schwitters Erzählung ist die Sterbende weder das verklärte, stumme Idealbild, noch wird ihr alleine die Stimme gegeben; sie kann zwar Sätze diktieren, doch sie kann nicht bestimmen, wie sie erinnert wird. Es bleiben zwei unvollständige Versionen, die einander bald widersprechen, bald bestätigen oder ergänzen. So erscheint im Dialog zwischen der Todgeweihten und der Überlebenden das Thema der Unsterblichkeit in der Kunst auf eine neue Art – unsentimental und berührend.

»Ich gehe in die Tiefe und bin verloren« Gespräch mit Monique Schwitter

Von Liliane Studer

Monique Schwitter warnt: »Was man mir erzählt, betrachte ich als mein Eigentum.« Und die Entwarnung folgt sogleich: »Trotzdem muss ich nicht Angst haben, verklagt zu werden. Denn ich kann einen Menschen nicht eins zu eins übertragen. Es müssen sich mehrere Schichten überlappen. Es ist wie ein Teig, der erst aufgehen muss.« Wer Monique Schwitter im Gespräch begegnet, glaubt ihr aufs Wort. Große Augen, interessierter Blick, Hände in Bewegung – sie lebt eine Präsenz, strahlt eine Intensität aus, die das Herz höher schlagen lässt: Sich mit dieser Frau zu unterhalten, ist Vergnügen, intellektuelle Herausforderung, Anregung und Erholung zugleich. Als wir uns in Zürich treffen, ist sie auf der Rückreise nach Hause, nach Hamburg. Eben hat sie einen Monat in St. Moritz im Hotel Laudinella verbracht, ein Arbeitsaufenthalt, die letzten Tage zusammen mit dem Musiker Hans Hassler. Und schon erzählt sie von den Walser Sagen, auf die sie gestoßen ist bei ihren Recherchen zu S. Corinna Bille – und mit Bille beschäftigte sie sich, weil sie vom Verlag Nagel & Kimche angefragt wurde, ein Nachwort zum Band *Schwarze Erdbeeren* zu schreiben. Die Sagen bilden die Grundlage des Projektes, das sie zusammen mit Hans Hassler vorbereitet: Akkordeon und Literatur – Hans Hassler und Monique Schwitter. Endlich wird im Frühjahr 2013 auf der Diavolezza zu sehen und zu hören sein, was die beiden seit Jahren sich vorgenommen haben: ein gemeinsames Werk – Sprache und Musik.

Was Monique Schwitter im erwähnten Nachwort für die Bille-Lektüre empfiehlt, gibt ziemlich genau wieder, wie sie schreibt und arbeitet: »Wenn ich dem Leser, der Leserin einen Rat geben könnte, lautete er: Steigen Sie in dieses Buch nicht mit der ersten Geschichte ein, sondern mit der dritten, die den Titel ›Das ganze Leben vor mir‹ trägt. Warum? Weil diese kurze, formal kühne, atemberaubend dichte und vielschichtige Erzählung bestens als Sprungbrett in den Kosmos der Corinna Bille geeignet ist. Von hier geht es kopfüber hinein in die Walliser Berg-, Tal- und Waldwelt, mitten hinein in einen Sommermorgen

am 60. Tag nach Ostern, an Fronleichnam. Ich habe nachgesehen: Das Wort Fronleichnam leitet sich vom mittelhochdeutschen *vrōne līcham*, des Herren Leib, ab und nicht etwa von ›frohem Leichnam‹, wie ich als katholisches Kind einst dachte.« Monique Schwitter stürzt sich kopfüber hinein, gibt sich nicht mit den einfachen Antworten zufrieden. Ein Nachwort zu einem Erzählband von S. Corinna Bille bedeutet, deren Universum zu erfassen oder zumindest zu versuchen herauszufinden, was es mit diesem Wallis auf sich hat.
Eine solche Auseinandersetzung bedingt Sicheinlassen, Radikalität, Grenzenlosigkeit, letztlich sogar das Sich-verlieren-Können. So geht es Monique Schwitter immer wieder. Zum Beispiel, wenn sie vom Hamburger Literaturhaus angefragt wird für den Märchennachmittag mit Kindern. Es wäre ganz einfach, die paar beliebtesten Märchen zu erzählen – und die Begeisterung der Kinder wäre gewiss. Doch Monique Schwitter vertieft sich in die Geschichten. Nüchtern stellt sie fest, sie sind gut, aber nicht gut erzählt. Drum gilt es zu überlegen, wie sie es besser kann: Wie kann sie sie packender, situativer, dialogischer gestalten?
Bei solchen Recherchen und Projekten – bei denen sie sich immer auch verliere, denn: »Wenn ich etwas mache, gehe ich in die Tiefe und bin verloren« – sammelt sich Material an, auch für Geschichten, wie sie bislang in zwei Erzählbänden zu lesen sind, denen hoffentlich bald weitere folgen werden.

Monique Schwitter wurde 1971 in Zürich geboren. Seit 2005 lebt sie in Hamburg, zusammen mit ihrem Mann und zwei Kindern. Sie hat in Salzburg Schauspiel und Regie studiert, hat bis im Sommer 2010 als Schauspielerin an verschiedenen Theatern gearbeitet, unter anderem in Zürich, Frankfurt am Main, Graz und Hamburg. Heute ist sie freie Autorin.
2005 erschien der erste Erzählband *Wenn's schneit beim Krokodil*. Begann damals die zweite Laufbahn als Autorin? Monique Schwitter widerspricht: »Ich wollte zur Literatur – und musste übers Theater gehen. Geschrieben habe ich lange bevor ich zum Theater ging. Ich wollte immer Geschichten schreiben. Texte auswendig lernen ist nur Technik. Üben, das ist es nicht, was interessant ist am Theater. Texte auswendig lernen ist eigentlich ein stupider Vorgang. Man lernt die Sprache auswendig, aber nicht nur die Sprache, man lernt Konflikte

auswendig. Es ist eine Rolle, es ist nicht ich. Eine Rolle verkörpern ist wirklich der richtige Ausdruck. Aber die Rolle steckt, genau wie ich, in meinem Körper und kann nicht fliegen. Und das ist betrüblich. Es ist dein Körper, es sind deine Kilos auf der Bühne, und die wirst du auch nicht los. Das Theater bleibt im Körper stecken, kann die Schwerkraft nie überwinden, die Literatur schon. Beim Schreiben erzähle ich Geschichten – beim Theater bin ich Teil einer Geschichte.« So gibt es Dinge, die Theater und Literatur verbinden: Geschichten erzählen zum Beispiel, oder die Protagonistin Sprache, ihr Klang, ihr Rhythmus. Und es gibt Dinge, die gegensätzlich sind zwischen Literatur und Theater: »Das Theater ist immer körperlich, die Literatur nie, und das ist wunderbar, das ist befreiend. Dennoch braucht ein Text ›Fleisch‹, braucht Atem, Herz, Blut.«

Der Weg zur Autorin war ein langer – und geheimer. »Ich wagte nicht, mich als Autorin zu outen. Ich traute mich erst in Graz. Dort kannte ich niemanden und glaubte, am Rande der Welt zu sein. Das gab mir eine Art Narrenfreiheit. Dann war da 2002 ein Kurzgeschichtenwettbewerb vom ORF, man konnte einen Laptop gewinnen. Ich hatte noch nie einen Laptop besessen. Ich hatte bisher nur diese großen Computer, die ich nicht mitnehmen konnte, wenn ich unterwegs war. Beim Wettbewerb gewann ich. Kurz darauf wurde ich interviewt von Ö1, der Interviewer sagte: Und Sie schreiben ja auch, und wollte die ganze Zeit von der Literatur reden. Nach der Ausstrahlung wurden Alfred Kolleritsch – seither veröffentliche ich in den *Manuskripten* – und Rainer Götz auf mich aufmerksam. Götz wurde mein Lektor im Droschl-Verlag, mein erster Erzählband erschien.«

Schauspielerin – Autorin: Monique Schwitter erlebte immer wieder, dass sie, wenn sie als Schauspielerin interviewt wurde, nach der Literatur gefragt wurde, und wenn es eigentlich um sie als Autorin hätte gehen sollen, war da zuerst und zentral die Frage nach der Schauspielerei. Doch nicht das war der Grund, dass sie sich vom Theater abwandte. Irgendwann konnte sie sich eingestehen, dass die Schauspielerei der Umweg zur Literatur, zum Schreiben war. »Ich wollte gar nie Schauspielerin werden«, fasst sie im Gespräch zusammen. Und fügt hinzu: »Heute bin ich Autorin. 2004 habe ich in Graz aufgehört, und 2005 hatte ich ein Engagement in Hamburg. Da sagte ich mir, im Jahr dazwischen in Berlin schreibe ich das Buch. Und im Jahr dazwischen habe ich gemerkt, dass ich die Schauspielerei überhaupt nicht ver-

misse. Danach war es schwierig, wieder anzufangen – ich hatte solche Sehnsucht nach dem Schreibtisch.«
Angst machte ihr anfangs jedoch das Veröffentlichen, der Umstand also, dass Texte öffentlich werden: Was passiert, wenn das Schreiben nicht mehr nur für sie ist, wenn sie nach außen tritt mit Texten, die andere lesen, interpretieren, ihnen einen eigenen Klang verleihen. Denn für Monique Schwitter bedeutet die Sprache immer auch Klang, Sprache muss tönen – sie hört die Sprache. »Zuerst ist der Klang da. Ich höre jemanden in der U-Bahn, und ich frage mich, was ist das für eine Person. Und wenn da etwas ist, beginne ich mit dem Schreiben. Eine andere Stimme führt mich ganz woanders hin. Ich überlege mir, wie sie tönen würde in Kombination mit einem Waldhorn und Hölderlin-Gedichte rezitierend.« In solchen Sätzen tritt sie deutlich hervor, die Autorin, die auch Regisseurin und Schauspielerin ist, die beide Bereiche verbindet, die über das Theater zum Schreiben gekommen ist.
Als freie Autorin schätzt Monique Schwitter die großen Freiheiten, die diese Existenz bedeutet, und sieht sich damit konfrontiert, jeden Monat ihren Lebensunterhalt zu verdienen. Denn »ich bin weder von Haus aus vermögend noch habe ich eine gute Partie gemacht«. Dass sie nicht allein vom Bücherverkauf leben muss, obwohl auch sie gerne viele Bücher verkaufen möchte, erlebt sie als Entlastung. Die verschiedenen Projekte und Aufträge, die zwar miserabel bezahlt sind, vor allem wenn sich jemand wie Monique Schwitter so grenzenlos in eine Thematik oder eine Person vertieft, ermöglichen ihr, bei den literarischen Texten nicht einen Publikumsgeschmack (was immer das auch sei) treffen zu müssen noch den Zeitgeist. Die Erzählung als die Form, die sie bis jetzt mehrheitlich gewählt hat, ist für sie eher Gegnerin denn Ruhekissen, die Erzählung juckt und ärgert, und das ist es, was sie fasziniert. »Ich weiß nicht, was meine Form ist, und ich möchte es auch nicht wissen – eine Horrorvorstellung.« Hingegen muss sie eine genaue Vorstellung haben, wie die Räume und Örtlichkeiten aussehen; wenn sie diese Bilder nicht sieht, kann sie nicht mit dem Schreiben anfangen. Die Figuren muss sie hören. – Da ist er wieder, der Klang, der die Arbeit von Monique Schwitter trägt.

Nochmals kommen wir zurück auf die Herausforderung, die die Form der Erzählung für sie bedeutet (interessanterweise und leider findet der Roman *Ohren haben keine Lider* an diesem langen Nachmittag im

November in Zürich keine Erwähnung, obschon: formal ist er angelegt wie die Erzählbände, besteht er doch eigentlich aus vielen kurzen Texten): »Wenn ich eine Erzählung schreibe, hoffe ich, dass ich auf kleinem Raum viel sagen kann.« So hat sie für die Erzählung »Male« erst ein ganzes Buch geschrieben. Da war die Vorgabe – von Monique Schwitter für Monique Schwitter gemacht –, einen Roman wie Ramuz zu schreiben, und aus diesem Buch, das niemand kennt außer die Autorin Monique Schwitter, die es geschrieben hat, stammen denn auch die zitierten Textpassagen. Die Freude ist ihr noch heute anzusehen, als sie erzählt, dass Rainer Götz – »der belesenste Mensch und beste Lektor« – sie anrief, nachdem sie ihm »Male« geschickt hatte, und fragte, ob sie sich auf Ramuz beziehe, obwohl: das Original habe er nicht finden können. In solchen Ausführungen ist auch ihr Ehrgeiz spürbar, diesem Schreiben auf den Grund zu gehen und dies immer wieder neu zu tun. »Ich könnte keine Zeile mehr schreiben, wenn ich wüsste, wie es geht, wenn ich angekommen wäre.«

Liliane Studer arbeitet als Lektorin (Dörlemann Verlag und freiberuflich) und ist in der Literaturförderung tätig.

Monique Schwitter
Folgender Text hat keinen Titel. Er trägt die Titelprothese »Blind«

Meiner Meinung nach war von Burroughs zwischen uns nie die Rede gewesen. Zwischen dir und mir hingegen schon. Ich sehe dich neben mir im Bett sitzen, plötzlich nach innen gekippt.

– Kristin? Hörst du mir zu?

Du schreckst hoch. – Ja?

Bilder aus der Vergangenheit. Mir brennen die Augen. Diese verdammten Kontaktlinsen.

Das leere Brillenetui. Ich lasse es zuschnappen, schüttele es, und da ist es wieder, dieses Klackern. Kurz innehalten, noch einmal schütteln. Nichts. Auf. Leer. Ich starre hinein. Es bleibt leer. Ich muss mich verhört haben.

Meine Moscot. Die Vierte bereits, immer dasselbe Modell. Die ersten drei hat Konrad zerstört, drei Gestelle in fünf Jahren. Nummer vier liegt bei dir auf dem Nachttisch. Wenn sie noch da liegt. Du sagtest: – Diese Brille hat nichts mit dir zu tun.

Und ich legte sie ab, in der ersten Nacht. Obwohl ich heimlich widersprach: Hat sie doch, ich trage sie seit jenem Tag, als Konrads Mutter mir eine Kurznachricht mit fünf Worten schickte: Du wirst im August Vater. Ich ging durch die Fußgängerzone hinter dem Hauptbahnhof. Dunkelgrau und viel zu mild für Januar war jener Morgen. Der nächste Laden war ein Optiker, und ich trat ein.

Meine Brille auf deinem Nachttisch. Auf meinem, neben dem leeren Etui, die Neuübersetzung von *Naked Lunch*. Ein Geschenk von Konrads Mutter zum Vierzigsten. Ich errötete, als ich es auspackte. In ihrem Blick lag Verachtung.

– Bettlektüre, sagte sie lächelnd.

Ich schluckte, bevor ich mich räusperte. – Danke.

Wie kam sie auf die Idee? Ich hasse Burroughs. Trotzdem legte ich das Buch auf meinen Nachttisch.

Auf deinem liegt seit drei Monaten meine Moscot, schwarz und glänzend. Anfangs sah Konrad mich befremdet an, und wäre dieser Satz mir nicht so peinlich, hätte ich gesagt: Ich bin's, dein Vater. Konrad weiß, was der Verlust der Brille bedeutet, weiß es aus eigener

Erfahrung. Seit seinem achten Lebensmonat zwingen wir ihn, ein Kindermodell nach dem anderen zu tragen, und immer sind sie blau. Reißt er sie sich von den Augen, erkennt er kaum etwas, genau wie ich. Seit drei Monaten streckt Konrad mir die Zunge heraus. Er rollt mit den Augen. Er äfft mich nach. Was Konrad nicht weiß: Ich trage Kontaktlinsen. Übergehe aber seine Grimassen, die herausgestreckte Zunge, die himmelwärts verdrehten Augen. Ich mime den Blinden.

Liest du das, war das Erste, was du mich fragtest, als du in meinem Bett lagst. Oder kurz bevor du drin lagst.

– Liest du das?

– Wer sonst? Mein Sohn ist fünf Jahre alt. Ein Geschenk, unberührt. Schrecklich.

Du nicktest.

– Du kennst es?

– Ein bisschen.

Und weil es mir peinlich war, wiederholte ich *ein bisschen* und sagte, nach einigen sehr stillen Sekunden:

– Im Übrigen schläft er in seinem eigenen Bett.

Du sahst mich an.

– Mein Sohn, fügte ich hinzu.

– Ja, sagtest du, griffst nach dem Buch und begannst darin zu blättern.

Nach der ersten Nacht, in der ich meine Brille auf deinen Nachttisch legte, trafen wir uns immer bei mir. Anfangs bewegtest du dich geräuschlos und wie in Zeitlupe, gingst auf Zehenspitzen, gestikuliertest weit ausholend, oft überdeutlich, und wenn ich deinem Gebärdenspiel nicht folgen konnte, flüstertest du, einzelne Worte, das Nötigste. Und alles, damit Konrad weiterschlief. In den ersten Nächten unterbrachst du unseren Austausch immer wieder, um zu lauschen. Es wäre mir unerträglich, wenn er plötzlich in der Tür stünde und uns beobachtete, sagtest du. Er ist so gut wie blind, antwortete ich, jedenfalls ohne Brille, aber das beruhigte dich nicht.

Ich weiß nicht, wie es begann. War das deine Idee? *Naked Lunch* irgendwo aufzuschlagen, nachdem wir erschöpft waren, wurde zu einem

Ritual. Manchmal liefen unsere Finger um die Wette, kaum war Ruhe eingekehrt, und rauften sich um das Buch. Wer es zuerst griff, schlug auf. Wahllos. Und begann vorzulesen.

– Schluss!, sagtest du nach einer Weile. Manchmal mitten im Satz. Ich übernahm es von dir. Mit der Zeit fanden wir Gefallen daran, gleichzeitig *Schluss!* zu sagen. Wenn es gelang, lachten wir. Wenn nicht, auch.

– Ich hasse es, sagtest du, sagte ich. Aber über kein anderes Buch habe ich so gelacht wie über dieses. Wenn ich darüber nachdenke, habe ich über gar nichts jemals so gelacht. Mit niemandem. Lauthals, haltlos. Wir rangen nach Luft, wir hielten uns die schmerzenden Bäuche. Anschließend küssten wir uns. Und kein Gedanke an Konrad.

Vorgestern wolltest du nichts hören. Ich schlug das Buch auf, du schlugst es zu.

– Erzähl mir was, sagtest du, und damit begann unsere längste Nacht.

– Vor vielen Jahren, hob ich an, lebte ein kleiner Junge.

– Wie süß. Dein spöttischer Blick. Ich nickte. Ich hätte diesen Blick gerne weggeküsst. Ich schloss die Augen und fuhr fort:

– Ein kleiner Junge, Walter. Sein Vater war Jäger, und kaum fünf geworden, verlangte der Kleine, schießen zu lernen. Der Vater führte ihn geradewegs zur Kirche. Auf dem Dorfplatz hatte sich eine Gruppe Menschen versammelt. – Halt, riefen sie. Sie zeigten auf einen Stecken in ihrer Mitte, dem einer einen Hut aufgesetzt hatte. Erweise unserem Herrscher deine Verehrung!

– Spaßvögel, knurrte der Vater.

– Zieh deinen Hut, andernfalls müssen wir dich anzeigen.

– Drüben in der Kirche findet mich, wer mich sucht, antwortete der Vater und zog den kleinen Walter mit sich fort. Als er in der Bank kniete, konnte er gar nicht mehr aufhören, den Kopf zu schütteln. Erst recht nicht, als er gefasst und gemeinsam mit seinem Walter dem Landvogt übergeben wurde.

– Dein Sohn? fragte der.

– Das will ich meinen!

– Es liegt in deiner Hand, euer beider Leben zu retten, sagte der Landvogt. Eine leichte Übung für dich. Mit deiner Armbrust schießt du diesen Apfel vom Kopf deines Kindes.

Zwischen den Worten Armbrust und Apfel, wo sonst, sagtest du: –

Ach so!

– Soll ich aufhören?

– Nein!

– Hast du je eine Armbrust in der Hand gehalten?

– Natürlich nicht, antwortetest du, jetzt lenk nicht ab! Weiter!

Keine Spur mehr von Spott. Stattdessen gierige Ungeduld, und ich fand dich schön. Ohne den Blick von dir zu wenden, fuhr ich fort:

– Der Landvogt wiederholte seine Aufforderung und hielt Walters Vater einen rotbackigen Apfel vor die Nase. Der musste lachen. Was hätte er auch anderes tun sollen.

– Lach nur weiter, ich bitte dich, sagte der Landvogt. Triffst du den Apfel, bist du frei.

Walters Vater öffnete seinen Köcher. Seine Pfeile fliegen weit und treffen genau. Seine Bolzen hingegen sind fürs Grobe gemacht. Ihre Zerstörungskraft ist enorm. Selbst wenn er den Apfel träfe, wäre es unwahrscheinlich, dass Walter unverletzt bliebe. Was heißt unverletzt. Es sind Todesbolzen.

– Lass mich den Bogen nehmen, sagte er.

Der Landvogt lächelte. – Nein. Die Armbrust.

Der Vater sah seinem Sohn, der alles mitgehört hatte, aber ganz unbeteiligt schien, in die Augen.

– Walter?

– Ja?

Er warf ihm den Apfel zu. Geschickt fing der Kleine ihn auf. Der Vater wünschte sich, sein Sohn möge hineinbeißen, aber der rollte ihn nur von einer Hand in die andere, hin und her, während sein Vater langsam rückwärts ging, Schritt für Schritt. Als der Landvogt *Reicht!* rief, blieb er stehen, zog blind zwei Bolzen, spannte sie ein und legte die Armbrust an.

– Walter, leg ihn auf den Kopf!

Und sein Sohn tat es, als habe er es schon oft getan. Stand ganz still und aufrecht und sah seinen Vater an. Der zielt. Er lässt sich Zeit. Stur schaut er dem Apfel auf die Bäckchen, nicht dem Kind in die Augen …

– Warte, riefst du an dieser Stelle, es tut mir leid, ich muss mal.

Und du schwangst dich auf, sprangst aus dem Bett und liefst mit leichten Schritten hinaus.

Als du zurückkamst, löschtest du das Licht. In die Dunkelheit hinein fragtest du nach einer Weile: – Warum hat er das riskiert?

– Er hatte nur die eine Möglichkeit. Und: er konnte nur gewinnen.

– Aber stell dir vor, er hätte seinen Sohn getötet!

– Ja, das war der Plan des Landvogts.

– Dieses blinde Vertrauen des Kindes. Würdest du das tun? Dir den Apfel auf den Kopf legen und stillhalten?

– Wenn du die Schützin wärst: Ja.

– Ich nicht.

– Nein? Dann hör weiter: Genau wie ich dir, erzählte auch Burroughs diese Geschichte eines Nachts seiner Liebsten.

– Seiner Liebsten?

– Der Frau, die er liebte, genau.

Schweigen. Ich hörte dich atmen.

– Unser Burroughs? Du machtest das Licht wieder an. Was willst du mir sagen?

– Ja, unser Burroughs. Im Unterschied zu mir aber ließ er es mit Erzählen nicht gut sein. Am selben Punkt wie du und ich verstrickte sich das Paar in eine Diskussion. Es ging um Vertrauen. Burroughs verstand, im Gegensatz zu seiner Frau Joan, nicht, wieso Walter sich den Apfel so bereitwillig auf den Kopf gelegt und stillgestanden hatte.

– Im Angesicht der Waffe muss er doch Angst bekommen haben! Wie kann er da bocksteif, seelenruhig, was soll ich sagen, ungerührt stehen bleiben?, rief er.

Und um die Situation zu veranschaulichen, spielte er sie nach. Er übernahm dabei die Vaterrolle, Joan überredete er, den kleinen Walter zu spielen. Ein alter Apfel war schnell gefunden. Er nahm die Pistole, die er sich Jahre zuvor beschafft und in die Vorratskammer gelegt hatte. Sie war geladen. Erschwerend kam hinzu, dass er nicht nüchtern war. Joan ebenso wenig. Beide standen, wie fast jeden Abend während jener Zeit, unter starkem Einfluss von Opioiden. Was für ein grauenhaftes Schauspiel: Tatsächlich gerät Joan beim Anblick der Pistole ins Schwanken. Burroughs Hand zitterte. Billy, der gemeinsame Sohn, steht plötzlich in der Tür und beobachtet seine Eltern. Sieht, wie sein Vater seiner Mutter einen schrumpeligen Golden Delicious auf den Kopf legt, den es kaum oben hält. Sieht, wie der Vater eine Pistole auf die Mutter richtet. Hört einen Knall und sieht die Mutter zu Boden gehen. Billy ist vier Jahre alt und weiß wenig vom Tod, aber er beginnt zu schreien.

– Nein! entfuhr es dir.

– Doch.

Und da schütteltest du den Kopf, wie einst Walters Vater in der Kirche, du fandst kein Ende.

– Was wurde aus Billy, fragtest du später, aber ich wollte nicht über Billy sprechen. Ich fragte:

– Wenn ich dir jetzt einen Apfel bringen und dich bitten würde, ihn aufzusetzen, was würdest du tun?

– Solange ich weiß, dass du keine Pistole besitzt, würde ich es tun.

– Ich besitze aber eine.

– Glaube ich dir nicht.

– Das ist (ich überlegte, aber es kam mir kein anderes Wort in den Sinn) schade.

– Mag sein.

Und plötzlich drehtest du dich zur Tür, um nachzusehen, ob Konrad da stand.

Dann sammeltest du deine Kleider auf, zogst dich an und gingst.

Warum hat Konrads Mutter mir dieses Buch geschenkt? Danke, besten Dank. Ich will es nicht haben. Leg es dir doch selber auf den Nachttisch. Ich habe nach einer passenden Postkarte gesucht und ein Foto gefunden. Konrads Mutter hat es aufgenommen. Ich sehe mich an, mich und meine Moscot. Mir brennen die Augen. Ich vermisse sie, meine Brille. Die verdammten Kontaktlinsen treiben mir die Tränen in die Augen.

Konrad tanzt gerne. Als er heute Morgen in die Küche kam, bat er mich, das Radio einzuschalten.

– Was willst du hören, fragte ich.

– Nichts, sagte er, ich will tanzen.

Heute ging's nicht. Aber morgen werde ich deine Nummer wählen.

Ruf mich bitte nicht mehr an, sagtest du. Morgen aber wähle ich deine Nummer.

Hör mal, werde ich sagen, wegen Billy. Er wurde nicht alt. Er starb mit 33, wie andere berühmte Männer, seine Leber war kaputt. Es war schon seine zweite. Und wie ihr Name sagt, braucht man sie zum Leben. Apropos, kann ich meine Brille wieder haben? Nein, das ist blöd. Ganz anders, ich mache es ganz anders, lass dich überraschen.

Biografie

Monique Schwitter wurde 1971 in Zürich geboren, wo sie auch aufwuchs. Nach der Matura studierte sie Schauspiel und Regie an der Universität für Musik und darstellende Kunst Mozarteum in Salzburg. Es folgten Engagements an den Schauspielhäusern Zürich (1997–1999), Frankfurt am Main (1998–1999), Graz (2000–2004) und Hamburg (2005–2010). Seit 2003 veröffentlicht sie in der Literaturzeitschrift *Manuskripte*. Seit Herbst 2010 arbeitet sie nicht mehr als Schauspielerin, sondern widmet sich ausschließlich der Literatur. Ihr Werk wurde bereits mehrfach ausgezeichnet, so erhielt sie u. a. 2006 den Robert-Walser-Preis und den Förderpreis der Schweizerischen Schillerstiftung für ihr Buchdebüt *Wenn's schneit beim Krokodil*, 2011 den rotahorn-Literaturpreis. Der Roman *Ohren haben keine Lider* wurde 2010 auf Chinesisch übersetzt. Monique Schwitter lebt mit Mann und zwei Kindern in Hamburg.

Bibliografie

Wenn's schneit beim Krokodil. Erzählungen. Graz/Wien: Droschl, 2005.
Ohren haben keine Lider. Roman. St. Pölten/Salzburg: Residenz Verlag, 2008.
Himmels-W. Theaterstück. Luzerner Theater, 2008.
Goldfischgedächtnis. Erzählungen. Graz/Wien: Droschl, 2011.

Étienne Barilier

»Venedig gerettet« entführt uns in die Lagunenstadt bei Acqua alta, vor ein Bild von Giovanni Bellini. Die Kunst ist ein Hauptthema des Westschweizers Étienne Barilier, den Sylvie Jeanneret vorstellt. In seinen Entwicklungsromanen wagt der Held sich »in den dunklen Wald« – mit ungewissem Ausgang, wie der Autor im Gespräch betont. Konflikte spielen dabei eine wichtige Rolle, doch geht es in der Literatur darum, »über die Dissonanzen hinweg eine harmonische Musik zu komponieren«, während die Essays das Denken kultivieren und »alles Ungefähre« daraus verbannen. Den abschließenden Text widmet Barilier dem Übersetzen, einem zentralen Vorgang, »damit der Mensch dem Menschen nicht fremd bleibt«.

Étienne Barilier, *Venedig gerettet*

Weiße Masken, aus denen goldene Blätter sprießen, wie das Laub, das auf Daphnes Körper wächst; schwarze metallene Larven, fein gearbeitet, von nie übertriebener, immer schmerzhafter Finesse, exakte und strahlende Verlängerung der Lippen, der Nase, der Augen der Damen, Herzogskostüme, Prinzessinnenkleider; ein Traum der Klarheit, der zarten und lebendigen Lichter in den Laternen des Canal Grande, die die Renaissance für immer entzündet hat, wenn wir es nur wollen. Ein Traum, der uns anschaut und den man berühren kann, ein Traum, dem man begegnet, dem man folgt oder der uns folgt … aber plötzlich, was geschieht da? Jeder hält inne. Die schönen Masken schütteln den Kopf, die schönen Damen scheinen seltsam verschreckt von der Länge ihrer Kleider. Man flüstert, man schweigt, man beobachtet.

Man schaut auf das Ansteigen des Meeres auf dem Markusplatz. Unter einem riesigen Wasserspiegel versinkt der erhabene Boden gerade so wie die die Holzbretter der armseligsten Hütte. Kein Durchkommen. Die Piazetta ist schon nicht mehr. Grausame Gleichgültigkeit dieses *acqua alta,* das sich anschickt, den schönsten Salon der Welt zu ertränken wie die anonymsten Steine am alltäglichsten Ufer. Das sich erbarmungslos ausbreitet, sich ungeniert breitmacht, mit absoluter Selbstverständlichkeit. Nunmehr versteht man im Herzen jene Wahrheit, die man immer schon zu kennen meinte: Wenn das Wasser steigt und die Welt bedeckt, schert es sich nicht um Schönheit, Geschichte, Leben. Das Vergessen! Die Vergeblichkeit unserer menschlichen Existenz, die Vergeblichkeit, sich ihrer zu erinnern – das stumme und steigende Wasser ist das einfachste und grausamste Bild dafür.

Sie weichen also zurück, die Masken und die Kostüme, sie suchen höher gelegene Wege, Bogenbrücken und Beletagen, um ihre bedrohte Gleichgültigkeit zu schützen, ihre Ausdruckslosigkeit, die schöner ist als jeder Ausdruck. Wir werden nach Norden verjagt. Santa Maria Formosa. Der Name allein ist ein siegreiches Emblem der Renaissance, christliche Religion der Schönheit. Ein unbekannter Palast taucht auf: *Museo Querini Stampalia.* Benannt nach einer großen venezianischen Familie, die einst gegen den Dogen intrigierte. Sie wurden verbannt, mussten sich einschiffen, mussten fort; an der Reling, das Herz berstend vor Traurigkeit und Kränkung, sahen sie wohl Venedig langsam in den Fluten versinken. Eine griechische Insel, Stampalia, wurde zur Zuflucht der Querini. Wie sollte man nicht Grieche sein, wenn man Venezianer ist? Der Geist des Mittelmeers ist unteilbar. Die Querini erkannten, dass sie gar nicht fortgegangen waren. Die Zeit hat den verlorenen Raum wiedergefunden.

Das Museum? Es ist ihr vornehmes Wohnhaus mit seinen Salons, seinem Musikzimmer, seinem Boudoir, seinen Schlafzimmern; in den Räumen der Hausherren Werke von Pietro Longhi, dem Mann der Masken und der Feste, dem Maler der sieben Sakramente. Profan und heilig? Kein Zweifel, es ist alles eins. Kein Zimmer, das nicht mit Meisterwerken der Renaissance und des Barock tapeziert wäre. Aber sie halten ihren Glanz zurück. Sie wollen unseren Blick frei lassen für das, was uns noch erwartet: die Sala Giovanni Bellini. Nach dem Maler benannt, der seine warmherzige Gnade über Dürers Werk legte, Giovanni Bellini, ohne den Nordeuropa wohl nichts anderes erlernt hätte als die Dunkelheit.

Im Raum ein einziges Gemälde: *Darstellung Jesu im Tempel.* Eine nachdenkliche Maria streckt dem alten Simeon das aufrechte, wie eine kleine Mumie eingewickelte Jesuskind entgegen. Der Lebende in den Tüchern des Todes. Von Simeon sagt Lukas, dass er ein frommer Mann war, dem Gott versprach, er werde nicht sterben, ohne Christus gesehen zu haben. Simeon, der Christus sieht, wird also sterben. Eine so heitere letzte Stunde, ist das möglich?

Der Körper des Kindes in seinen Tüchern, weiß verpuppt, und der lange, lange Bart des Alten in der Farbe der Morgendämmerung: dieselbe Form, ähnlich gefärbt, gegenseitiges Abbild. Aber diese Ähnlichkeit, die Gestalt des Kindes, der Bart Simeons, ist nur ein Vorspiel für die geheimste Schönheit des Gemäldes. Bald offenbart sich die wahre Symmetrie, die der Jugend und des Alters, die voreinander stehen und sich anschauen. Die Jungfrau und Simeon halten beide den Körper Jesu. Sie betrachten einander mit genauem und verträumtem Blick. Man könnte meinen, sie forderten sich heraus, wenn die Sanftheit eine Herausforderung wäre. Oder sie rivalisierten, wenn man an Frieden rivalisieren könnte.

Was die Mutter dem Alten überträgt, ist nicht das Kind, es ist ihre eigene Jugend, deren Licht der Weise und Gottesfürchtige an der Schwelle zum Tod mit reinster Dankbarkeit, majestätischster Unterwerfung empfängt. Er schaut die Jungfrau an und wird niemals aufhören, sie anzuschauen, denn wenn er die Augen abwendete, würde er ihr vielleicht nicht mehr glauben. Aber wer spricht davon, die Augen abzuwenden. Niemand wäre verrückt, verzweifelt genug, um die Gabe abzulehnen.

Sagen wir, damit die Symmetrie vollendet ist, dass der alte Simeon, der das Licht der Jugend empfängt, im Gegenzug der Jungfrau den matten, aber dauerhaften Glanz der Weisheit zuteilwerden lässt? Nein, wir sagen es nicht. Der Alte empfängt nur, allein die Jungfrau gibt. Das Alter kann nicht darbringen, was es verloren hat. Aber solange sich Marias gleichwohl vager und ferner Blick nicht abwendet, wird Simeon zum Abbild heiterer, unendlich gelassener Schönheit, Serenissima, und er wird bereitwillig sterben. Simeon stirbt nicht, ohne die Jugend gesehen zu haben, die ihm die Kindheit schenkt. Aus den Händen der Jugend empfängt Simeon seine eigene Kindheit. Er wird in das Wasser hinabtauchen, ja, aber in das eines Blicks.

Um diese beiden Gesichter fünf andere feierliche und friedliche Gestalten. Der Maler selbst taucht ganz rechts auf. In der Haltung Simeons, mit der Jugend der Jungfrau. Giovanni Bellini betrachtet und überwacht sich mit strengem Stolz. Er versichert sich, dass wir verstanden haben, wir Sterblichen: Durch seine Gnade haben wir Anrecht auf die Unsterblichkeit, mit anderen Worten auf die Renaissance. Kein anderes Bild drückt es besser aus, dieses Mysterium jenes Augenblicks der menschlichen Geschichte, in dem uns für immer gegeben ist, das zu sein, wofür wir uns entscheiden werden. Diese geheimnisvolle und bedeutende Freiheit ist nicht der Tod des Heiligen, es ist die Gelassenheit des Göttlichen.

Gelassenheit, endlich! Möge sie deine Stirn kühlen. Mögest du in einer Ecke des Gemäldes, und wäre es selbst die dunkelste, derjenige sein, der das Wunder bezeugt, da er es nicht malen kann. In diesem Museum, in einem kleinen Palazzo ist ganz Venedig eingeschlossen. Draußen ist das Wasser womöglich gestiegen. Was mag es schon ertränkt haben! Aber das Licht ertränkt man nicht. Venedig ist niemals verloren.

»Bald offenbart sich die wahre Symmetrie, die der Jugend und die des Alters, die voreinander stehen und sich anschauen.«

Étienne Barilier – Ein philosophischer Erzähler und leidenschaftlicher Denker

Von Sylvie Jeanneret

Der Essayist und Romanautor Étienne Barilier ist ein bedeutender Schweizer Intellektueller unserer Tage. In seinem Werk registriert er die Gedanken und künstlerischen Bewegungen unserer Welt. Er fühlt sich den vielfältigen Geschöpfen, die sie bewohnen, verbunden und richtet den Blick eines Schriftstellerphilosophen auf die Gesellschaft.

Sein Weg als Schriftsteller beginnt 1971 mit der Veröffentlichung der Erzählung *Orphée*. Es folgen Romane und Essays, die oft in Bezug zueinander stehen, darunter *L'Énigme* (2001), *Un Véronèse* (2010) und *Contre le nouvel obscurantisme. Éloge du progrès* (1995, dt. *Gegen den neuen Obskurantismus. Lob des Fortschritts,* 1999), um nur die bekanntesten zu nennen.

In einer Reihe mit großen europäischen, besonders französischen Romanautoren des letzten Jahrhunderts, wie Jacques Mercanton, Georges Borgeaud, Claude Delarue, erzählt Étienne Barilier Geschichten, die in unserer Zeit verankert sind. Deren Protagonisten werden in eine Welt gestoßen, die viele Prüfungen, Selbstzweifel und die Zerstörung so mancher Illusion für sie bereithält. In den Werken der 1970er- bis 1990er-Jahre mischen sich Erziehungs- und Künstlerroman: Ein junger Mann, oft ein Musiker, Maler oder gar Schriftsteller, begibt sich auf eine existenzielle und ästhetische Suche. Um die Musik, der Barilier zahlreiche Bücher widmet, geht es im Roman *Chien Tristan* (1977, dt. *Nachtgespräche*, 1979), in dem sich die Protagonisten einem ebenso komischen wie tragischen Rollenspiel hingeben und dabei Fiktion und Realität durcheinanderbringen. In *Passion* (1974), einem Werk an der Grenze zwischen Kunst und Leben, werden eine Tänzerin und ein Pianist Opfer des Voyeurismus eines verrückten Nachbarn; dieses kleine Juwel an Grausamkeit und Humor offenbart Bariliers ganzes Talent, der hier virtuos mit der Romanform spielt. Seine vollendete Erzählkunst zeigt sich besonders in der subtilen Verwendung der Ironie, die die Wirklichkeit und das Erleben der Protagonisten unterwandert. Der Autor führt sie in beunruhigende Situationen am Rande des Fantastischen und stellt dabei ihre Banalität und ihr vermeintliches Glück oder Wohlergehen infrage. In seinen Romanen konfrontiert Barilier die Protagonisten mit der Seltsamkeit des Lebens, das auch Schattenseiten hat und in dem sich Lüge und Wahrheit überlagern. Diese Seltsamkeit treibt sie dazu, auch in der Kunst nach Antworten zu suchen.

Zwischen Kunst und Wirklichkeit

Die Kreuzung von Kunst und Wirklichkeit lässt Bariliers Protagonisten gelegentlich und unvermeidbar zwischen Vernunft und Leidenschaft ins Schleudern geraten. Sie erproben die Wege, die Verbindungen, die Übergänge von einem zum anderen, oft riskieren sie dabei ihr eigenes geistiges Gleichgewicht – ganz im Sinne der Romantik zu Anfang des 19. Jahrhunderts, die eine große Faszination auf einige Romanfiguren ausübt. In *Chien Tristan* landet beispielsweise eine Gruppe von Musikologen in Rom und lässt sich dort auf ein ganz besonderes Rollenspiel ein: Jeder schlüpft in die Persönlichkeit eines Musikers der Romantik (Schumann, Chopin, Wagner...). Dieses Rollenspiel führt zu grotesken Situationen, die ganz allmählich in immer grausamere Wortwechsel abgleiten, bis der Wahnsinn Oberhand über das Spiel zu gewinnen droht. Auch die Faszination für die Schnittpunkte zwischen Kunst und Wirklichkeit führt zu Auseinandersetzungen, oft in Form eines symbolreichen Wortgefechts zwischen einem jungen und einem erfahrenen, reifen Mann. Beide kämpfen auf intellektuellem Terrain, aber auch, weit prosaischer, um die Gunst einer Frau.
Die Kunst als Ort des Übergangs, aber auch Ort der Auseinandersetzung, ist der Begegnungspunkt der Protagonisten. In *Musique* (1988, dt. *Die Katze Musica,* 1991) wird ein junger Pianist in eine Geschichte der Identifikation mit einem kürzlich verstorbenen Komponisten hineingezogen, der ein verkanntes Genie sein soll. Von einem gefürchteten Musikkritiker verhöhnt, flüchtet der Pianist in ein Hotel in Portugal, wo er die junge Witwe dieses Komponisten kennenlernt. In diesem Hotel begegnet er auch dem unseligen Musikkritiker wieder. Nun versuchen alle drei, der Pianist, die Witwe und der Kritiker, jeder aus ganz egoistischen Motiven, sich das Werk des toten Komponisten anzueignen. Der Text endet mit einer ebenso albtraumhaften wie grotesken Szene: Der junge Pianist glaubt, den Musikkritiker ermordet zu haben, der nackt am Strand das Orchester des tosenden Ozeans dirigiert; Wahres und Falsches, Traum und Wirklichkeit gehen ineinander über.

Die existenzielle und ästhetische Suche von Bariliers meist männlichen Protagonisten richtet sich auf Kunstobjekte, aber auch auf Frauen, die dazu verdammt sind, schön zu sein. Die Protagonisten werden von einem reizenden Gesicht angezogen, bewundern es als Verheißung einer kommenden Wahrheit und müssen am Ende oft dafür zahlen, denn die Schönheit ist nicht so leicht zu fassen. Die Sicht der Protagonisten wird durch den Blick eines bewusst ironischen Erzählers gebrochen, der den falschen Schein entlarvt, hinter dem sich die Figuren verbergen, und ihre Momente des Wahnsinns enthüllt, aber auch ihr Streben nach dem Schönen als Versprechen einer Wahrheit unterstützt.

Lichter und Trauer

In den 1990er-Jahren wird die Ironie in den Romanen weniger scharf, weniger grausam, und die Gewalttätigkeit, zu der sich frühere Protagonisten bekannten, wird deutlich gemildert. Die Hauptpersonen sind zwar weiterhin (sehr) junge Männer mit ausgeprägter westlicher Kultur, aber ihre Suche wird zu einem Forschen, in dem sich Trauer und Niederlage mit Glück und Erfolg mischen. Sie begegnen den Prüfungen, die das Dasein für sie bereithält, mit weniger Zorn, auch mit weniger Faszination für die Auflehnung. Der Erzähler tritt hinter die Figuren zurück, deren Träumerei und sogar deren Sprache seine Stimme überlagern, um sie zu neutralisieren. Diese Zurückhaltung äußert sich auch in nur vorsichtig ironischen Einschüben im Text; Elemente wie die Banalität des Lebens oder Selbstgefälligkeit und Feigheit werden geschmeidiger in die Dynamik des Romans integriert.

Genannt seien hier drei sehr schöne Texte, in denen die klare, lineare Schreibweise gelegentlich einer größeren Vielschichtigkeit Platz macht, um die Entwicklung von Personen zu begleiten, die zwischen verschiedenen Positionen hin- und hergerissen werden. *Ma seule étoile est morte* (2006), geschrieben im Zeichen Nerval'scher Melancholie, dreht sich um die Treue eines jungen Mannes zu einer erträumten kindlichen Liebe, die er verliert und wiederfindet, um sie dann endgültig zu verlieren. Das Thema der Lehrzeit der Trauer findet sich auch in den Halbtönen von *La Fête des lumières* (2008) wieder, einem sehr konstruierten Roman, in dem bisweilen die Zeit stehenzubleiben oder einem linearen Ablauf zu trotzen scheint. Licht und dunkler Stern der Geschichte ist eine weibliche Figur, die sich gegen die Verbote der

Gesellschaft erhebt, um ihre Unabhängigkeit zu behaupten. Die gleiche Suche nach Unabhängigkeit betreibt ein junges Mädchen in *Un Véronèse*, eine Gefangene der männlichen Begierde, die bis an ihre Grenzen gehen wird, um ihrem Leben eine andere Wendung zu geben. In diesen beiden Romanen wird die Frau zwar immer noch durch männliche Blicke wahrgenommen, steht aber dennoch im Mittelpunkt der Handlung.

Worte statt Noten

Kommen wir zum letzten fiktiven Text von Étienne Barilier. *Piano chinois* (2011) ist ein Briefwechsel – besser gesagt ein E-Mail-Wechsel –, der sich zum Wortduell zweier Musikkritiker darüber entwickelt, wie eine junge chinesische Pianistin, die als aufsteigender Stern ihrer Generation gilt, europäische Musik interpretiert. Zwei Ästheten, ein junger, zu Sarkasmus neigender Mann, dem ein alter Mann mit gewähltem Stil antwortet, streiten darüber, ob sie das Genie der jungen Interpretin anerkennen oder nicht. Von Äußerungen über die Bedeutung der Kunst in unserer Gesellschaft, die Rolle der Schönheit und ihren Einfluss auf die »Seelen« bewegt man sich allmählich zu unverhohlen persönlichen Angriffen à la *cherchez la femme*. Feinfühlig zeigt Barilier, dass sich die beiden Ästheten der Worte nicht nur bedienen, um ihr Entzücken zu benennen, sondern auch, um dem anderen gegenüber einfach recht zu behalten. Die Sprache kann zwar Begeisterung ausdrücken, aber auch sehr schnell verletzen. So viele Worte letzten Endes, aufgeladen, preziös, bald schon alles verstellend, um von der Musik zu sprechen und zu versuchen, das Neue am Spiel dieser Pianistin zu erfassen. Worte, an die die Duellanten um jeden Preis glauben wollen: »Wenn Sie das Loblied der Schönheit singen, dann nicht, weil sie existiert, sondern damit sie existiert.«

Piano chinois liest sich wie eine Hommage auf die »europäische« Musik, ein »Abenteuer von Seele, Geist und Körper, untrennbar vereint, in der Freiheit, für die Freiheit«. Der Roman verweist die Worte an ihren Platz und öffnet sich mit dem Fokus auf die chinesisch-amerikanische Abstammung der Pianistin auch der Begegnung zwischen Orient und Okzident.

Die Romane von Étienne Barilier stellen zwar existenzielle oder künstlerische Fragen, die Antworten oder vielmehr Teilantworten sind jedoch ausschließlich literarisch. Die Fiktion wird um Personen konstruiert, die ein Leben, eine Psyche haben, deren Stimmen aufeinanderprallen oder sich mischen. Diese komplexe Welt, die auf Überzeugungen beruht, denen Ungewissheiten antworten, unterscheidet sich also vom Essay, der mit einer auktorialen Stimme spricht und eine beharrliche Reflexionsarbeit ausführt. Essays und Romane stehen im Werk von Étienne Barilier nebeneinander, aber sie nähren sich aus denselben Quellen: einerseits dem typischen Stil des Autors mit seinen rhythmischen, präzisen Sätzen, der beherrschten Virtuosität, andererseits der Verteidigung der vom abendländischen Humanismus geerbten kritischen Freiheit. So sind die Romane immer auch philosophisch und vom Denken geprägt, während die Essays sich durch schöpferische Freiheit auszeichnen.

Essays und kritische Freiheit

In seinen Essays vereint Barilier Reflexion und Reaktion: Reflexion über Themen, die unmittelbar die heutige Zeit betreffen, und Reaktion auf verschiedene Diskurse von Philosophen, Soziologen etc. zu diesen Themen. Sein umfangreiches Wissen in Bereichen wie Musikologie, Philosophie, Literatur, Geschichte, Soziologie oder Religionsgeschichte ist für den Autor die intellektuelle Basis, um sich mit den Fragen der globalisierten und konfliktreichen Welt von heute zu befassen. Als Essayist reflektiert Étienne Barilier vor allem über den Menschen in seiner Individualität, geformt von unserem abendländischen, vor allem altgriechischen Erbe, das in vielen seiner Essays anklingt. Dieses Erbe offenbart sich vor allem in Begriffen wie kritische Individualität und Demokratie und wird von aristotelischen und platonischen Gedanken begleitet. Die Individualität besteht in der Freiheit, Tatsachen oder Personen kritisch zu betrachten. Die von der sogenannten westlichen Demokratie ererbte Freiheit garantiert das Recht der freien Wahl und vor allem das Recht, Nein zu sagen. Überlegen und reagieren. Von *Le Grand inquisiteur* (1981) bis zu *Nous autres civilisations… Amérique, Islam, Europe* (2004) prangert Barilier unermüdlich die verschiedenen Formen von Einschüchterung und Autorität an, die durch totalitäre Stimmen aus politischen oder religiösen Regimen verbreitet werden, bisweilen auch einfach die Stimmen der Medien. In *Nous autres civilisations*, vielleicht einer der engagiertesten Essays über den Dialog zwischen den Kulturen, stehen Demokratie und ihre Werte im Zentrum. Barilier stellt Glauben und Wissen nachdrücklich als Gegensatz

dar: »[...] Demokrat, also Athener, zu sein heißt, eine ebenso metaphysische wie politische Entscheidung getroffen zu haben. Heißt zu bedenken, dass der Mensch nicht *per definitionem* dem Glauben geweiht ist, sondern vielmehr dem Wissen, und dass dieses Wissen ebenso reich, ebenso begeisternd, ebenso brüderlich sein kann wie jeder Glauben der Welt.« In diesem Essay geißelt er auch die Neigung zur Überinterpretation von Texten, was leicht zur Katastrophe führen kann, und lädt dazu ein, »den Koran zu lesen und ihn der Kritik zu unterziehen«. Letztlich geht es fast immer um den Platz, den die verschiedenen Zivilisationen der Welt dem Anderen einräumen.
Wie gibt man Wissen weiter? In *L'Ignorantique* (2005) befasst sich Étienne Barilier mit dem Medium Fernsehen und der Nutzung des Internets. Sein jüngstes Buch *Que savons-nous du monde?* (2012) wirft einen kritischen Blick auf die Medien und beleuchtet häufige Mängel in ihrer Art der Kommunikation und der Wirklichkeitsdarstellung. Er zeigt brillant, dass wir »mit der Geschichte verstritten sind«, solange die Medien aus der jüngsten Vergangenheit eine historische (also ferne) Vergangenheit machen und auf diese Weise die zeitlichen Bezüge manipulieren, die uns immer mehr abhandenkommen. Dieser Missbrauch der Vergangenheit hat dazu geführt, dass die »arabischen Revolutionen« Revolution und Fortschritt gleichsetzten, obwohl uns die Vergangenheit nachdrücklich gezeigt hatte, dass die Revolution »nicht *per se* ein Schritt zu mehr Freiheit, Gleichheit und Brüderlichkeit war«. In seinen Darstellungen kritisiert Étienne Barilier auch übertriebene politische Korrektheit und ermutigt den Leser, sich nicht der intellektuellen Bequemlichkeit hinzugeben, sondern seine kritische Freiheit zu pflegen, die in unserer globalisierten Welt immer kostbarer wird.

Étienne Bariliers Werk, das zugleich die Vernunft und das Gefühl anspricht, ist einzigartig in der Schweizer Literaturlandschaft. Seine Essays und Romane sind von ständiger Spannung zwischen der Annahme der Welt und der zeitweiligen Distanzierung geprägt, sie sind eine innere Reise, die die Leser durch die Lichter des Festes, aber auch seine dunklen Kulissen führt.

»Gegen das Ungefähre« Gespräch mit Étienne Barilier

Von Sylvie Jeanneret

Piano chinois (2011), Ihr bisher letzter Roman, trägt den Untertitel *Duell um ein Rezital*. Zwei Musikkritiker streiten sich auf ihren Blogs, dann per E-Mail darüber, ob eine chinesische Pianistin die europäische klassische Musik wahrhaft verstehen kann. Ist der Konflikt ein Antrieb für Sie als Schriftsteller?

Der Dialog auf jeden Fall. So viele Personen es gibt, so viele Ansichten über die Welt, so viele unterschiedliche und oft feindliche Wahrheiten gibt es auch. Ein Romanautor muss einfach fasziniert sein von dieser Vielfalt, diesen Meinungsverschiedenheiten. Jeder vertritt seinen eigenen Standpunkt, lässt sein Glöckchen klingeln. Der Romanautor ist derjenige, der auf viele Glocken hört und versucht, ihre Töne zusammenzufügen. In *Piano chinois* erklärt einer der Protagonisten, die europäische Musik habe nur in Europa Sinn, der andere, sie sei universell. Das Buch lässt beide Glocken, beide unversöhnlichen Auffassungen von der Welt erklingen.

Als Schriftsteller hoffe ich, mit meinen Worten über diese Dissonanzen hinweg eine harmonische Musik zu komponieren. Es war immer mein Traum, aus dem Schreiben eine Musik zu machen. Dialoge über Ideen, Konflikte zwischen Protagonisten? Ja, sicher, sie sind der Rohstoff jedes Romans. Aber darüber hinaus hoffe ich, wie »Cloches à travers les feuilles« (Glocken durch das Laub), um einen Titel von Debussy aufzunehmen, eine geheime Harmonie anzuregen und hören zu lassen.

Tatsächlich stellen Sie zwar gern Personen in Konflikten dar, aber die Suche nach Harmonie ist nicht weniger wichtig. Und die Musik bietet sich oft als Ort der Versöhnung, als Zugang zu einer gemeinsamen Wahrheit an, der zur Suche der Protagonisten in Ihren Romanen gehört, die oft als Entwicklungsromane daherkommen. Aber ist eine solche Suche nicht utopisch?

Meine Figuren dürsten nach Universellem, das macht sie umso schmerzhafter für alles empfänglich, was die Menschen trennt, spaltet und zerreißt. Die Versöhnung, mit sich selbst und mit den anderen, von der sie träumen, ist sehr utopisch. Aber die Utopie ist kreativ. Sie lässt uns die Welt voranbringen, entdecken, vertiefen. Und das Leiden kann eine Initiation sein.

Die Musik? Ja, sie durchzieht fast alle meine Bücher. Sie ist für den Schriftsteller, der ich zu sein versuche, zweifellos das ideale Modell der harmonischen Komposition und der universellen Sprache. Aber sie ist auch ganz konkret, durch ihre Anwesenheit und ihre Rolle für die Geschichte meiner Protagonisten, sie ist Teil einer manchmal wohltuenden, manchmal schmerzhaften, aber immer aufschlussreichen inneren Erfahrung.

Der Eintritt in die Welt, in die Gesellschaft ist eine ständige Verhandlung mit dem Anderen. Der Protagonist Ihrer Romane, sehr oft ein junger Mann, muss sich einen Weg zwischen den anderen bahnen, die genau definierte Eigenschaften an sich tragen (der erfahrene Mann, die verführerische Frau etc.). Ihre Romane erzählen immer wieder von diesem auf den ersten Blick harmlosen Parcours, der sich dann aber als dornenreich und komplex erweist und den der Protagonist nicht zu meistern vermag.
Wie vollzieht sich für Sie als Schriftsteller dieser Übergang von einer deutlich erkennbaren Oberfläche zu einer inneren Vielschichtigkeit, die Sie, und sei es nur in Andeutungen, sichtbar machen müssen?

Ja, meine Romane sind oft Entwicklungsromane. Der Protagonist steht am Beginn des Lebens und fängt an, sich in den »dunklen Wald« zu wagen. Er weiß, dass darin Gefahren warten und er sich verirren kann. Er hofft, dass ein Vergil oder besser noch eine Beatrice ihn bei der Hand nehmen wird. Aber Vergil ist manchmal eher darauf bedacht, ihn zu verlieren, als ihn aus der Klemme zu befreien, und Beatrice ist immer schön, aber nicht immer gut. Eigentlich erzählen meine Romane von diesem unsicheren Gang durch den Wald, von diesen erhofften, aber gefährlichen Begegnungen, von dem zuweilen verratenen Vertrauen, der zuweilen trügerischen Schönheit.

Aber Sie fragen, wie ich es mache, das alles zu erzählen, wie ich den Übergang von der Oberfläche in die Tiefe und die schrittweise Entdeckung einer Wahrheit darstelle, die ich eigentlich kennen sollte, bevor ich das erste Wort eines Buchs schreibe.

Ich kann Ihnen wohl aufrichtig antworten, dass ich diese Entdeckung durch das Schreiben erlebe, dass ich mit meinen Figuren vorwärtsgehe, dass ich selbst auch jedes Mal den dunklen Wald betrete. Und selbst wenn ich vor meinen Personen »weiß«, was sie entdecken werden, warte ich doch auf sie, um mit ihnen diese Erfahrung zu machen. Diese Erfahrung kann ich durch das Schreiben jedes Mal erleben. Wenn ich während des Schreibens nicht *entdeckte,* was ich schreibe, sondern mich damit begnügte, die blasse Tinte irgendeiner vorherigen Allwissenheit auf das Papier zu gießen, wären meine Bücher sicher nichts wert und ich hätte nicht einmal Lust, sie zu schreiben. Ich schreibe, weil ich nicht weiß, was mich erwartet. Ich schreibe, um mich wieder und wieder der Realität zu stellen.

Ich würde jetzt gern zur schwierigen Frage der Entwicklung Ihres Werkes kommen. Mir scheint, dass Ihre Romane einem roten Faden folgen, einem Ich, das mit der Welt und vor allem mit seiner eigenen Existenz konfrontiert wird. Es kommt mir so vor, als sei Ihre Erzählstimme von der scharfen und zuweilen grausamen Ironie der ersten Romane, vielleicht bis zum *Rêve californien* (1995), neutraler, weniger ironisch und in einem gewissen Maß mitfühlender geworden. Ich denke vor allem an *Ma seule étoile est morte* (2006) oder *Un Véronèse* (2010), in denen die Erzählstimme fast lautlos dem Weg der Protagonisten folgt.

Es ist immer spannend für einen Autor, Äußerungen wie diese zu hören, denn Sie richten einen Blick auf meine Bücher und meine Entwicklung, zu dem ich außerstande bin. Ich beschäftige mich kaum mit meinen früheren Büchern, wenn ich nicht dazu gezwungen und genötigt werde, zum Beispiel bei einer Übersetzung. Aber selbst wenn ich sie wiederlesen würde, hätte ich sicher Mühe, für mich selbst Feststellungen wie die Ihre zu treffen.

Ironie und kritische Distanz stehen in allen meinen Büchern neben der leidenschaftlichen Zustimmung und der naiven Suche nach dem Ideal. Das ist keineswegs überraschend: Die Ironie folgt dem Ideal wie sein Schatten. Sie ist die oft grausame Erinnerung an die Banalität oder die Abgründe der Wirklichkeit. Sie ist das Bewusstsein unserer Grenzen, während uns das Ideal in die Grenzenlosigkeit wirft.

Ja, ich glaube, dass die Ironie in meinen ersten Büchern tatsächlich grausamer und zerstörerischer war als in meinen letzten Romanen. Ich frage mich, ob es mir vielleicht ein wenig an Zuneigung zu meinen Figuren gefehlt hat. Jetzt nehme ich den Verlust der Illusionen meiner Helden (wenn sie diesen Namen wirklich verdienen) eher mit Sympathie als mit Ironie wahr. Das kommt wahrscheinlich mit dem Alter … Wenn man jung ist, urteilt man über die anderen und über sich selbst ohne Erbarmen. Man weigert sich, solidarisch mit seinem eigenen Leiden zu sein, ganz zu schweigen von dem der anderen. Man würde es gern abschütteln, man behandelt es mit Ironie, wenn nicht gar mit Verachtung. Und dann entdeckt man allmählich, dass die Menschen Sympathie verdienen. Ohne auf die beißenden Tugenden der Ironie zu verzichten, fängt man an, die der Solidarität zu schätzen.

Ihre Romane und Essays enthalten eine Dimension, die uns Leser oft in die Enge treibt. Ihre Fiktionen zwingen gewissermaßen zur Reflexion. Ist das Denken wirklich so notwendig für die Konstruktion des Ich, egal welches?

Was macht denn der Roman anderes, als zu versuchen, den Menschen in all seinen Dimensionen darzustellen? Den Menschen mit seinen Leidenschaften, seinen Lastern oder Tugenden, seinem Ehrgeiz oder seinen Ängsten, aber auch seinen Ideen, seinen Reflexionen, seinen philosophischen oder religiösen Überzeugungen? Es gibt keinen Roman von gewissem Format, der nicht den denkenden ebenso wie den leidenden Menschen darstellt. Das größte Beispiel ist natürlich Dostojewski, und in der französischen Literatur des 20. Jahrhunderts braucht man nur Camus oder Malraux zu nennen, von Proust ganz zu schweigen.

Natürlich bleibt zwischen dem Roman und dem philosophischen Essay ein wesentlicher Unterschied: Der Roman erweckt Ideen zum Leben, weil er Personen zum Leben erweckt. Die Ideen werden verkörpert, sind höchst subjektiv. Wenn die Personen sie offenbaren, offenbaren, enthüllen, verraten sie sich selbst. Aber so ist es nun mal im Leben! Unsere Ideen – und wir haben alle welche, zu jedem Thema –, unsere Ideen sind wir selbst, ebenso wie unsere Leidenschaften, unsere Träume, unsere emotionalen oder beruflichen Wechselfälle. Niemand bestreitet die Definition, die Aristoteles vom Menschen gegeben hat: das Tier, das den *Logos,* also das Wort, aber auch die Vernunft besitzt; das Tier, das unaufhörlich, unablässig versucht, sich die Welt *verstehbar* zu machen. Wie könnte der Roman diese grundlegende Dimension des Menschen ignorieren?

Seit *Le Grand inquisiteur* (1981) und bis zu Ihrem letzten Essay über die Darstellung der Welt, wie sie die Medien uns anbieten, erinnert Ihr essayistischer Diskurs eindringlich daran, dass wir alle unseren eigenen »kritischen« Weg finden müssen, um zu unserem »hartnäckig menschlichen« Wesen zu stehen. Brauchen wir den Essayisten, um die Welt zu verbessern?

Wir leben in der Ära der »Spezialisten«. Der Spezialist kennt einen Bereich der Wirklichkeit ganz genau. Aber er hat kein Gesamtbild. Der Essayist hingegen geht das Risiko ein, das Allgemeine zu denken. Nicht weil er behaupten würde, alles über alles zu wissen, sondern weil ihm nichts Menschliches fremd ist. Weil die Kenntnis der Welt nicht die Summe von Myriaden Spezialwissen ist. Sie ist ein menschlicher Blick auf die Welt, ein Versuch, ihr Durcheinander zu ordnen – eben um sie menschlicher zu machen.

In gewisser Weise sind wir alle Essayisten, ohne es zu wissen, ebenso wie Molières Monsieur Jourdain Prosa schreibt. In jedem Augenblick denken wir die Welt ganz und gar, weil sie sich uns in jedem Moment ganz und gar aufzwingt. Aber fast immer sind wir schlechte Essayisten: Sobald wir unseren Kompetenzbereich verlassen, denken wir verschwommen, ohne Strenge, ohne Anspruch; wir halten für objektive Wahrheiten, was uns die Subjektivität der Masse diktiert; wir glauben im Namen unserer schönen Freiheit zu sprechen, während wir in Faulheit, Nachahmung und Knechtschaft dahinvegetieren.

Ein guter Essayist zu sein oder zu versuchen, es zu sein, heißt einfach, den Akt des Denkens ernst zu nehmen. Das heißt nicht, nach einer unmöglichen Objektivität zu streben, sondern die eigene Subjektivität zu kennen, um sie besser zu akzeptieren, sie besser zu bändigen. Das heißt, erbarmungslos gegen alles Ungefähre anzukämpfen und bereit zu sein, für die Sache der Genauigkeit zu leiden. Ich denke an die berühmte Formulierung von Camus: »Einen Gegenstand schlecht benennen heißt das Unglück der Welt vergrößern.« Essayist zu sein heißt also, daran zu arbeiten, die Gegenstände der Welt gut zu benennen. Nach Klarheit zu streben, für die Wahrheit zu arbeiten, sich für das Menschliche einzusetzen. Solange es Menschen gibt, die diesen Namen verdienen wollen, wird es Essayisten geben.

In Ihren Essays lassen Sie immer wieder verschiedene Positionen in einen Dialog treten, die allzu oft eher gegeneinander stehen: zum Beispiel Athen und Jerusalem, die Sie in *Nous autres civilisations… Amérique, Islam, Europe* (2004) erwähnen. Schürt die moderne Gesellschaft diese Konflikte, vor allem im Westen? Wie kann die Konfrontationshaltung überwunden werden? In Ihrem letzten Essay *Was wissen wir von der Welt?*, aber auch in *Nous autres civilisations* führen Sie, wie mir scheint, den Leser dazu, seinen Horizont als Europäer zu erweitern, sich dem Erbe anderer Zivilisationen zu öffnen. Ist diese Abkehr vom Zentrismus notwendig, um die Welt von heute zu verstehen?

Das europäische Erbe ist doch Athen *und* Jerusalem (von Rom ganz zu schweigen). Anders gesagt, der kritische Geist, der Geist der Freiheit in ständigem Dialog – aber oft im Kampf – mit dem Heiligen, das heißt dem Geist des absoluten Vertrauens. Ja, Europa bedeutet diese Spannung zwischen Glauben und Vernunft, zwischen dem Heiligen und dem Profanen, zwischen Argwohn und Vertrauen. Europa ist der kritische Geist, nicht aus Freude am Kritisieren, sondern um alles aufzuspüren, was im Glauben der Menschen dazu führen kann, den Menschen im Namen des Göttlichen zu zerstören. Das ist das Abenteuer der *Interpretation* der heiligen Texte, aus Liebe zu einer Wahrheit, die nicht der Feind des Menschen ist.

Natürlich darf der Europäer nicht in seiner Tradition eingeschlossen bleiben, und ich glaube an den Dialog der Kulturen. Auf allen Kontinenten hat der Mensch Denken und Schönheit geschaffen. Wie könnte man es leugnen oder darauf verzichten? Aber das Paradox will, dass der Europäer, der in der Geschichte allzu oft seine Überlegenheit über die anderen Kulturen verkündet hat, auch derjenige ist, der inbrünstig versucht, sie zu verstehen. Wir hatten den Drang der Eroberung, aber wir haben auch die Leidenschaft der Erkundung. Wir haben viele Menschen mit Füßen getreten, aber wir haben das menschliche, einzigartige und unersetzliche Individuum erfunden. Je mehr Europa den anderen zuhört, desto würdiger wird es sich seiner eigenen Ideale erweisen. Ich wage mir auch zu wünschen, dass die anderen Europa zuhören – nicht dem Europa der Eroberung, das ohnehin der Vergangenheit angehört, sondern dem der Individualität, der Freiheit, der Selbstkritik.

Die Bilanz Ihres letzten Essays ist ziemlich hart: Das Schreiben als Form der Reflexion erscheint Ihnen durch die modernen Medien bedroht, die, um ihre Einschaltquoten zu halten, Missbrauch mit billigen Gefühlen und vereinfachenden Behauptungen treiben. Beruhigen Sie uns: Die individuelle Freiheit der Schöpfung – also des geschärften kritischen Verstandes – hat doch noch eine Zukunft? Was treibt Sie selbst, unermüdlich neue Bücher zu verfassen und wie bewahren Sie den Willen, weiterzuschreiben?

Simone Weil meinte, das Erste und Einzige, was man in den Schulen lehren solle, sei *Aufmerksamkeit.* In dem Leben, das wir führen, wird diese Aufmerksamkeit, die der Anfang des Denkens ist, ständig abgelenkt oder getäuscht. Die Medien beteiligen sich an dieser Täuschung und dieser Ablenkung. Die Flut von Informationen, mit denen sie uns überschütten, lässt unseren Geist nicht atmen. Das heißt nicht, dass es heutzutage unmöglich wäre, zu denken und seinen kritischen Geist einzusetzen. Das heißt vielmehr, dass der kritische Geist unverzichtbarer ist denn je und dass wir, bevor wir die Zeitungen überfliegen oder im Internet surfen, mehr denn je Bücher lesen müssen – also auch welche schreiben!

Warum lesen, warum schreiben? Simone Weil sagte auch, dass die reinste Aufmerksamkeit sich auf das richtet, was es nicht gibt – natürlich, damit es existiere. Wäre das nicht eine richtige Definition der Literatur, einschließlich und vor allem der Fiktion – ebenso wesentlich, wenn nicht noch wichtiger als die Literatur der Reflexion? In einem Roman richtet der Autor seine ganze Aufmerksamkeit, seine ganze Macht, sein ganzes Bestreben auf das, was nicht existiert. Er gibt ihm einen Körper, macht es lebendig, macht daraus Figuren, Schicksale, innere Landschaften, heimliche Musik, mit der unvernünftigen und inbrünstigen Hoffnung, dass sich der Leser in diesen erfundenen Welten wiedererkenne und ein intensiveres und wahrhaftiges Leben lebe.

Sylvie Jeanneret unterrichtet moderne französische Literatur und Didaktik des Französischen an der Universität Freiburg.

Étienne Barilier, *Das Übersetzen**

[...] Ist das allzu präsente Bewusstsein von der Pluralität der Sprachen, und damit von der Relativität der *einen* Sprache, die man spricht und schreibt, beim Entstehen eines Werkes hinderlich? Muss nicht die Sprache des Schriftstellers allein auf der Welt oder zumindest allein in seinem Bewusstsein als Schöpfer sein, damit er Welten erschaffen kann?

Allein? Nein, das glaube ich wirklich nicht. Ich möchte nicht so weit gehen, mich auf die großen Gedanken eines Walter Benjamin zu berufen, für den jede einzelne Sprache nur ein Fragment der *reinen Sprache* ist, ein aus der Glut eines ewig unerreichbaren Sinns aufsteigender Funke, dessen Licht sichtbar wird, aber ich kann zumindest denken, dass alle Sprachen der Welt aus demselben Schweigen übersetzt sind und dass das innerste Bewusstsein ihrer Pluralität und ihrer gemeinsamen Würde das Band, das mich mit meiner eigenen Sprache vereint, nur verstärken kann.

*

Wie das? Weil ich zwar das lebhafteste Bewusstsein der anderen Sprachen und der in diesen Sprachen geschriebenen Meisterwerke haben kann, die Fülle ihres Sinns jedoch nur dann erfasse, wenn diese Sprachen in meine Muttersprache verwandelt wurden. Manche Schriftsteller haben das komplexe Glück, polyglott zu sein, sodass sie nicht nur mühelos mehrere Sprachen lesen, sondern auch, was unendlich beeindruckender ist, in mehreren Sprachen *erschaffen* können, wie etwa Nabokov, Beckett, Oscar Wilde oder Marina Zwetajewa – oder Walter Benjamin. Davon bin ich sehr weit entfernt. Ich kann in keiner anderen Sprache als meiner eigenen einen Text erschaffen, und ich kann zwar mit Mühe Werke in einer Fremdsprache lesen, aber damit ich sie voll und ganz genießen, ihrem Wesen auf Augenhöhe begegnen kann,

* Es handelt sich bei diesem Text um Auszüge aus einem Vortrag von November 2012, gehalten in Bern vor einem Publikum von Linguisten und Übersetzerinnen für den Bund. Die Frage der Übersetzung stellte sich im Rahmen allgemeiner Überlegungen zu der Beziehung des Schriftstellers zur Sprache und zu Fragen des Stils. Der ganze Vortrag kann auf www.viceversaliteratur.ch nachgelesen werden.

muss man sie mir auf Französisch darbieten. Deshalb ist mir die Qualität der Übersetzung so wichtig, und ich freue mich besonders, wenn ein Dichter einen Dichter übersetzt, wenn Baudelaire oder Mallarmé mir Edgar Allen Poe, wenn Nerval mir Goethe oder Amyot mir *Daphnis und Chloe* schenkt … oder gar wenn Apollinaire auf seine Weise, und welch wunderbare Weise, die *Loreley* (nicht die von Heine, sondern die von Brentano) übersetzt.

Aber selbst diese Wunder genügen mir nicht. Sie geben mir eine Vorstellung … Kurz, ich empfinde den übermächtigen Drang, mich selbst dem Akt des Übersetzens hinzugeben. Verzeihen Sie mir dieses Wortspiel, das eigentlich keines ist: Ich übersetze einen ausländischen Autor nicht, weil ich ihn verstehe, sondern *um ihn zu verstehen.* Ich übersetze ihn, damit er mir nicht mehr fremd ist. Weil ich seiner Wahrheit ebenbürtig sein, mich in ihr wiederfinden, sie in mich verwandeln will – oder mich in sie, aber ich glaube, das ist alles eins.

Die bloße Frage der Möglichkeit oder Unmöglichkeit der Übersetzung ist nicht weniger als eine der Grundfragen, die unser Menschsein stellt, und Sie wissen, dass es zu diesem Thema heftig widerstreitende Theorien oder vielmehr Weltsichten gibt. Der eine wird Ihnen sagen, nichts könne wirklich übersetzt werden, am wenigsten die Poesie. Der andere wird dagegenhalten, alles könne übersetzt werden, vor allem die Poesie. Ich gehöre zu denen, die glauben, dass alles übersetzt werden kann, weil es übersetzt werden muss. Und warum muss alles übersetzt werden? Damit der Mensch dem Menschen nicht fremd bleibt. Die Übersetzung ist, wie es Goethe wunderbar ausgedrückt hat, eine Verbrüderung oder vielmehr eine Geste hin zur Verbrüderung – Verbrüderung der Sprachen, der Kulturen, der Personen.

Die Geste mag immer unvollkommen sein, sie ist aber niemals vergeblich. Anderenfalls wäre jedes Wort vergeblich. Wissen wir doch, dass letzten Endes auch zwischen Individuen, die dieselbe Sprache sprechen, jedes Zwiegespräch Übersetzung ist. Verstehen heißt, den anderen übersetzen. Niemand gibt den Wörtern je dieselben Harmonien, dasselbe Echo, dieselben Nuancen wie sein Nachbar, so nah er auch sein mag. Das Wort, das mein Gegenüber ausspricht, entziffere ich nicht im *Himmel der Ideen;* es kommt von einem Geschöpf mit einer eigenen Geschichte, einer Weltsicht, Ängsten und Hoffnungen, und wie ein Meteor in einen Garten fällt, fällt es mitten in mich hinein, in meine Geschichte, meine Weltsicht, meine Ängste und Hoffnungen. Um es zu verstehen, muss ich es ergreifen, muss ich es empfangen, muss ich es bei mir heimisch werden lassen. Meteore, so sagt man, können die Erde fruchtbar machen. Zunächst aber wühlen sie sie auf. Es braucht Zeit.

Ständig übersetze ich für mich, was der andere mir sagt. Zwangsläufig. Diese Übersetzung ist mehr oder weniger, niemals absolut treu. Denn, wie Monsieur de la Palice sagen würde, für den anderen bin ich der andere, bin ich nicht ich selbst und umgekehrt. Die Missverständnisse, die unvermeidbar auch die am engsten verbundenen Menschen innerhalb ein und derselben Sprache trennen, sind das Siegel unserer Einsamkeit, die Folge der Trennung der Körper, also auch der Geister und der Seelen. Wir sind einzelne Wesen, die versuchen, einander durch Gesten und Worte zu erreichen, was uns aber niemals vollkommen gelingt. Wir haben Hände und Lippen, eben weil wir getrennt sind. Platon veranschaulichte es auf wunderbare Weise mit seinem Mythos der Kugelmenschen, deren vier Arme nur dazu dienten, sich zu bewegen, keineswegs, um sich verzweifelt nach ihrer anderen Hälfte auszustrecken, die noch nicht verloren war.

Unsere Sprache, auch sie, zuerst sie, strebt, mehr oder weniger verzweifelt, zum anderen, ohne je sicher zu sein, ihn zu erreichen. Daher verdeutlichen die fatalen Sinnverluste oder -verzerrungen durch die Übersetzung im engen Wortsinn (Übersetzung aus einer Sprache in eine andere) diese Trennung lediglich, ohne sie unbedingt zu verstärken. Vielleicht trägt diese Übersetzung sogar eher dazu bei, die Trennung zu *verringern*, zu *heilen:* Wenn Sie übersetzen, sind Sie viel besser gegen Fehler gerüstet als im alltäglichen Austausch. Sie sind viel aufmerksamer für Missverständnisse, achtsamer für mögliche Fehlinterpretationen, bedacht, nicht zu verraten. Sie kennen die Gefahren, Sie wissen, dass die Übersetzung nichts mit der Übergabe eines materiellen Objekts von einer Hand in eine andere zu tun hat, aber alles mit der gewagten, oft stürmischen, bereichernden, aber von Fallen übersäten Konfrontation zweier Subjektivitäten. Sie bemühen sich also, das Missverständnis zu vermeiden, und sind dabei viel wachsamer als in jeder anderen Form der Beziehung zum anderen, als in jeder Lektüre in Ihrer Muttersprache – denn es gibt auch Fehlinterpretationen in der eigenen Sprache, und das sind die schädlichsten. Ja, die Übersetzung, selbst unvollkommen, ist eine bewusste, aufmerksame, effiziente Geste hin zur Brüderlichkeit. Ich könnte das Paradox bis ins Letzte ausloten, indem ich sagte, dass die Menschen sich nie verstehen, außer wenn sie sich von einer Sprache in eine andere übersetzen.

Muss ich hinzufügen, dass ich nicht nur übersetze, um fremdsprachige Werke zu verstehen? Sondern auch, weil ich meine eigene Sprache liebe und von dem Verlangen erfüllt bin, ihr zu dienen: Ich übersetze, um die französische Sprache mit den Schönheiten zu bereichern, die ich woanders finde; ich übersetze, weil ich mir wünsche, dass diese Schönheiten französisch sprechen. Und wenn ich das will, dann sicher nicht aus dem heimtückischen und lächerlichen Wunsch heraus, die ausländischen Literaturen zu annektieren, sondern in dem brennenden Verlangen, sie in meiner Sprache neu zu erleben. Mir ist bewusst, dass es wissenschaftlich vergeblich, ja als logischer Widerspruch erscheinen mag, Heinrich Heine französisch sprechen zu lassen, wie ich es kürzlich bei seinem *Intermezzo* versucht habe. Aber poetisch halte ich es weder für vergeblich noch für widersprüchlich. Das fremdsprachige Werk wird französisch, hört aber keineswegs auf, es selbst zu sein. Es bereichert uns, ohne zu verarmen. Das ist das Geheimnis der Übersetzung: Die Sprachen geben sich einander hin und wachsen an ihrer gegenseitigen Hingabe.

[...]

Aus dem Französischen von Claudia Steinitz

Biografie

Der Romanautor, Essayist und Übersetzer Étienne Barilier wurde 1947 in Payerne geboren. Nach dem Studium der Altphilologie schrieb er eine Doktorarbeit über Albert Camus. Parallel zu seiner schriftstellerischen Arbeit verfasste er Beiträge für das *Journal de Genève* und *L'Hebdo*. Seine erste Erzählung, *Orphée*, erschien 1971 bei L'Âge d'Homme. Mehr als vierzig Romane und Essays folgten sowie zahlreiche Übersetzungen aus dem Deutschen, dem Italienischen und dem Lateinischen. Kultur und Kunst, vor allem Musik, Malerei und Literatur, stehen im Zentrum seines Werks, Romane wie auch Essays, das mit zahlreichen Preisen ausgezeichnet wurde. So bekam er u.a. 1978 den Prix d'honneur de la ville de Paris für *Le Chien Tristan*, 1987 den Grand Prix de la Fondation vaudoise pour la culture, 1995 den Prix européen de l'essai Charles Veillon für *Contre le nouvel obscurantisme* und 2011 den Prix Bibliomedia für *Un Véronèse*. Von 2001 bis 2013 unterrichtete Étienne Barilier Französische Literatur und Literarisches Übersetzen an der Universität Lausanne.

Bibliografie

Romane und Erzählungen

Orphée. Lausanne: L'Âge d'Homme, 1971.
L'Incendie du château. Lausanne: L'Âge d'Homme, 1973.
Laura. Lausanne: L'Âge d'Homme, 1973.
Passion. Lausanne: L'Âge d'Homme, 1974.
Une seule vie. Lausanne: L'Âge d'Homme, 1975.
Journal d'une mort. Lausanne: L'Âge d'Homme, 1977.
Le Chien Tristan. Lausanne: L'Âge d'Homme, 1977.
    Nachtgespräche. Übersetzung von Klara Obermüller. Zürich: Benziger/Ex libris, 1979.
Prague. Lausanne: L'Âge d'Homme, 1979.
Le Rapt. Paris/Lausanne: Julliard / L'Âge d'Homme, 1980.
Le Duel. Lausanne: L'Âge d'Homme, 1983.
La Créature. Paris/Lausanne: Julliard / L'Âge d'Homme, 1984.
Die künstliche Geliebte. Übersetzung von Ursula Dubois. Zürich: Benziger, 1990.
Le Dixième ciel. Paris/Lausanne: Julliard / L'Âge d'Homme, 1986.
    Il decimo cielo. L'avventura di Pico della Mirandola. Übersetzung von Laura Este Bellini, Vorwort von Fabio Pusterla. Locarno: A. Dadò, 2012.
Musique. Paris/Lausanne: de Fallois / L'Âge d'Homme, 1988.
    Die Katze Musica. Übersetzung von Markus Hediger. Zürich: Benziger, 1991.
Une Atlantide. Lausanne: L'Âge d'Homme, 1989.
La Crique des perroquets. Lausanne: L'Âge d'Homme, 1990.
Un rêve californien. Genf: Zoé, 1995.
Le Train de la Chomo-Lungma. Nouvelles. Genf: Zoé, 1999.
L'Énigme. Genf: Zoé, 2001.
Le Vrai Robinson. Genf: Zoé, 2003.
Ma seule étoile est morte. Genf: Zoé, 2006.

Mozart, Casanova. Nouvelles. Genf: Zoé, 2006.
La Fête des lumières. Genf: Zoé, 2008.
Un Véronèse. Genf: Zoé, 2010.
Piano chinois. Genf: Zoé, 2011.
    China am Klavier. Übersetzung von Gabriela Zehnder. Biel: Die Brotsuppe, 2013.

Essays

Albert Camus, philosophie et littérature. Lausanne: L'Âge d'Homme, 1977.
Alban Berg. Essai d'interprétation. Lausanne: L'Âge d'Homme, 1978.
Le Grand Inquisiteur. Lausanne: L'Âge d'Homme, 1981.
Le Banquet. Lausanne: L'Âge d'Homme, 1984.
Les Petits camarades. Essai sur Jean-Paul Sartre et Raymond Aron. Paris/Lausanne: Julliard / L'Âge d'Homme, 1987.
Les Trois anneaux. Paris/Lausanne: de Fallois / L'Âge d'Homme, 1989.
Soyons médiocres! Essai sur le milieu littéraire romand. Lausanne: L'Âge d'Homme, 1989.
Un monde irréel. Chroniques de télévision. Lausanne: L'Âge d'Homme, 1989.
Les Belles fidèles. Petit essai sur la traduction. Lausanne: Cahiers du Centre de traduction littéraire de l'Université de Lausanne, 1990.
La Ressemblance humaine. Lausanne: L'Âge d'Homme, 1991.
Contre le nouvel obscurantisme. Élage du progrès. Genf: Zoé, 1995.
    Gegen den neuen Obskurantismus. Lob des Fortschritts. Übersetzung von Ulrich Kunzmann. Frankfurt am Main: Suhrkamp, 1999.
B-A-C-H. Histoire d'un nom dans la musique. Genève: Zoé, 1997.
Martina Hingis ou la beauté du jeu. Genf: Zoé, 1997.
    Martina Hingis oder Die Schönheit des Spiels. Übersetzung von Horst Stasius. Basel: Friedrich Reinhardt, 1997.
    Martina Hingis. Lo stile di una campionessa. Übersetzung von Alessandro Anzani, Vorwort von Lea Pericoli. Locarno: A. Dadò, 1998.
Les Enfants-loups. Genf: Zoé, 1997.
Nous autres civilisations... Amérique, Islam, Europe. Genf: Zoé, 2004.
L'Ignorantique. L'ordinateur et nous. Genf: Zoé, 2005.
La Chute dans le Bien. Genève: Zoé, 2006.
Ils liront dans mon âme. Les écrivains face à Dreyfus. Genf: Zoé, 2008.
Francesco Borromini. Le mystère et l'éclat. Lausanne: PPUR, 2009.
    Francesco Borromini. Il mistero e lo splendore. Übersetzung von Andrea Michler. Bellinzona: Casagrande, 2011.
Que savons-nous du monde? Genf: Zoé, 2012.

Übersetzungen

Johann Jakob Bachofen: *Le Droit maternel.* Aus dem Deutschen. Lausanne: L'Âge d'Homme, 1996.
Sébastien Castellion: *Contre le libelle de Calvin.* Aus dem Lateinischen. Genf: Zoé, 1998.
Paolo Di Stefano: *Tous contents.* Aus dem Italienischen. Genf: Metropolis, 2011.

Friedrich Dürrenmatt: *La Mise en œuvres.* Aus dem Deutschen. Paris/Lausanne: Julliard / L'Âge d'Homme, 1985.
Friedrich Dürrenmatt: *Justice.* Aus dem Deutschen. Paris/Lausanne: Julliard / L'Âge d'Homme, 1986.
Friedrich Dürrenmatt: *Val Pagaille.* Aus dem Deutschen. Paris/Lausanne: de Fallois / L'Âge d'Homme, 1991.
Friedrich Dürrenmatt: *Le Retraité.* Aus dem Deutschen. Genf: Zoé, 1995.
Friedrich Dürrenmatt et Max Frisch: *Correspondance.* Aus dem Deutschen. Genf: Zoé, 1999.
Friedrich Dürrenmatt: *Entretiens.* Aus dem Deutschen. Genf: Zoé, 2000.
Ludwig Hohl: *Nuances et détails.* Aus dem Deutschen. Vevey: L'Aire, 1984.
Ludwig Hohl: *Notes.* Aus dem Deutschen. Lausanne: L'Âge d'Homme, 1989.
Tommaso Landolfi: *La Nuit doit tomber.* Aus dem Italienischen. Lausanne: L'Âge d'Homme, 1982.
Adolf Muschg: *Notre temps est à l'orage.* Aus dem Deutschen. Genf: Zoé, 1990.
Adolf Muschg: *Cinq discours.* Aus dem Deutschen. Genf: Zoé, 1997.
Nicola Navone: *Bâtir pour les tsars. Architectes tessinois en Russie 1700–1850.* Aus dem Italienischen. Lausanne: PPUR, 2007.
Alexis Schwarzenbach: *Le Génie dédaigné. Albert Einstein et la Suisse.* Aus dem Deutschen. Genf: Metropolis, 2005.
Alexis Schwarzenbach: *»Maman, tu dois lire mon livre«. Annemarie Schwarzenbach, sa mère et sa grand-mère.* Aus dem Deutschen. Genf: Metropolis, 2007.
Annemarie Schwarzenbach: *Voir une femme.* Aus dem Deutschen. Genf: Metropolis, 2008.
Ulrich Weber: *Dürrenmatt ou le désir de réinventer le monde.* Aus dem Deutschen. Lausanne: PPUR, 2005.
Frank Wedekind: *Le Coup de foudre.* Aus dem Deutschen. Lausanne: L'Âge d'Homme, 1983.

Leta Semadeni

Leta Semadeni veröffentlichte 2001 ihren ersten Gedichtband – aber geschrieben hat sie schon immer, wie sie Angelika Overath bei deren Besuch in Lavin sagt. Und zwar immer zweisprachig, wobei bald die deutsche, bald die romanische Fassung zuerst entsteht. Die Autorin erzählt von ihrer Kindheit in Scuol, ihren Aufenthalten in Südamerika, Italien und Frankreich und ihrem Entschluss, freie Schriftstellerin zu werden. Sie zeigt Notizbücher und spricht über das Entstehen ihrer Texte. Nach mehreren Lyrikbänden arbeitet Leta Semadeni zum ersten Mal an einem längeren Prosamanuskript mit dem Arbeitstitel »Tamangur«, von dem hier ein Auszug abgedruckt ist.

»Ich bin doch auch ein Tier« Gespräch mit Leta Semadeni

Von Angelika Overath

Lavin. Fermada sün dumonda. Halt auf Verlangen.
Wer in Lavin, dem kleinen Unterengadiner Dorf, aussteigen möchte, muss im Abteil auf einen grünen Halteknopf drücken. Dann bremst die Rhätische Bahn ab. Es ist ein schneematter Nachmittag. Gipfellos steigen die Berge hinauf ins Weiß. Ich schiebe die schwere Zugtür auf. Und da steht sie schon auf dem Bahnsteig: Leta Semadeni, zierlich, in einen schwarzen Wintermantel gepackt, neben sich eine Einkaufstüte. Wir gehen vorsichtig durch den Schnee hinunter ins Dorf und dann Richtung Westen. Das Licht blendet, obwohl die Sonne nicht scheint. Leta zeigt auf ihre Schuhe; sie hebt einen Fuß und deutet auf das Sohlenprofil: Nie hätte sie gedacht, dass sie einmal Spikes tragen würde! Ich muss lachen. Ihre Schuhe sehen mit den angeschnallten Eisen aus wie Reitstiefel, nicht schlecht.
Leta Semadeni ist eine mädchenhafte Frau von 69 Jahren; sie lacht mit dunklen Augen, das längliche Gesicht von dunklem, schulterlangem Haar gefasst. Ein Jahr hat sie in Quito, Ecuador, gelebt, und etwas Indianisches scheint ihr seitdem anzuhaften, auch hier im Engadin, das zu den höchsten bewohnten Tälern Europas gehört. Oder tritt der südamerikanische Einschlag in diesem Landstrich durch das Romanische der gebürtigen Scuolerin verstärkt hervor, verblüffend moduliert durch einen Hauch von Paris? Leta Semadeni hat als junge Frau und auch später in der Metropole gemalt, geschrieben, fotografiert; Paris blieb immer ein Bezugspunkt. Ich liebe große Städte, kann sie sagen. Warum also Lavin? Lavin sei als Basislager sehr geeignet und unbelastet. Scuol ist die Welt, die man in sich hat, sagt sie, die man aber am Ort selbst nicht mehr findet.
Der Weg wird schmaler, die Siedlungsdichte nimmt ab. Der Wald scheint nun näherzutreten hinter den weiten Wiesen, die heute nur helle Flächen sind.
Vor einem modernen weißen Quaderhaus, das letzte der Reihe, halten wir an und stampfen den Schnee von den Schuhen. Dann stehen wir im Flur auf einem geölten Betonboden mit Fußbodenheizung. Tageslicht

strömt von der Flucht des dahinter liegenden Raums herein, als sei dieses Wohnsegment direkt aus der Natur herausgeschnitten. Glas und weiße Wände. Eine Antwort auf Eis und Schnee. Eine Einladung ins Offene.

Leta Semadenis Räume – »Zimmer« wäre das falsche Wort – haben etwas Überraschendes. Gegen Süden hinaus, zur weißen Ebene hin, ein Sitz- und Ruhebereich mit dem Bauernsofa, daneben eine Passage zum Essen (Glastisch, freischwingende Stühle), eine Kücheninsel, dann der Durchgang hinüber ins zweistockwerkhohe Büro-Atelier, in das von oben Nordlicht fällt. Die Räume scheinen für eine Benutzung nur angelegt, aber nicht fixiert, so als könnten sie sich drehen und auf einmal andere für anderes werden.

Im Atelier setzt sie sich sofort an ihr neues Klavier. Ein Hybrid-Klavier, sagt sie, das solle ich mir einmal ansehen, das sei doch toll! Der Ton digital, die Tastatur aber mechanisch. Sie legt ihre schmalen Finger auf die Tasten und beginnt ein Largo von Bach. Sie dreht sich um. Sie könne den Klang eines Flügels einstellen oder den eines Cembalos. Sie könne sich aufnehmen und dann vierhändig mit sich spielen.

An den Wänden stehen auf Leinwand aufgezogene Fotoarbeiten aus ihrer letzten Pariser Zeit; vor sechs Jahren arbeitete sie für einige Monate in einem Atelier im Marais. Es sei wunderbar gewesen, sagt sie. Es habe dort nichts gegeben, einige Holzböcke und Tischplatten, ein paar Zeitschriften. Sie habe dann mit dem gearbeitet, was da war. Ich sehe Collagen aus Magazinfotografien, fragile Objekte aus nichts: ein metallener Kleiderbügel, wie es ihn in Reinigungen gibt, Zahnstocher, bunte Büroklammern, sichelförmige Blätter eines südlichen Baums. Dann fragt sie, ob ich schon auf ihrem Stuhl unterschrieben habe, ihrem Thron aus Pappkarton. Übersät mit den Signaturen von Besuchern steht er da, groß und einladend, und er trägt ein Schild: »Ich war eine Waschmittelverpackung«. Wo hast du denn den her, frage ich. Aus Zürich, sagt sie, »Entsorgung und Recycling«.

Auf einer Truhe liegt ein riesiger ovaler Barockspiegel, eine in der Studentenzeit über Monate ratenweise abbezahlte Liebe, erzählt sie, aus einem Zürcher Antiquitätenladen in der Anwandstrasse; im Regal ein kleiner Spiegel mit venezianischen Glasblumen vom Pariser Flohmarkt an der Porte de Clignancourt. Sehr kitschig, oder nicht!, sie lacht. Aber er erinnere sie an eine amouröse Geschichte damals. Dinge sind treue Erzähler, Statthalter für Erfahrungen auch.

Eine Treppe führt hinauf auf ein schiffsbrückenartiges schmales Stockwerk, von dem aus man hinuntersehen kann aufs Atelier, auf Wohn- und Essbereich. Da, wo der Kapitän stünde, steht frei eine Badewanne. Und wieder Vorhänge, schwarze und weiße.
Wohnung oder Bühne? Raumkonstellationen, die einladen für das Theater des Lebens und die Akte des Schreibens.

Wir gehen hinunter, setzen uns an den Esstisch. Leta zündet eine Kerze an. Es gibt Käse und Nüsse. Wir legen Bücher auf den Tisch.

Da oben, wo eine Pfauenfeder über einem dünnen Metallhalter zu schweben scheint, gibt es im Bücherregal aufgestellt noch eine zweite Feder. Vom Uhu Anastasia, hast du gesagt. War das der Uhu, der deinem ersten Gedichtband den Namen gab?

Ja: *Monolog für Anastasia.* Mein damaliger Partner und ich haben ein Jahr lang einen verletzten Uhu gepflegt. Wir haben ihm im Garten eine Volière gebaut und ihn mit frischem Fleisch gefüttert. Eines Tages war er verschwunden, nur einige Federn blieben übrig.

Liest du das Gedicht für mich?

Nein, das kann ich nicht mehr lesen. Das sind Tempi passati. Das ist sentimental.

Lies es bitte, ich will hören, ob es sentimental ist.

Man möchte nicht alt sein
wenn der Sommer käme
und man fröre plötzlich mitten im Jahr
Sprachlos schwimmt die Pracht vorüber
wie der abnehmende Mond
weit weg

Wenn dein Blick
in den Weiten der Jahrtausende haust:
wo bin ich Anastasia
mit all meiner Traurigkeit
in deinen großen Augen?

Die Nacht macht mich den Dingen gleich
aber du siehst mich
und du weißt mehr als Menschen
die nachts da stehen
wie die Zäune des Gartens

Du siehst die Flüsse ziehen
während uns Träume heimsuchen
von verlorener Liebe und von dem
was für immer von uns ging

Auf deinen Schwingen wächst der Mond
stumm und kühl
legen sich die Sterne schlafen

Sag mir was dich so ungreifbar macht
in dieser kalten Sommernacht
Sieh her mich Zaun
vor deinem Käfig stehen
und geh nicht fort
Ich möchte dass du bliebest

Ich wäre so gern einmal bei dir
Ich
bin doch auch
ein Tier

Ich finde das nicht sentimental. Der Band erschien 2001. Es war dein erster Gedichtband und er versammelte Texte aus zwanzig Jahren. Wie kam es zu dem Buch?

Ich habe ja immer geschrieben. Damals führten Bekannte einen kleinen Verlag und fragten mich, ob ich nicht etwas hätte. Sie kannten meine Gedichte, die in *Orte* erschienen waren. Ich war seit der ersten Nummer dabei, ich habe damals *Orte*, die Schweizer Literaturzeitschrift, mit begründet. Es gibt sie übrigens immer noch. *(Leta steht auf und kommt mit der jüngsten Nummer 171 zurück: »Am Ende der Leere ist mein Café – arabische Dichtung von heute«.)*

Man kannte mich ja auch von einigen Lesungen. Ich dachte, wenn ein Interesse da ist, warum dann nicht einen Band mit Gedichten machen. Ich habe also Texte aus vergangenen Jahren, die mir noch gefielen, und neuere Sachen für ein Buch zusammengestellt und überarbeitet.

Das war 2001. Da warst du noch Lehrerin. Wie kam es, dass du dann 2005 mit der Schule aufgehört und von da an als freie Schriftstellerin gelebt hast?

Eines Morgens bin ich erwacht *(lacht)* und habe plötzlich gedacht: Wofür strample ich mich eigentlich dermaßen ab! Ich habe 30 Lektionen gegeben, Deutsch, Französisch, Romanisch, Italienisch. Ich war 61 Jahre alt. Ich sah den Stoß von Heften, die da auf dem Tisch lagen, die ich korrigieren sollte. Und ich dachte auf einmal: Es reicht.

Ich habe noch am selben Morgen meine Kündigung geschrieben.

Das war mutig.

Ich kann mit wenig auskommen. Natürlich sind die finanziellen Abstriche enorm, wenn man früher aufhört. Aber es war mir klar, dass ich so nicht weiterleben wollte. Ich empfinde mich übrigens nicht als mutig. Aber ich bin sehr neugierig. Ich habe ja meine Italienischausbildung auch noch sehr spät gemacht. In Perugia. Und auch das Jahr in Südamerika empfanden manche als mutig. 1989/90 bekam ich von der Schule Bildungsurlaub für drei Monate. Ich bin ein Jahr geblieben. Es war ein wunderbares Jahr. Die fremden Kulturen, die Sprache, die leuchtenden Farben! Als ich zurückkam, trug ich knallrote Pullover, die man hier eigentlich nicht tragen kann. An der Universidad Católica habe ich Spanisch gelernt.

Warum bist du nicht geblieben?

Als alleinstehende Frau war das fast unmöglich. Die Nacht kam dort sehr plötzlich, so etwas wie Dämmerung gab es nicht. Und so gegen sechs Uhr war es auf einmal dunkel und dann konnte man sich als Frau ohne Begleitung nicht mehr auf die Straße trauen. Das hat die Bewegungsfreiheit natürlich sehr eingeschränkt.

Dieses Jahr in Quito blitzt immer wieder in deinen Gedichten auf. Da frage ich mich, wie kommt es für dich zu Gedichten? Wie schreibst du? Du hast einmal gesagt, jedes Haus sollte einen leeren Raum haben. Damit im Unverstellten etwas Kreatives entstehen kann. Ist ein leeres Blatt Papier so etwas wie ein leerer Raum? Wo schreibst du? Auf Papier, auf der weißen Bildschirmfläche des Computers?

Immer, immer, immer auf Papier! *(Sie unterstreicht den Satz mit der Bewegung ihrer Hände.)* Ich führe Notizhefte. *(Steht auf, kommt mit einem ganzen Stapel verschiedener Kladden zurück.)*

Da ist alles drin, cot e malcot, alles durcheinander, schon gekocht oder noch roh. *(Sie blättert in den verschiedenen Notizen.)*

Oh, was ist das! Ich sollte das noch einmal lesen. *(Blättert.)* Siehst du, die Seiten, die ich verwertet habe, sind mit einem Kreuz durchgestrichen, und das, was nicht durchgestrichen ist, kann ich vielleicht noch brauchen.

Welcher Art sind diese Notizen? Gesehenes, Erlebtes, Gelesenes?

Ich notiere, was mir auffällt, was mich anlacht oder anstarrt, aber diese Auswahl geschieht instinktiv. Immer häufiger reagiere ich auf Wörter. Oft lese ich ein Buch und dann fallen mir Wörter auf. Ich kann nicht sagen, welche. Aber manche Wörter sagen mir etwas. Ich weiß nicht, warum sie mich anspringen, anlachen. Anlächeln. Aber ich schreibe sie auf, ich schreibe sie untereinander, wie eine Einkaufsliste.

Lies einmal! *(Blättert.)*

- erhört werden
- ein versteckter Trost
- Schlieren am Hirn
- ein Bild verscheuchen
- fern und bleich

Da ist noch nichts entstanden, noch nichts durchdrungen, das sind zunächst nur Wörter …

Wörter, die etwas von dir wollen?

Schau, hier, da sind chinesische Schriftzeichen. Da hat mir jemand die chinesischen Schriftzeichen für »Viel Glück« aufgeschrieben. Und da steht: – die Füße des Fischers! Keine Ahnung, was das soll, das muss ich wirklich noch einmal lesen! Und hier, da ist eine Kinderzeichnung dazwischen. Manchmal, wenn ich irgendwo sitze und Notizen mache, kommt ein Kind und fragt, was ich so tue. Und dann sprechen wir zusammen. Und manchmal möchte das Kind dann auch etwas in mein Buch schreiben oder malen.

2006, fünf Jahre nach *Monolog für Anastasia*, erschienen die *Poesias da chadafö. Küchengedichte*. Das war dann der erste Lyrikband, den du als freie Schriftstellerin publiziert hast.

Ja, jetzt konnte ich regelmäßig an meinen Texten arbeiten, und ich hoffe, dieser Band ist darum homogener ausgefallen. *(Zögert.)* Wobei ich eigentlich nicht werten möchte. In *Monolog für Anastasia* gibt es viele »jüngere« Texte, auch vom Empfinden her. Aber sie haben ihre Berechtigung und manches gefällt mir immer noch. Bei dem zweiten Gedichtband habe ich mehr auf die Form geachtet.

Wie meinst du das?

Ich habe das ja nicht gelernt, das Gedichteschreiben. Heute gibt es die Ausbildung zur Schriftstellerin. In Deutschland in Leipzig, in Hildesheim, in der Schweiz jetzt in Biel. Man kann an vielen Orten Kurse in Kreativem Schreiben besuchen. Das gab es damals nicht. Ich musste mir das selbst erarbeiten. Ich habe begonnen, mehr dem Klang zu vertrauen, der Struktur. Es ging nun darum, nicht nur von den Gedanken oder von den Empfindungen aus zu schreiben, sondern von den Wörtern her. Es fallen mir ja nicht alle Wörter auf. Es sind dann Ausdrücke, die meinen Seelenzustand berühren – das ist jetzt pathetisch gesagt –, also die, die etwas auslösen in mir.

2010, wieder in einem Abstand von einigen Jahren, kam *In mia vita da vuolp. In meinem Leben als Fuchs* heraus. Das klingt programmatisch. Wie eine Aufnahme der Anrufung des Uhus Anastasia, zu dem das lyrische Ich sagt: »Ich / bin doch auch / ein Tier«. Das menschliche Sein grenzt an die Existenz der Tiere. Es sind die Tiere, die neue, noch unbesetzte Räume des Empfindens öffnen.

Es sind die Tiere. Es sind die Wörter. Aber ich schreibe ja auch Porträts. Mein Großvater kommt vor, meine Mutter. Andere Figuren, die in meiner Biografie wichtig waren. Aber auch Orte spielen eine Rolle, und zunehmend wird das Nachdenken über Sprache wichtig. Ich frage mich, wie man mit Gedichten umgeht. Und wie Gedichte mit einem umgehen.

Nach drei Lyrikbänden und Lyrikveröffentlichungen an verschiedenen Orten, etwa in dem schönen Band *Raz,* Strahl, wo du in ein Zwiegespräch mit dem Fotografen/Künstler Paul Lussi trittst – es geht da um Unschärfe und Intensität –, arbeitest du nun an einem langen epischen Text, an einem Roman. Warum das?

Ich habe ganz viele Prosanotizen. Und immer mache ich Gedichte daraus. Es ist nun einfach ein Bedürfnis gewachsen, etwas auszuerzählen. Ich weiß noch nicht, wie alles zusammenhängt. Ich sehe nur, da ist eine Großmutter und ein Kind. Es geht immer mehr in diese Richtung. Für mich ist das Neuland und es ist sehr schwierig. Diese Umstellung von der Lyrik auf die Prosa ist sehr schwierig. Es ist eine ganz andere Arbeitsweise.

Kannst du das etwas ausführen?

Gedichte schreiben, das heißt doch mit Wörtern sagen, was es ohne diese Wörter gar nicht gäbe. Das Vage ist dort in einer anderen Weise notwendig, als wenn man eine Geschichte erzählt. Ein Gedicht ist eine Erfindung im extremsten Sinn. Die sensationellsten Erfindungen sind Gedichte (ich spreche jetzt nicht von meinen). Aber es ist ein radikales Erfinden aus dem Leeren heraus.

Und natürlich ist auch Prosa, wie jede kreative Arbeit, eine Erfindung. Aber in der Prosa gibt es doch einen gewissen roten Faden, der, mag er auch einmal verschwinden, dann doch immer wieder auftaucht. Die erzählte Geschichte folgt der Linie eines wie auch immer verschütteten roten Fadens.

Vielleicht könnte man mit dem Gedanken spielen, dass Collagen der Arbeit am Gedicht ähnlicher sind als Fotografien? Denn Collagen arbeiten mit disparaten Ausschnitten, Momenten. Wie Gedichte mit einzelnen Wörtern arbeiten, mit Segmenten der Sprache, die freigesetzt werden, damit sie neu, frisch aufeinander wirken. Eine Fotografie, eine geschlossene Aufnahme, wäre dann hingegen doch schon eher eine Geschichte. Und damit eher in der Nähe von Prosa?

Über Prosa kann ich noch wenig sagen. Sprache ist nie eindeutig. Ein Ja kann tausend Dinge bedeuten. Ein Gedicht arbeitet bewusst mit dieser Unschärfe. Das macht die Prosa auch, aber nicht in dieser Weise. Für mich ist ein Gedicht nie fertig. Wenn es frisch sein soll, hat es immer noch etwas von einer Baustelle, von einem Entwurf, von …

… von einem leeren Zimmer?

Vielleicht. Es muss ja noch etwas möglich sein! Vollendung hat für mich auch immer etwas Langweiliges.

Du schreibst deine Gedichte in zwei Sprachen, auf Romanisch und auf Deutsch. Manchmal, sagst du, zunächst in der einen, manchmal zuerst in der anderen Sprache. Beide Fassungen können voneinander abweichen. Aber erst wenn der Text in beiden Sprachen da ist, ist für dich die Arbeit des Gedichts geleistet. Das heißt ja auch, dass du dich nicht auf eine Sprache festlegen oder das Gedicht in einer Sprache fixieren willst. Es zittert sozusagen zwischen zwei sprachlichen Möglichkeiten, Wirklichkeiten. So bleibt es immer unterwegs.

Beide Sprachen sind Teil von mir, ich fühle mich in beiden zu Hause und in beiden ein bisschen fremd. Es gibt in beiden noch so vieles zu entdecken.

Wir brauchen das Unbekannte, das Geheimnis, die Unsicherheit. René Char hat einmal gefragt: »Comment vivre sans inconnu devant soi?« Und er sagte auch: »Wie kam das Schreiben zu mir? Wie ein Vogelflaum auf meinem Fenster im Winter.«

Das heißt, der Zufall, das Glück ist auch dabei. Du hast einmal formuliert, Gedichte seien Spielzeuge. Und dich dabei auf Schiller berufen, der sagte, der Mensch sei nur dann ganz Mensch, wenn er spiele – *(Leta Semadenis Katze kommt in den Raum)* – oh, wer ist das?

Das ist Tinca. Sie ist sehr hässlich, oder? Sie ist massig, dick. Ich habe sie aus St. Moritz. Da war annonciert, dass man eine Katze mit zwei Jungen ausgesetzt habe. Siam-Mischlingskatzen. Ihre Jungen waren sehr schön, sie waren sofort weg. Nur sie wollte keiner. Sie war übrig. *(Leta steht auf, mischt ein wenig Katzenfutter auf ein Tellerchen, befeuchtet es mit Wasser, kommt zurück, bringt mir das Tellerchen. Sie zögert im letzten Augenblick, kehrt um und stellt das Tellerchen auf den Boden. – Jetzt hätte ich dir fast das Katzenfutter gebracht, sagt sie. Ich bin doch auch ein Tier, sage ich. Die Katze frisst mit leckender Zunge. Sie ist braun gescheckt, ihre Pfoten sind schwarz.)*

Vielleicht hat es mit dem Alter zu tun?

Was?

Das Erzählen.

Wieso?

Ich lebe in der Nähe des Ortes, an dem ich aufgewachsen bin. Die Geschichten sind da. Die Großmutter, der Großvater. Die Mutter, der Vater, das Dorf. Sie brauchen jetzt Platz. Und weiß man denn immer, warum etwas Platz braucht, Raum braucht?

Nein.

Ich kann nur Vermutungen anstellen. Es sind Liebesgeschichen, Liebesgeschichten zwischen wahnsinnig unterschiedlichen, zwischen starken Menschen.

Die dich berühren.
Sollten wir mehr über deinen Vater sprechen? Dein Vater war ein berühmter, ein einflussreicher Schriftsteller, ein Erneuerer des romanischen Theaters ...

Mein Vater hat mich sehr viel beachtet. Vielleicht weil ich krank war. Von der Geburt bis zum dritten, vierten Lebensjahr habe ich alle Kinderkrankheiten, die es gab, durchgemacht, und wenn man sie zweimal haben konnte, habe ich sie zweimal gehabt. Oder dreimal. Ich war so geschwächt, dass mein linkes Auge zu schielen begann.

Aber ich möchte noch etwas sagen zum Spiel. Das Spielen mit Wörtern und Bildern, die diese Wörter umgeben, lässt eine fast grenzenlose Freiheit beim Gedichteschreiben – und auch beim Gedichtelesen! Genauso wichtig wie das Geschriebene ist das, was es umgibt, sind die latenten Kräfte eines Gedichts.

Diese Freiheit ist vielleicht weniger groß, will man eine Erzählung oder einen Roman schreiben. Es braucht mehr Planung.

Du hast immer wieder von der Bibliothek deines Vaters gesprochen. Es war eine Schule der Empfindsamkeit für dich. Romanisch war deine Muttersprache, aber in der Bibliothek deines Vaters bist du auch mit Büchern in anderen Sprachen konfrontiert worden. Du hast einmal gesagt, deine erste (und vielleicht verbotene) Liebe sei Deutsch gewesen.

Ich habe den *Steppenwolf* unter der Bettdecke gelesen und nichts verstanden, aber ich musste das Buch zu Ende lesen. Ich weiß nicht, warum.

Gab es nach dem Deutschen eine zweite Liebe?

Spanisch. Auch wenn ich es nicht mehr gut kann, liebe ich es sehr.

Weißt du, das Schreiben war bei uns zu Hause etwas ganz Normales, etwas Alltägliches. Und in der Schule mussten wir Aufsätze schreiben: Co ch'eu passantet la dumengia. Wie ich den Sonntag verbracht habe. Jeden Montag mussten wir das schreiben. Ich habe die Montage geliebt, wenn der Lehrer sich vom Wochenende erholte und uns in Ruhe zwei Stunden schreiben ließ.

Warum bist du Lehrerin geworden und nicht Schriftstellerin?

Den Beruf Schriftsteller gab es damals für uns nicht – und schon gar nicht den Beruf der Schriftstellerin. Aber die meisten romanischen Autoren oder Autorinnen waren Lehrer oder Lehrerinnen. Auch mein Vater war Lehrer!

Auch Reisen gab es nicht. Wenn wir in die Ferien gegangen sind, dann von Scuol nach Giarsun! Oder mit der Frau des Arztes, mit der Frau Doktor, die ein Auto hatte, sind wir ins Tirol gefahren, nach Landeck, zum Einkaufen. Das machte man damals schon so, weil es dort billiger war. Im Ausland. Mein Vater hat nur das halbe Jahr Lohn bekommen. Im Sommer hat er als Bauer in Giarsun gearbeitet, oder er hat eine Aushilfsstelle im Unterland angenommen. Wir waren vier Kinder. Wir mussten sparen.

Aber mit dem Theater habt ihr doch auch Geld verdient.

Das Theater, das waren eher Kosten! Schreiben und Theater machen, das wurde nicht als Arbeit angesehen.

Mein Vater hat übrigens nicht nur gute Stücke geschrieben, er war auch ein sehr guter Regisseur. Er konnte jeden dazu bringen zu spielen.

Du hast mitgespielt?

Meine Mutter hat mitgespielt. Sie hat auch die ganze Organisation übernommen, die Kasse verwaltet. Manchmal habe ich auch mitgespielt oder meine Schwester. Oder wir waren bei den Radioaufnahmen dabei. Da kam dann ein VW-Bus mit riesigen Apparaturen. Kabel wurden durchs ganze Haus geschleppt, schrecklich komplizierte Anlagen waren das. Ich weiß noch, meine Schwester konnte mit dem Daumen die Backe laut schnalzen lassen, dass es klang, als ob man eine Sektflasche öffnete. Das wurde dann eingesetzt. *(Lacht.)* Komisch, an was man sich erinnert.

Schreib ein Gedicht darüber.

Das ist schon ein Gedicht. *(Lacht. Bückt sich nach der Katze, die um ihren Stuhl streicht.)*

Sind Wörter wie Tiere?

Ja, insofern als sie ein Eigenleben haben und manchmal sehr störrisch sind. Sie lassen nicht alles mit sich machen.

Sind die Wörter in einem Gedicht wildere Tiere als die Wörter in der Prosa?

Das auf jeden Fall.

Was ich von deiner Prosa kenne, gefällt mir sehr, sehr gut. Du verbindest, ohne zu kommentieren, ohne zu erklären, die Perspektiven von Großmutter und Kind, die beide ja auf ihre Weise einem magischen und damit poetischen Denken verhaftet sind. Lesend bin ich dabei auf den Gedanken gekommen, ob die Figuren in der Prosa nicht vielleicht wilder sein können als Figuren im Gedicht.

Das mag sein. Sie bekommen schärfere Konturen und lassen sich dadurch nicht mehr so leicht führen. Man muss ihnen ihre Freiheit geben.

Angelika Overath, 1957 in Karlsruhe geboren, arbeitet als Reporterin, Kritikerin (NZZ) und Romanautorin. Sie unterrichtet Kreatives Schreiben (u. a. an der Journalistenschule MAZ, Luzern). Zuletzt erschienen *Alle Farben des Schnees. Senter Tagebuch* (Luchterhand, 2010) und *Fließendes Land. Geschichten vom Schreiben und Reisen* (Luchterhand, 2012). Sie lebt seit sechs Jahren im Unterengadin.

Leta Semadeni, *Tamangur* (Arbeitstitel)

Es ist Mittag, die Glocken läuten, die Straßen sind schon leer.

Aus den Spalten unter den Füßen des Kindes quillt der Teer.

Es bückt sich, klaubt etwas von der schwarzen Masse mit dem Zeigefinger heraus, bewegt den Zeigefinger schnell in der Luft hin und her, um den Teer abzukühlen, steckt ihn sich in den Mund und beginnt zu kauen, während es die steile Gasse hinauf läuft, schnell, mit gesenktem Kopf und noch ganz gefangen vom Ende einer Geschichte, die der Lehrer vorgelesen hat: Eng umschlungen treiben ein Junge und ein Mädchen dahin auf einem mit Heu beladenen Schiff und der Mond aus rotem Gold hat einen glänzenden Schweif auf den Fluss gelegt.

Der Teer schmeckt gefährlich in seinem Mund.

Das eine Ohr, das noch frei ist für die Geräusche von außen, hört kleine Schritte entgegenkommen, und als die Schritte an dem einen freien Ohr vorbeigehen, sagt der Mund ganz von selber Guten Tag.

Erst als kein Gruß zurückkommt ans freie Ohr, reißt sich das Kind blitzschnell aus der Geschichte mit dem roten Mond und schaut den Schritten nach.

Weiter unten in der steilen Gasse läuft eine rostrote Ziege mit einem schwarzen Streifen auf dem Rücken. Sie dreht den Kopf zurück und schaut so, als wolle sie sich für die Unhöflichkeit entschuldigen.

Manchmal sagte der Großvater zur Großmutter: Du bist wie eine Ziege, einerseits sehr anhänglich, doch riechst du ein Kraut, bist du nicht mehr zu halten.

Kurz darauf sitzt das Kind in der Küche am Tisch und löffelt mit der Großmutter die Suppe. Von Zeit zu Zeit legt die alte Frau den Suppenlöffel in den Teller und schaut die Decke an.

Der dritte Stuhl am Tisch ist leer. Der Großvater ist schon in Tamangur.

Im Moment, in dem ein Jäger in Tamangur empfangen wird, verliert er 21 Gramm, während sich die Seele aus dem Körper davonmacht, um dorthin zurückzukehren, wo sie vorher gewohnt hat.

Die Seele ist ein Gewohnheitstier, sagt die Großmutter, sie ist stark, obschon sie nur ein paar Gramm wiegt, und sie setzt ihren Willen immer durch.

Sie kann überallhin, wann sie will. Mit ihren 21 Gramm findet sie überall ein Plätzchen zum Verweilen und um die Großmutter aus dem Alltagstrott zu bringen. Sie streitet und schimpft mit der Seele: Du Nichts, sagt sie, du elendes Häufchen! Was soll ich bloß anfangen mit so einem elenden Häufchen?

***

Wenn der Schatten des Bergs das Haus in zwei Teile schneidet, mag die Großmutter das Dorf nicht und denkt oft an ihn. Mit der dunklen Zeit wird es eng im Dorf, sagt sie.

Die Erinnerung liegt dann überall herum wie ein schlafendes Tier und versperrt einem den Weg. Ständig muss man darüber stolpern, ihm ausweichen, und wehe, man erwischt es mit der Fußspitze oder tritt gar aus Versehen drauf und es erwacht und trottet hinter einem her, treu wie der eigene Hund, der auch immer alles weiß von einem, bevor man es selber weiß.

Da liegt manchmal ein solches Tier unter dem Bett und lässt die Schwanzspitze auf dem Teppich davor liegen, sodass die Großmutter jedes Mal drauf tritt, wenn sie ins Bett will, und dann träumt sie wieder. Vielleicht von der Queen Mary. Sie erinnert sich nicht, was da für Winde wehten auf der Fahrt übers Meer, aber der weiße Körper muss es wissen, gibt es preis in den Nächten, wenn die Großmutter schläft neben dem Kind, das hellwach im Bett nebenan sitzt und sieht, wie die Großmutter ihren Körper hin und her wirft wie eine Welle.

Da hatte sie den Ozean und die Weite vor sich, und den Großvater neben sich und tausend Wünsche, die nur darauf warteten, erfüllt zu werden.

Die Kraft, sich das Leben vorzustellen, lenkte sie immer dorthin, wo sie sein wollte. Ihr gehörte der Augenblick, den füllte sie aus bis in die kleinsten Ritzen, es gab keine Ungewissheit, nur immer den Augenblick und das Staunen. Sie staunt wie ein Kind über die mit Löwenzahn übersäte Wiese hinter dem Haus. Rosen hat sie nie gezüchtet, Rosen hätte man planen müssen.

Sie ist immer an der richtigen Stelle, dort, wo sie sein muss und sein will. Die Großmutter hofft nicht, dass irgendein Tag kommt, sie weiß, dass er kommt, weil sie jeden einzelnen höchstpersönlich eingeladen hat.

***

Im Nachthemd, aufgeschreckt durch den lauten Gesang, die Füße in den Socken des Großvaters versorgt, steht das Kind an der Schwelle zum Wohnzimmer.

Denn alles Fleisch, es ist wie Gras, und alle Herrlichkeit des Menschen, ist wie des Grases Blumen.

Fleisch und Gras, Gras und Fleisch, murmelt die Großmutter, so ein Schmarren!

Das aufgelöste Haar der Großmutter ist abends wie das Gras, wenn der Schnee es im Frühling freigibt, aber am Morgen hängt es wie ein helles Wölkchen in ihrem Rücken.

Sie stellt das Radio leiser und dreht den Kopf zur Tür.

Komm her, sagt sie und nimmt das Kind auf ihren Schoß.

Die handgestrickten Socken des Großvaters reichen dem Kind bis zum Knie und die Ferse hängt an der Wade herunter als leerer Sack. Dicker und schwerer als das Beinteil ist die Ferse, und die Wolle hat eine andere Farbe. Doppelt gestrickt, sagt die Großmutter, für die Jagd, und zupft ein wenig daran.

Er hatte Füße wie Seide, sagt sie, ganz weiß und unschuldig, schneeweiß. Immer, wenn sie über den Großvater in Tamangur nachdenkt, schaut sie nach oben und hat diesen Blick.

Er hatte Füße wie Seide, sagt sie und schaut die Decke an. Sie schaut durch die Decke hindurch die verschiedenen Himmel an, und am liebsten schaut sie zu den Wolken hoch.

Dort oben muss Tamangur sein, denkt das Kind. Doch die Leute dort oben kann man nicht sehen.

Manchmal, wenn eine Lawine den Berghang hinunter donnert, wenn der Wind ein Gewitter bringt oder der Blitz in die Lärche auf der anderen Seite des Flusses fährt, das ist dann der Großvater, der es satt hat, immer nur auf die Großmutter herunterzuschauen und auf seinen Seidenfüßen hin und her zu laufen, immer auf der gleichen Wolke. Er muss sich zu Tode langweilen. Es gibt dort keine Gämsen, die spielen wie die Kinder und die im Frühling auf dem Hintern die Schneehänge hinunter rutschen, um an die zarten Gräser zu kommen. Es gibt keine Dohlen in Tamangur, keine Sonntage, kein Weihnachten, kein Ostern, keine Ferien. Es ist als ob, sagt die Großmutter.

Ob er immer auf der gleichen Wolke hin und her laufen muss, oder ob er von einer Wolke auf die andere hüpft und wohin die Wolke mit dem Großvater geht, wenn man keine sieht, das weiß die Großmutter nicht.

Tamangur ist das Paradies der Jäger, und der Großvater, auch er ein Jäger, hat es wahrlich verdient, in dieses Paradies eingelassen worden zu sein.

Manche Männer, sagt die Großmutter, haben mir die Zeit gestohlen, aber der Großvater hat sie mir doppelt und dreifach wieder geschenkt.

Einer der Diebe hieß Hans. Die Großmutter hat eigentlich nichts gegen den Namen. Mit den Hansen ist es jedoch wie mit den Soldaten. Es gibt zu viele davon, und die Masse verdirbt den Charakter, sagt sie.

Im Schlafzimmer von Hans gab es grasgrüne, bodenlange Vorhänge, die sich bei geöffnetem Fenster in der Dämmerung mit dem Grün der Wiese vermengten. Es war dann nicht auszumachen, ob das Draußen ins Zimmer kam oder ob das Zimmer sich nach draußen stülpte in die schattige Welt der Blumen, Sträucher und Vögel. Elstern gab es dort, ein Elternpaar mit zwei schönen Jungen, die sich manchmal bis an den Rand des Zimmers wagten.

Nachträglich, sagt die Großmutter, glaube ich, dass ich nur wegen der Elstern eine Weile dort blieb.

***

Im der Küche hat die Großmutter eine Weltkarte aufgehängt mit all ihren Orten.

Manchmal vergisst sie einen Ort und kann dann dort nachschauen, wo die Stecknadeln sind.

Während die Großmutter den Kartoffelstock und die Bratwürste auf den Tellern anrichtet, sagt das Kind laut die Namen der Orte: Venezia, Rom, Milano, Tumbaco, La Paz, Havanna, Berlin, New York, Peking, Paris …

Von vielen Orten ist nur eine Insel im Kopf geblieben, sagt die Großmutter, aber die einzelnen Dinge auf der Insel leuchten, als hätte man sie mit dem großen Staublappen poliert, während rund um diese Insel alles unter einer dicken, grauen Staubschicht verschwindet.

Aus der Schublade unter dem Tischtuch nimmt sie eine kleine Visitenkarte: »Slimane Houali, Auteur du Huitrisme et du Sablisme« steht unter »Sculpteur animalier. Paris, Place de la Bastille«.

Sie weiß noch, dass die Ohren von Slimane Houali im Gegenlicht rosa leuchteten. Er steht immer noch wie eine große Fotografie vor ihren Augen, sie könnte ihn zeichnen, wenn sie zeichnen könnte, so genau sieht sie ihn.

Slimane kommt unverhofft zu ihr, man weiß nicht, aus welchem Grund. Man weiß nicht, was ihn dazu bringt, den Sprung von der Bastille in den Kopf und den Mund der Großmutter zu machen, die gerade dabei ist, die angeschwärzte Wurst in kleine Stücke zu schneiden.

Er breitet plötzlich seine Vögel aus Draht und Austernsplittern auf dem Asphalt aus, mitten im Treiben des Markts an der Bastille, zwischen Bergen von Früchten und Gemüse. Siebzehn sind es diesmal, manchmal weniger, manchmal mehr. Die Geschichte hat viele Möglichkeiten.

Es ist vielleicht Juli in Paris, die Hitze lastet schwer, die Drahtkrallen der Vögel kleben im aufgeweichten Asphalt fest. Manchmal verirrt sich nur kurz eine Taube zwischen die Drahtgeschwister, landet und fliegt gleich wieder weg.

Die Vögel haben alle ein lachendes Gesicht, wie Slimane Houali. Auch seine Augen. Die kugelförmigen, fleischigen Lider schützen vor Einblicken. Er hebt die Lider wie in Zeitlupe, als würde es ihm schwerfallen, etwas von sich preiszugeben oder etwas in sich hinein zu lassen. Die Federn seiner Vögel haben Ähnlichkeit mit dem Staub, der sich in Städten unter den Betten ansammelt. Federleichte, wollige, hellgraue Flöckchen tragen die Vögel auf ihren Flügeln. Jeden Vogel hat er einzeln behutsam mit beiden Händen hingesetzt, sodass sie nicht seitwärts umkippen auf ihre Wolkenflügel und jetzt so aussehen, als könnten sie plötzlich aus irgendeinem Grund, den nur ein Vogel versteht, auffliegen und ins Grau der Wolken eintauchen, und man meint schon das Knattern der Flügel zu hören.

***

An besonderen Tagen wird im Esszimmer aufgetischt. Dann gibt es bei der Großmutter diesen toten Vogel, der so groß ist, dass er auf beiden Seiten der Sonntagsplatte über den Rand hängt. Die Großmutter stopft ihn wie einen Strumpf. Sie tut Kräuter, Äpfel und Nüsse hinein und näht das klaffende Loch wieder zu. Das Kind will den toten Vogel mit der Naht nicht essen, die Naht erinnert an etwas.

Nach dem Essen geht man für den Nachtisch schon ins große Wohnzimmer hinüber. Das Kind bleibt noch einen kleinen Moment im Korridor, und wenn das Licht ausgeht, schaut es durchs Schlüsselloch zurück. Anstatt abzuräumen sitzt die Großmutter immer noch am Esstisch, hat ihren Busen auf die Tischplatte gelegt, wo er sich zwischen den Ellbogen ausbreitet bis an den Rand der Fleischplatte. Sie nagt laut die Knochen blank.

Komm doch rein, ruft sie, weißt du, das ist das Beste. Je näher am Knochen, desto besser.

Dann geht sie mit dem Kind in die Küche, nimmt aus der Speisekammer die Flasche mit dem Rahm, trinkt einen großen Schluck und sagt: Damit es besser rutscht.

Wenn der Vogel rutscht, hat's auch noch Platz für den Nachtisch in ihrem Bauch. Sie kann auf Süßes nicht verzichten.

Nur vor Ostern tut die Großmutter so, als würde sie keine Süßigkeiten mehr essen.

Dann wächst die Sehnsucht nach den Ohren des Hasen, sagt sie. Vom Hasen sind die Ohren das Beste.

Die Großmutter liebt die Sehnsucht und findet immer eine Möglichkeit, sie am Leben zu halten, sie hegt und pflegt die Sehnsucht. Die Sehnsucht habe kleine, spitze Krallen, die einen immer in Bewegung halten.

Wohin? Das weiß die Großmutter auch nicht. Vielleicht von hier nach Tamangur.

Tamangur, das ist dort, wo man eigentlich nicht hin will, sagt sie. Der Großvater ist nämlich in Tamangur. Vielleicht will die Großmutter nicht ganz dorthin, nur ein Stück weit, um ihm nahe zu sein, aber nicht ganz. Hier ist es auch nicht schlecht, am Küchentisch, der jetzt aussieht wie ein geplünderter Laden mit dem zerfetzten toten Vogel, den Weinflaschen, Brotkrumen, Bratkartoffeln, den Bergen von schmutzigen Tellern, Gabeln, Löffeln und Messern und der Sehnsucht auf den Küchenstühlen.

Dann geht sie mit dem Kind ins Wohnzimmer. Der Nachtisch wird aufgetragen.

In Großmutters Truhe

In Großmutters Truhe
war eine Tasche
mit Wörtern

Die flechte ich zu einem
Zopf und seile mich ab
in ihre längst
vergangene Zeit

Aint il scrign da nona

Aint il scrign da nona
d'eira üna tas-cha
cun pleds

N'ha fat landroura
üna tarschoula
e'm lasch giò landervi
in seis muond asper
dalönch innan spari

Der Prosatext stammt aus einem längeren, unveröffentlichten Romanmanuskript. Das Gedicht erschien in: Leta Semadeni, *Fila, fila! Spinne, spinne!* Chur: Desertina, 2012.

Biografie

Leta Semadeni wurde 1944 in Scuol, Engadin, geboren. Nach der Matura erwarb sie das Sekundarlehrerpatent (phil. I) an der Universität Zürich und unterrichtete danach an verschiedenen Schulen in Zürich und im Engadin. Sie arbeitete auch als freie Mitarbeiterin beim Fernsehen, beim Radio und für die Schweizer Literaturzeitschrift *Orte*. Weiterbildungen führten sie nach Quito (Ecuador) und Perugia (Italien). Atelieraufenthalte verbrachte sie in Paris, Zug, Berlin und auf Elba. Leta Semadeni schreibt vorwiegend Lyrik, romanisch oder deutsch, die sie selbst in die jeweils andere Sprache überträgt. Heute lebt sie als freischaffende Schriftstellerin in Lavin (Unterengadin). Ihr Werk wurde mehrfach ausgezeichnet, zuletzt 2011 mit dem Literaturpreis des Kantons Graubünden und mit dem Preis der Schweizerischen Schillerstiftung.

Bibliografie

Lyrik

Monolog per/für Anastasia. Gedichtband. Rätoromanisch/Deutsch. Zürich: Nimrod, 2001.

Poesias da chadafö. Küchengedichte. Lyrikband, Rätoromanisch/Deutsch. Schlarigna: Ediziun da l'Uniun dals Grischs, 2006.

In mia vita da vuolp/ In meinem Leben als Fuchs. Gedichtband, Rätoromanisch/ Deutsch. Cuira: Chasa Editura Rumantscha, 2010.

Raz. Texte rätoromanisch und deutsch von Leta Semadeni, Fotos von Paul Lussi. Alpnach: Martin Wallimann, 2011.

Poesias/Gedichte. CD, zweisprachig, mit Joachim Jung (Deutsch), Leta Semadeni (Romanisch), Pius Baumgartner (Sopransaxofon). Frauenfeld: ModernTimes/ Chur: Radio Rumantsch, 2008.

Fila, fila!/ Spinne, spinne! CD-ROM, zweisprachige Gedichte, Fotos von Peter Vernon Quenter und Audio-CD mit Musik von »Sun da l'Engiadina«. Chur: Desertina, 2012.

Kinderbücher

Chamin. Kinderbuch mit Zeichnungen von Erich Gruber. Cuira: Lia Rumantscha, 1982.

Tigrin. L'istorgia d'ün giat engiadinais / Eine Katzengeschichte aus dem Engadin. Kinderbuch mit Zeichnungen von Erich Gruber. Schlarigna: Ediziun da l'Uniun dals Grischs, 2007.

Übersetzungen

Poetische Schweiz. Gedichte/Suisse poétique. Poésies/Svizzera poetica. Poesie/ Svizra poetica. Poesias/Ljóðræna Sviss. Ljóð. Anthologie. Schweizer Lyrik in den vier Landessprachen und auf Isländisch (Gastland der Frankfurter Buchmesse). AdS Autorinnen und Autoren der Schweiz. Hrsg. von Literaturtage Zofingen. Erstfeld: Pudelundpinscher, 2011. Übersetzung aller Gedichte auf Rätoromanisch (Lektorat: Dumenic Andry).

Händl Klaus

»Händl Klaus« (und nicht Klaus Händl) nennt er sich als Autor, wie es in Tirol, wo er herkommt, üblich ist. Heute lebt er gleich in drei Ländern: in Wien, Berlin und in Port am Bielersee. Christa Baumberger umreißt sein künstlerisches Schaffen im Bereich Film, Theater und Literatur mit den Begriffen Vielseitigkeit, Verdichtung, Verlangsamung. Im Gespräch stellt Händl Klaus seine verschiedenen Projekte vor, insbesondere die Übersetzung ins Hochdeutsche von Walsers Dialektstück *Der Teich,* in Zusammenarbeit mit Raphael Urweider. Je ein Auszug aus der Oper *Buch Asche* und dem Libretto *Thomas* geben Einblick in eine beharrliche Sprachsuche.

Händl Klaus
Aus der »sprachlichen Ursuppe« schöpfen

Von Christa Baumberger

Vielseitigkeit, Verdichtung, Verlangsamung – so könnte man Händl Klaus' künstlerisches Schaffen umreißen.

Vielseitigkeit

Händl Klaus ist ein ausgesprochen vielseitiger Sprachschaffender. Nach einer Schauspielausbildung arbeitet er zuerst zwei Jahre am Wiener Schauspielhaus, dann spielt er in verschiedenen Filmen, unter anderem bei Michael Haneke. 1994 erscheint sein Prosadebüt *(Legenden)*, darauf wendet er sich erneut dem Theater zu, doch nun als Autor. Es entstehen mehrere Theaterstücke, Hörspiele, Opernlibretti; sein erstes Stück inszeniert er selbst. Schließlich dreht er seinen ersten Spielfilm *März*, der 2008 am Filmfestival Locarno Premiere hat. Und soeben ist er als Übersetzer hervorgetreten, mit einer Robert-Walser-Übersetzung aus dem Dialekt ins Hochdeutsche.
Schauspieler, Autor, Librettist, Regisseur, Filmschaffender, Übersetzer – nur eines ist Händl Klaus mit Bestimmtheit nicht: ein Schweizer Autor. Geboren und aufgewachsen in Tirol, ist der Tiroler Dialekt, wie er sagt, seine »sprachliche Ursuppe«. Sie hat einen hohen künstlerischen Nährwert, auch wenn er alles andere als Dialektliteratur schreibt. Zwar wird in seinen Filmen Dialekt gesprochen, doch die Prosatexte, die Theaterstücke und Opernlibretti sind frei davon. Und dennoch sind die Alltagssprache und der Dialekt im Untergrund immer präsent: Einzelne Wörter und Formulierungen bilden eine willkommene Reibungsfläche für seine beharrliche Sprachsuche, sie schärfen Händl Klaus' Bemühen um die richtige Nuance, den passenden Ton.
Seit mehr als zwanzig Jahren lebt er in Wien und diese Stadt mit ihrer ganz eigenen Stimmung hat ihn geprägt. Anders als die literarischen Texte, die ohne zeitliche und räumliche Verortung auskommen, sind seine Langspielfilme präzise lokalisiert: Sein aktuelles Filmprojekt spielt in Wien und mit dem Wienerischen und *März*, der 2008 am Filmfestival Locarno den Silbernen Leoparden für den besten Erstlingsfilm erhielt, in Tirol. In *März* wird vorgeführt, wie die Bevölkerung nach dem

Selbstmord dreier Jugendlicher angesichts des traumatischen Ereignisses mit der eigenen Sprachlosigkeit ringt.
1997 hat Händl Klaus zudem Wohnsitz in Port am Bielersee genommen, und seit da rührt er auch kräftig in der »Schweizer Ursuppe«. Dazu gehört die Auseinandersetzung mit Schweizer Autoren, allen voran Robert Walser, der seit langen Jahren ein Wahlverwandter von Händl Klaus ist. Aber auch die Zusammenarbeit und Freundschaft mit dem Schweizer Lyriker Raphael Urweider. Mit ihm feilt er nicht nur an eigenen Texten, sondern gemeinsam haben sie im Jahr 2012 auch das Dialekt-Dramolett *Der Teich* übersetzt und dabei Robert Walsers dialektale Kunstsprache erkundet.

Verdichtung

Rühren in der »Schweizer Ursuppe«, bis der Bodensatz an die Oberfläche steigt. Mit einer Händl'schen Prise Fremdheit gewürzt, erhält sie einen überraschend neuen Geschmack; auch Schweizer Urmythen wie die Alpen. *Ich ersehne die Alpen; So entstehen die Seen* heißt sein erstes Stück. Es ist in den 1990er-Jahren entstanden und wurde von ihm selbst 2001 beim »steirischen herbst« in Graz inszeniert. »Am Fuß einer Landschaft mit Toten spricht Olivia. Bruno wandert und stolpert; er stößt auf einige Tote, die er am Ende versenkt« – so leitet das Stück sich selber ein. Das vorangestellte inhaltliche Kondensat ist in seiner Lakonik programmatisch. Dieses wie auch die folgenden Stücke von Händl Klaus zeichnen sich durch extreme Verdichtung und sprachliche Konzentration aus. Es werden Bilder evoziert und eine bestimmte Atmosphäre geschaffen, während sich die Handlung auf ein Minimum reduziert. Kunstfiguren sprechen, häufig für sich und wenig miteinander. Doch alles, was sie sagen, ist essenziell, zielt ab auf die ersten und letzten Dinge: den Tod und das (Über-)Leben …
An der mündlichen Sprache schlägt seine ziselierte Kunst Funken. Auf Theater- und Opernbühnen schmiedet er mehrere Schauspieler zu einem einzigen Sprachkörper. Sie teilen sich die Sätze und Wörter, bis hin zu den Silben. Jedes einzelne Wort erhält Gewicht, beginnt zu schwingen und wird mehrdeutig. Dieses Verfahren öffnet weite Assoziationsräume. Denn Ereignisse werden so zwar evoziert, aber nicht eindeutig benannt. Zum Beispiel das langsame Sterben von Matthias in der Oper *Thomas* (UA 2013):

THOMAS	die Augen. Matthias. Er hat sie geschlossen. Du atmest nicht mehr. Ah,
MICHAEL	der Atem setzt,
THOMAS	aus, und setzt,
MICHAEL	ein.
THOMAS	Aber,
MICHAEL	die Stille,
THOMAS	zwischen den Zügen,
MICHAEL	nimmt zu.
THOMAS	Aus,
MICHAEL	und,
THOMAS	einmal,
MICHAEL	wird,
THOMAS	er,
MICHAEL	aus,
THOMAS	geatmet,
MICHAEL	sein.
THOMAS	Ja.
MICHAEL	Sie läuten.

Verlangsamung

Händl Klaus schreibt mit Bedacht. Hört man ihn reden, so gibt einem das eine Ahnung, wie seine Werke entstehen. Sorgfältig wählt er im Gespräch seine Worte, mehrfach stockt er und sucht nach dem richtigen Ausdruck, fällt sich selber ins Wort, korrigiert und präzisiert. Diese gründliche und geduldige Suche nach dem treffenden Begriff ist charakteristisch. Auch seine Texte scheinen einen solchen Läuterungsprozess durchlaufen zu haben. Kein Wort ist zu viel, jede Geschwätzigkeit ist ihnen fremd. Sie erscheinen wie Destillate, die nach langem Entstehungs- und Reifungsprozess zur Vollendung gelangen. »Dass er dann und wann unter sich litt, scheint ziemlich sicher« – so heißt es bei Robert Walser. Der Satz könnte von Händl Klaus selber stammen. Denn seine Texte sind nicht leicht hingeworfen, um jedes Wort wurde gerungen. Die Prosatexte machen das besonders gut sichtbar: Sie sind kurz, manche sehr kurz, aufs Äußerste verdichtet. Mit großer Lakonik werden alltägliche Vorkommnisse behandelt: unausgesprochene Liebe, Dreiecksgeschichten, manchmal lassen sich Abgründe von Missbrauch und Gewalt erahnen. Die Texte geben den

Leserhythmus genau vor, sie entziehen sich einer raschen Lektüre. Man muss sich auf den archaischen Ton und die Figuren einlassen, die geheimnisvoll bleiben, weil man kaum Einblick bekommt in ihre Gedanken- und Gefühlswelt. Nichts wird psychologisiert.
Händl Klaus' Texte sind eine Herausforderung, für die Leser wie auch für die Schauspieler. Denn diese müssen sich aufeinander einstimmen und lernen, zusammen zu sprechen. Nicht die Einzelleistung zählt hier, sondern das polyfone Ensemble der Stimmen ergibt erst ein Ganzes. Am meisten aber fordert sich Händl Klaus selber ab. Denn jede seiner Arbeiten ist tatsächlich ein Wagnis. Es sind existenzielle Grenzerkundungen, wie das folgende Gespräch zeigt.

»Sprache in kleinste Sinneinheiten zerstieben lassen« Gespräch mit Händl Klaus

Von Christa Baumberger

Händl Klaus, Sie sind künstlerisch außerordentlich vielseitig: Sie waren selbst Schauspieler und schreiben Theaterstücke, Opernlibretti, Hörspiele. Sie sind aber auch Autor von Prosatexten und Lyrik, Ihr erster Langspielfilm kam 2008 heraus, und soeben schließen Sie Ihre erste Übersetzung ab. Welches Projekt beschäftigt Sie zurzeit hauptsächlich?

Ich bin gerade daran, zwei Schauspieler für meinen neuen Film auszuwählen, die aus Wien sein müssen. Das ist kein einfaches Unterfangen. Das Drehbuch ist auf Wienerisch geschrieben, und über die Figuren muss maximale Authentizität hergestellt, also wirklich konstruiert werden, denn es handelt sich ja um einen Pakt mit dem Publikum, das einen falschen Ton gleich hören oder erspüren würde.

Wie schon beim ersten Film *März* (2008) bin ich an allen Arbeitsschritten beteiligt: Drehbuch, Regie und Schnitt. Beim Schnitt arbeite ich mit Joana Scrinzi zusammen. Das Schreiben am Drehbuch ist mühsam, einerseits lege ich jedes Detail minutiös fest, aber in der Arbeit vor Ort bin ich doch offen. Es kommt dann zur Belebung, das heißt, manches im Dialog verliert sich – für mich sind das jeweils Geschenke.

Die Stilisierung erfolgt durch den Bildausschnitt und die Montage, aber mit den Darstellern arbeite ich wie gesagt an »Authentizität«. Dazu gehört auch der Dialekt. Beim ersten Film war es mir eine Freude, wieder in den Tiroler Dialekt zurückzufinden, aus meiner eigenen »sprachlichen Ursuppe« zu schöpfen. Der Dialekt ist ja meistens die erste Sprache, die man hat. Bei mir ist dies der Tiroler Dialekt.

Seit fünfundzwanzig Jahren lebe ich nun aber auch in Wien, das Wienerische hat eine ganz andere Temperatur, fast Wärme, eine Weichheit, Schlampigkeit. Es geht in diesem nächsten Film um die Vertreibung aus dem Paradies, um die Wahrnehmung des vertrauten Partners nach einer Katastrophe. Da braucht es die vergehende Zeit, die Arbeit mit Echtzeit, mit Blicken auf den Alltag. Woraus kann er bestehen, und inwieweit gelangt man zueinander, wenn man unberechenbar geworden ist?

Der Film *März* spielt in einem kleinen Ort in Tirol, er zeigt, wie die Bewohner des Ortes den Selbstmord dreier Jugendlicher zu verarbeiten suchen. Der Dialekt gehört untrennbar zu dieser Landschaft und den Leuten. Es ist ihre Sprache, auch wenn im Film sehr viel geschwiegen und auch verschwiegen wird. Das scheint mir ein Hauptthema des Films zu sein: was zur Sprache gebracht werden kann und was dem Schweigen anheimfallen muss.

März zeigt ein Dorf in seiner ganzen Enge und Kleinheit, aber auch Vertrautheit der Bewohner, die dann aus Rücksichtnahme schweigen. Das spiegelt sich in der Landschaft wieder, dem engen Tal, das von hohen Bergen umschlossen ist. Der Tiroler Dialekt bildet dazu die sprachliche Entsprechung. Der Film hätte auf keinen Fall auf Wienerisch sein können, denn das ist ein städtischer Dialekt. Zunächst ist *März* für Tiroler gemacht – in ihren Augen und Ohren muss er glaubwürdig sein. Deshalb habe ich eine Mischung von Laien und Schauspielern aus dem Tiroler Ober- und Unterland gewählt. Entsprechend sind kleine Differenzen hörbar, Eigenheiten – Eigenheiten ist ein schönes Wort, es erinnert mich an Robert Walser, weil sein Schreiben so eigen ist, eigensinnig, das eigensinnigste, das ich kenne. Eigentlich ist es erstaunlich, dass er nicht mehr im Dialekt geschrieben hat. Eventuell ist auch einiges verschollen. Robert Walser hat den Eigensinn dann aus dem Dialekt ins Hochdeutsche gebracht.

Würden Sie sagen, dass Schreiben im Dialekt, aber auch der Dialektgebrauch im Film eigensinniger ist als das Hochdeutsche?

Ja, weil man sich abgrenzt. Das kann auch gefährlich sein, weil die Offenheit tendenziell gefährdet ist. Wenn man beispielsweise im Dorf Axams sitzt und Innsbruckerisch redet, spürt man sofort eine arge Abneigung.

Diese Form der Abkapselung führt der Film *März* eindrücklich vor …

Ja. Gleichzeitig gelingt es dem Dialekt aber auch häufig, Sachverhalte so innig zu erwischen, für die ich im Hochdeutschen eine Umschreibung bräuchte, einen Umweg, ein Konstrukt. Im Hochdeutschen ist es häufig ein Umkreisen, während Dialektvokabeln direkt ins Herz treffen. Das klingt jetzt reichlich abgedroschen und sentimental, es ist aber eine Erfahrung, die ich bei der Übersetzung von Robert Walsers Stück *Der Teich* auch mache.

Sie wurden vom Robert Walser-Zentrum beauftragt, Walsers Szenen *Der Teich* (ca. 1900/1902) aus dem Dialekt ins Hochdeutsche zu übersetzen. Es ist das erste Mal, dass Sie sich an eine Übersetzung wagen, nicht wahr?

Ja. Weil ich vom Theater her komme, wurde ich angefragt, ob ich den Text übersetzen könnte, um ihn auch für Theaterleute spielbar zu machen, die kein Berndeutsch verstehen. Denn das Walser-Zentrum bekommt immer wieder Anfragen von deutschen Bühnen, die sich dafür interessieren. Ich liebe diesen Text, begann mit der Arbeit und sah aber bald, dass mir die »Schweizer Ursuppe« fehlt.

Mit Raphael Urweider verbindet mich eine lange Freundschaft. Früher hatten wir gegenseitig Gedichte und Texte besprochen, als sie im Werden waren. Wir haben uns gegenseitig auf die Sprünge geholfen, es gibt eine besondere Nähe in unserer künstlerischen Arbeit. Deshalb war eine Zusammenarbeit bei dieser Übersetzung naheliegend.

Wie funktioniert die Zusammenarbeit zwischen Ihnen und Raphael Urweider?

Jeder macht für sich eine erste Übersetzung. Walsers Text ist nur dreizehn Seiten lang, doch wir sitzen über Dutzenden Seiten. Manchmal haben wir für ein Wort eine Viertelseite Varianten. Bei den Treffen lesen wir uns Wort für Wort, Halbsatz für Halbsatz laut vor und vergleichen. Danach wird geläutert, es ist ein eigentlicher Findungsprozess. Wir bilden aus den Varianten eine gemeinsame Lösung, manchmal bleibt eine zweite oder dritte Möglichkeit stehen, die wir später nochmals abklopfen. An dieser gemeinsamen Lösung arbeiten wir anschließend weiter. Natürlich gibt es auch Stellen, bei denen man ratlos ist und manchmal bis zuletzt bleibt.

Es ist eine organische Zusammenarbeit, denn es wirken zwei Empfindsam…, Empfindung…, Verfasstheit… Wie nennt man das, wie wir kenntlich werden in unserem Ausdruck? Seine Empfindsamkeit und meine wirken zusammen. Wir sind beide sehr genau, und so ist es eine mikroskopisch feine Arbeit. Sie geschieht voller Skrupel, weil wir wissen, dass wir es mit dem allergrössten Dichter zu tun haben im deutschsprachigen Raum, neben Kleist. Manches von Jelinek und Mayröcker könnte man noch dazuzählen, in Frankreich Koltès, Überwältigendes.

Sie sprachen von Textstellen, bei denen Sie ratlos bleiben. Vermutlich meinen Sie damit nicht den charakteristischen Ton von Robert Walser, sondern einzelne Dialektwörter, für die es im Hochdeutschen keine Entsprechung gibt? Eine Herausforderung sind sicher Schimpfwörter wie »Löl«, »Chopfhänger«, »Saumeitli«, »Rätschbäse«...

Ja, genau. An einzelnen Formulierungen arbeiten wir bis zum letzten Tag. Es geht jeweils auch ums Umfeld, das ein Wort färbt. Bei »Löl« sind wir noch dran, wir haben uns vorläufig auf »Blödian« geeinigt. »Rätschbäse« wurde zu »Klatschtante«. Im Tirolerischen gibt es die schöne Entsprechung »Raatschkathl«, doch im Hochdeutschen hilft das nicht weiter. Bei »Saumeitli« und »Saubub« wollten wir unbedingt »Sau« retten, um möglichst nah dranzubleiben. Lösungen wie »blödes Schwein« oder »dumme Kuh« haben wir wieder verworfen. Deshalb heißt der »Saubub« nun »Saukerl«, das »Saumeitli« »Saufratz«. Ein »Fratz« ist eher weiblich konnotiert, es passt zu einem kleinen Mädchen. Selbstverständlich sind wir uns bewusst, dass es notdürftig bleibt, man kann dem Dialekt, vor allem Robert Walsers Dialekt, der bereits kunstvoll ist, nicht gerecht werden. Und er hatte spürbar seine Gründe dafür, den *Teich* im Dialekt zu verfassen. Vielleicht vermöchte es Swetlana Geier, wenn sie noch lebte, oder Stefan Zweifel. Unsere Übertragung ist auch nur ein erster Vorschlag, vielleicht wagt in fünf Jahren jemand anders eine nächste Übersetzung.

Stand von Anfang an fest, dass der übersetzte Text möglichst dialektfrei sein sollte? Oder stand auch zur Diskussion, eine andere regionale Färbung, zum Beispiel einzelne österreichische Dialektwörter, einzubringen?

Das Ziel ist eine annähernd standarddeutsche Fassung. Wir hoffen aber, dass der Text ausgehend von dieser Fassung dann in weitere Sprachen, allenfalls auch in weitere deutsche Dialekte übersetzt wird, ins Plattdeutsche, Hessische...

In *Der Teich* sprechen hauptsächlich Kinder miteinander, drei Geschwister. Und doch ist es keine Kindersprache, sondern sie ist sehr stilisiert. War dies eine besondere Herausforderung, als es darum ging, den Ton zu finden für den ganzen Text?

Jein. Natürlich ist die Sprache stilisiert, denn es sind altkluge Kinder, oder besser, sie geraten in die Nähe der Altklugheit. Doch der

Ruch von Altklugheit verliert sich sofort, weil alles wesentlich ist, das sie sagen. Grundsätzlich ist Robert Walsers Sprache sehr nahe an der Musik, am Unsagbaren, es gibt ja Dinge, die sich nicht benennen lassen, von ihm aber eben doch. Und wir gehen dauernd Umwege, alles ist ständig organisches Übersetzen.

Inwiefern unterscheidet sich die Übersetzungsarbeit von Ihren sonstigen Schreibprozessen?

Bei eigenen Texten ist es mir klar, weil ich fühle und sehe, wenn der Organismus, der da entsteht, »zu sich gekommen ist«. Das ist ein natürlicher Abschied, und vorher gebe ich ihn nicht aus der Hand. Es ist auch schon passiert, dass ich ein Stück zurückgelegt habe trotz Abgabetermins.

An den dreizehn Seiten von *Der Teich* arbeiten wir nun seit sechs Monaten. Ich kann nicht sagen, dass wir damit fertig wären, doch die Auseinandersetzung war fürs Erste erschöpfend, im positiven Sinn. Wir treffen uns morgen zum vorletzten Mal und klopfen noch einmal einige Schwachstellen ab, einzelne Wörter und Formulierungen. Insgesamt aber stimmt die Tonlage, glaube ich.

Fühlen Sie sich beim Übersetzen auch stärker gebunden, weil noch ein anderer Autor impliziert ist, selbst wenn er schon lange verstorben ist?

Genau. Und Robert Walser zu entsprechen, ist unmöglich. Mir war immer bewusst: Ich rühre hier ans Allerheiligste. Das macht mich ganz »unrund«, wie man in Wien sagt. Ich meine damit, dass ich nach Abschluss sagen werde, was auch auf dem Grabstein von Willy Brandt steht: »Man hat sich bemüht«.

Ihre Beschäftigung mit Robert Walser begann nicht erst mit der Übersetzung, wie Sie sagten, gehört er für Sie zu den maßgeblichsten Autoren und ist ein künstlerischer Wegbegleiter. Für Ihren ersten Prosaband *(Legenden)* erhielten Sie 1994 den Robert-Walser-Preis der Stadt Biel. Hat dieser Preis für Sie einen symbolischen Wert?

Für mich war es der denkbar schönste Preis. Einen Preis zugesprochen zu bekommen, der den Namen des geliebtesten Dichters trägt, ist beglückend. Für viele Preise würde ich mich mit Handkuss bedanken, doch eine solche Nähe zum Namensgeber des Preises zu spüren, ist ein ganz großes Glück.

Und es stimmt, Robert Walser begleitet mich, seit ich zwölf bin. Ich las viel, schrieb kleine Geschichten, spielte Knabenrollen am Landestheater – immer ging es um Sprache. Einmal schmökerte ich in einer Innsbrucker Buchhandlung und fand *Für die Katz.* Schon der Titel packte mich. Walsers Stimme war auf eine merkwürdige Art sehr nah, nicht vertraut, aber nah. Vom Ton, vom Klang, von der vermeintlichen Wärme her. Voller feinster Widerhaken, sie scheint einen zu streicheln, und doch besteht sie aus feinsten Widerhaken. Das findet man sonst nirgends. Ich habe den Band verschlungen. Von der Großtante und der Mutter bekam ich dann für gute Noten jeweils einen Band dazu, bis ich die ganze Suhrkamp-Taschenbuchausgabe von Robert Walser zusammenhatte.

Natürlich habe ich ihn mit einem kindlichen Blick gelesen. Aber das hält er spielend aus, ich werde ihn auch heute nicht, und nie, erschöpfend lesen können.

Sprechen wir über Ihr Prosaschaffen: Ihr erster Erzählband *(Legenden)* enthält eine Sammlung von 35 Kurz- und Kürzesttexten, die zwischen einer halben und drei Seiten lang sind. Es sind keine Legenden im herkömmlichen Sinn, doch haben sie etwas sehr Archaisches im Ton, in den Themen und der Sprache. Es geht darin um unausgesprochene Liebe, Naturunglücke, Gewaltsituationen. Wie sind sie entstanden und weshalb haben Sie den Titel *(Legenden)* gewählt?

Legende – das ist einmal die Zeichenerklärung für eine Landkarte, oder für ein inneres Bild. Und eigentlich sind Legenden Geschichten aus dem Leben der Heiligen. Hier ist das Wort aber eingeklammert, die Figuren sind alles andere als heilig. Trotzdem widerfahren ihnen – oder vollbringen sie – Handlungen, Ereignisse, die sie »heiligen«, die sie »hochhalten« und stürzen zugleich, Augenblicke der Einkehr und Umkehr, in aller Selbstverständlichkeit.

Zum Archaischen, das hat wohl damit zu tun, dass wir letztlich archaisch sind in unserem Tun und Fühlen. Unsere Gier, die Ängste, Sehnsucht, der Hunger, was immer uns zum Handeln antreibt, ist steinalt – die Strömungen und Unterströmungen, mit und von denen wir leben. Notwendigkeiten halt. Also möchte ich für Augenblicke auf das Steinerne zurückführen. Dabei werden auch falsche Fährten gelegt, der Antrieb der Figuren ist häufig unklar.

Das auffälligste Stilelement dieser Prosastücke sind die Auslassungspunkte, sie rhythmisieren den Text und lenken die Aufmerksamkeit des Lesers auf eine bestimmte (Leer-)Stelle: »Ich packte ihn und küsste seinen Scheitel, er sah mich...dankbar an und murmelte...seinen Dank, er lächelte und hielt... mich fest, als ich ging, er duckte sich, er murmelte, Leide.«

Für mich sind die Auslassungszeichen Falltüren, die über etwas liegen. Wie ein kleines Brett, das man hochziehen kann, und darunter entdeckt man ein ganzes Gewölbe. In so einer Auslassung können sich halb verschluckte Sätze, ein Nebenstrang oder eine ganze Geschichte verbergen, oder auch nur ein Atemzug. Es können winzige Einzelheiten sein, biografische Details der Figuren oder sonst etwas Verschwiegenes. Es geht auch darum, die Figuren teilweise zu beschützen, so seltsam das klingen mag. Sie haben etwas zu verbergen, das allein ihnen gehört. Die drei Punkte deuten all dies an.

Und das »Rhythmisieren«, der Rhythmus ist mit allem verbunden, es hat mit der inneren Musik zu tun, der Musik des Stoffs, der Temperatur – es ergibt sich. Ich habe mit langen Schachtelsätzen gearbeitet, aber auch mit Kurzatmigkeit. »Das Tuch im Gras«, ein anderer Text in den *(Legenden)*, strotzt nur so von Klammern, das muss ständig abperlen.

Es ist immer der Stoff, der die Form bestimmt. Etliche Stoffe, die mich beschäftigen, brauchen die Überführung in eine andere Stimmhaftigkeit, in den Gesang, eine Musik, die von außen kommt.

Sie haben mehrere Libretti verfasst und mit Komponisten zusammengearbeitet. Ein sehr radikales sprachliches Verfahren wenden Sie in der Oper *Buch Asche* an, wo Sie Wörter buchstäblich zerlegen...

Ja, hier ging es mir darum, Sprache in kleinste Sinneinheiten, in Morpheme, zerstieben zu lassen. Nehmen wir ein Beispiel, das Verb »schlagen«: Darin enthalten sind die AG – »ag«, das englische Alter – »age«, »lag« als Imperfekt, zugleich als Substantive: die Lage, die Lagen, der Schlag und eben gesamthaft das Schlagen. Wir können auch noch einen Hauch Berndeutschen Klagens, »chlage«, erspüren, wenn wir das »s« am Wortanfang abtrennen. Insgesamt also: »s : ch : l : ag : e : n«.

Sie legen den mehrfachen Wortsinn frei und zeigen, dass einem Wort häufig weitere Wörter innewohnen. Ein besonders eindrückliches Beispiel finde ich: »mich hat der tod geträumt/räumte ich das feld«. Geht es dabei auch um ein Freilegen von zusätzlichen Sinnebenen?

Freilich, auf dass sie schwingen können und spürbar werden. Ich will ein Bewusstsein schaffen dafür, dass die Dinge aufgeladen sind, dass wir es in allem mit einer mehrfachen Besetztheit zu tun haben. So können Assoziationswolken wachsen.

Wie ist die Oper *Buch Asche* entstanden: Waren zuerst einzelne solche Wörter oder hatten Sie ein übergreifendes Thema, eine Idee, aus der heraus die Spracharbeit gewachsen ist?

Normalerweise schreibe ich das Libretto vor der Komposition, doch bei *Buch Asche* war es schwieriger. Dem Komponisten Klaus Lang hatte ich das chinesische Märchen von Jun und Xi, einem Reisbauernpaar, erzählt – von der Grausamkeit in der Schönheit und umgekehrt, einer Frau, die sehenden Auges in den Tod geht, eine sehr zeichenhafte Handlung – und dem entsprechend legte Klaus Lang seiner Komposition chinesische Schriftzeichen zugrunde, die die Partitur bildeten, Bild für Bild vertonte er also »Reis«, »Papier«, »Asche«, »Blüte«, »Seide«, »Blut« und so weiter. Dadurch waren bereits die Takte vorgegeben, die ich nun einhalten musste. Und ich wollte die Worte zerstieben lassen, es entsprach dem Lebensgefühl der Protagonisten, es war die einzig mögliche Form.

Buch Asche ist auch ein faszinierendes Beispiel für einen Text, der eine laute Lektüre erfordert. Erst beim lauten Lesen, oder beim Zuhören im Opernsaal, ergeben die einzelnen Laute einen Zusammenhang, einen Sinn.

Für mich ist *Buch Asche* ein eigenständiger Gedichtzyklus. Er ist zwar für die Oper entstanden, und doch ist er viel mehr als ein Libretto. Dabei haben meine beiden Verlage, Rowohlt und Droschl, mit dem Text überhaupt nix anfangen können, die Lektoren standen ratlos davor. Für mich aber ist es eine ganz wichtige Arbeit.

Mir scheint *Buch Asche* deshalb ein so zentraler Text zu sein, weil er in Extremform zum Ausdruck bringt, was Ihr ganzes Werk auszeichnet: Eher als um Figuren geht es um Stimmen. Die Figuren sind nicht psychologisch ausgedeutet, sondern stark typisiert, in ihrem Sprechen erst kommen sie zum Ausdruck. Würden Sie dem zustimmen?

Neija, die verschiedenen Figuren bilden einen gemeinsamen Sprachkörper auf der Bühne. Sie teilen sich die Sprache, Worte, Sätze. Worte werden im Mund umgedreht, es ist ein Eingeschleustsein in Sprache und ein Ausgegrenztsein und Ausgrenzen. Ein fortlaufendes Bilden und Auflösen des gemeinsamen Sprachraums.

Andererseits gibt es schon auch die »angewandte Psychologie«, denn jede Einlassung einer Figur, manchmal nur eine Vorsilbe, lässt Rückschlüsse zu auf ihr Innenleben, ihre Vergangenheit, ihre Beziehung zu anderen Figuren. Das geschieht zwar beiläufig, aber die Schauspieler machen es sich im Probenprozess bewusst.

Sie selber kommen ja vom Theater – lenkt das auch den Schreibprozess? Denken Sie beim Schreiben bereits an die Umsetzung auf der Bühne, sehen Sie bestimmte Schauspieler vor sich?

Ich habe die Stimmen der Schauspieler im Ohr, für die ich schreibe, ihre Temperatur. Und das hilft mir enorm. Aber ich habe keinerlei Vorstellung von der Umsetzung, ich muss den Text ja als Material betrachten, das erst in der Auseinandersetzung dieses und jenes Gesicht zeigt. Ich wäre verloren, wenn ich so etwas wie »Werktreue« einfordern wollte. Stücke sind Fragen.

Und welches sind Ihre nächsten Projekte?

Ich sammle Notizen für eine dritte Oper mit dem Komponisten Georg Friedrich Haas. Nach *Bluthaus* (UA 2011) wird im Mai 2013 *Thomas* an den Schwetzinger Festspielen uraufgeführt. Es ist eine Oper, die vom Verklingen handelt, und vom Finger in der Wunde.

Händl Klaus, *Buch Asche* (Oper)
Auszug

Zur Einführung:

Die arme Reisbäuerin Jun verbrennt ihre einzige Habe, das Stammbuch, das ihren Namen trägt – und mit dem Buch ihren Namen: sich selbst. Mit der Asche will sie den Kaiser bewerfen, er wird sie dafür köpfen lassen – so hat sie es geträumt, und ihr Mann Xi kann sie nicht davon abhalten. Doch die Asche verwandelt sich in Kirschblüten, mit weißem Stoff wird Jun vom Kaiser beschenkt – es ist die Farbe der Trauer.

BILD 5

JUN m : ich : hat der to : d ge : t : räum : t : e : ich : das feld :
XI vor un : s : liegt eis : ig :
JUN soll da : s : r : ei : s : ig : auch v : er : brenn : en : las : s : en :
XI muss : ich d : ich ent : f : ach : t am t : od : er : von be : täubte : n :
wur : zel : n : blut : en : d : we : ich v : er : kroch : en :
JUN fl : am : me : n : b : lind : in un : s : er : tote : n : buch :
XI vers : eng : e : n : fremd : z : er : fall : e : n zei : chen : w : arm zu :
asch : e : n :
JUN jun er : kannte : m : ich :
XI v : erb : rann : te mit : d : em n : am : en :

Händl Klaus: ***Thomas***
Libretto für Georg Friedrich Haas

Thomas	Otto Katzameier
Matthias	(Bass)
Michael	Kai Wessel
Dr. Dürer	Daniel Gloger
Dominik	(Tenor)
Schwester Agnes	(Alt)
Schwester Jasmin	Ruth Weber
Frau Fink von der Bestattung	Sarah Wegener

Ein Krankenzimmer

Heute

(1)

MATTHIAS ch ch ch ch ch (ad fin.)

THOMAS Oh Matthias.
MICHAEL Sterbend ist er.
THOMAS Ich bin da.
MICHAEL Thomas,
THOMAS siehst du.
MICHAEL Thomas,
THOMAS hörst du,
MICHAEL laut,
THOMAS Matthias. Da,
MICHAEL und fest,

Thomas	die Hand,
Michael	ist,
Thomas	warm.
Michael	Noch,
Thomas	und noch,
Michael	schlägt,
Thomas	schwach,
Michael	der Puls,
Thomas	klopft wie,
Michael	im Fieber,
Thomas	glüht,
Michael	uns,
Thomas	auch,
Michael	die Sonne,
Thomas	brennt,
Michael	das Zimmer,
Thomas	aus. Darum,
Michael	bat er,
Thomas	sprach,
Michael	er sah,
Thomas	nur lang,
Michael	das Fenster,
Thomas	an. Dir muss kalt,
Michael	gewesen sein. Ich nahm,
Thomas	den Vorhang. Aber,
Michael	er atmet,
Thomas	so schwer.

Michael	Ein Geräusch,
Thomas	das schrecklich ist,
Michael	bildet sich aus,
Thomas	unserm,
Michael	Speichel. Wenn der Schluckreflex erlischt, setzt,
Thomas	das Rasseln,
Michael	ein.
Thomas	Oh du leidest. Mein Matthias.
Michael	Es klingt,
Thomas	furchtbar.

Michael Die Schlundwände schlagen müd aneinander,
indem er atmet. Es ist ein Trost.

Thomas Oh mein Matthias.

Michael Wir führen kaum noch Flüssigkeit zu.

Thomas Laufend tropft,

Michael aber Morphin,

Thomas gegen die Schmerzen,

Michael und es beruhigt ihn.

Thomas Ja. Es beruhigt ihn.

Michael Er bekommt Scopolamin,

Thomas weil es,

Michael die Atemwege entspannt.

Thomas Herr Doktor Dürer,

Michael hat grad die Dosis erhöht.

Thomas Ja.

Michael So helfen wir ihm.

Thomas Der Harn ist dunkel.

Michael Die Nieren versagen.

Thomas So,

Michael hilft er,

Thomas sich,

Michael selbst. Er ist geschwächt,

Thomas sein Bewusstsein,

Michael getrübt. Durstig,

Thomas bist du. Wir,

Michael nässen den Mund,

Thomas mit unserm Tupfer,

Michael streichen wir,

Thomas Wasser,

Michael über die Lippen,

Thomas Zunge,

Michael und Zähne,

Thomas über,

Michael den Gaumen.

Thomas Du bist,

Michael erfrischt.

Thomas Und,

MICHAEL den Vernebler,
THOMAS rücken wir,
MICHAEL näher.
THOMAS Schau,
MICHAEL wir befeuchten,
THOMAS die Luft.
MICHAEL Ich habe ihn seitlich gelagert und ein wenig aufgerichtet, seinen Oberkörper angehoben, Kissen unter die Knie geschoben, unter die Arme, so hat er es leichter.
THOMAS Danke, lieber Michael.
MICHAEL Es ist gern geschehen.
THOMAS Er bewegt sich,
MICHAEL wehrt sich,
THOMAS gegen,
MICHAEL etwas,
THOMAS das,
MICHAEL noch,
THOMAS aufbricht,
MICHAEL es,
THOMAS ist,
MICHAEL gut.
THOMAS Ich liebe dich. Matthias.

Biografie

Händl Klaus, geboren 1969 in Rum, Tirol, lebt in Wien, Berlin und Port am Bielersee. Für sein Prosadebüt *(Legenden)* erhielt er den Robert-Walser-Preis und den Rauriser Literaturpreis. *Theater heute* wählte ihn 2006 zum Dramatiker des Jahres. Auch sein erster Film *März* wurde mehrfach ausgezeichnet, u.a. mit dem Silbernen Leoparden für den besten Erstlingsfilm am Filmfestival Locarno 2008. Im selben Jahr erhielt er den Kulturpreis der Stadt Biel. 2014 erscheint Händl Klaus' und Raphael Urweiders Übersetzung von Robert Walsers Dialekt-Dramolett *Der Teich.* Zudem wird im Mai 2013 *Thomas,* seine zweite Oper in Zusammenarbeit mit dem Komponisten Georg Friedrich Haas, an den Schwetzinger Festspielen uraufgeführt.

Porträts

Bibliografie

Prosa

(Legenden). 35 Prosastücke. Graz/Wien: Droschl, 1994.

Drama (nur in Büchern publizierte Stücke)

Stücke [enthält die drei Stücke *Ich ersehne die Alpen*; *So entstehen die Seen*, *(WILDE)Mann mit traurigen Augen*, *Dunkel lockende Welt*]. Mit einem Nachwort von Helmut Schödel. Graz/Wien: Droschl, 2006.

Ich ersehne die Alpen; *So entstehen die Seen / J'aspire aux Alpes*; *Ainsi naissent les Lacs*. Übersetzt von Simon Koch. Lausanne: Centre de Traduction littéraire, 2007.

Opernlibretti (Auswahl)

Wüstenbuch. Musik: Beat Furrer. UA am 15. März 2010 an der Oper Basel in Koproduktion mit den Wiener Festwochen, Regie: Christoph Marthaler, Bühne: Duri Bischoff.

Buch Asche. Musik: Klaus Lang. UA am 6. Juni 2010 an der Oper Bonn. Dirigent: Klaus Lang, Regie und Bühne: Claudia Doderer.

Der Einfluss des Menschen auf den Mond. Musik: Klaus Lang. UA am 26. März 2011 an der Oper Braunschweig. Dirigent: Sebastian Beckedorf, Regie: Paul Esterhazy, Bühne: Claudia Doderer.

Bluthaus. Musik: Georg Friedrich Haas. UA am 29. April 2011 bei den Schwetzinger SWR Festspielen in Koproduktion mit der Oper Bonn. Dirigent: Stefan Blunier, Regie: Klaus Weise, Bühne: Martin Kukulies.

Film

März. Spielfilm. UA am 8. August 2008 am Filmfestival Locarno.

Plinio Martini

Unser erster »Gast« ist der 1979 verstorbene Tessiner Schriftsteller Plinio Martini. Sein 1970 erschienenes Buch *Il fondo del sacco (Nicht Anfang und nicht Ende. Roman einer Rückkehr)*, ist eine Liebes- und eine Emigrationsgeschichte: Der junge Gori aus dem Valle Bavona (einem Seitental des Maggiatals) sucht sein Glück in Amerika, während die geliebte Maddalena zu Hause bleibt. Matteo Ferrari erklärt, warum *Il fondo del sacco* zu einem Klassiker geworden ist, der schweizweit mit Begeisterung gelesen wird. Isabelle Pralong (Genf) und Andreas Gefe (Zürich) präsentieren ihre künstlerische Sicht auf Plinio Martinis Roman.

Zu Plinio Martinis Roman *Il fondo del sacco* *(Nicht Anfang und nicht Ende. Roman einer Rückkehr)*

Von Matteo Ferrari

Fragt man jemanden, der das Buch gelesen hat, worum es geht, so wird er oder sie vermutlich antworten, es sei die Geschichte von Gori; erzählt werde sein Leben zwischen dem Bavonatal und Amerika. Oder vielleicht auch, es sei die Geschichte von Gori *und* Maddalena, von ihrer geteilten und unglücklichen Liebe. Das Buch ist natürlich beides, Liebesroman und Emigrationsroman, Lebensgeschichte eines Einzelnen und großes Sozialfresko. Im Hintergrund das Alltagsleben eines armen und abgelegenen Tals, mehr noch als andere von der Emigration und dem täglichen Überlebenskampf seiner Bewohner gezeichnet (wir befinden uns in den ersten Jahrzehnten des zwanzigsten Jahrhunderts), im Vordergrund eine berührende Liebesgeschichte zwischen zwei jungen Leuten dieses Berggebiets. Das Zusammenspiel von kollektivem und individuellem Schicksal macht aus Gori ein Beispiel, ja ein Emblem der Gemeinschaft, zu der er gehört: im Speziellen der Mikrokosmos des Bavonatals, aber im Allgemeinen (und das ist hoffentlich nicht übertrieben) das ganze Menschengeschlecht. Denn der Roman ist auch die Geschichte von Sehnsucht, Verlust und Trauer, von verpassten Gelegenheiten und vom Exil in der Ferne. Die Verlobte, Maddalena, ist das schönste Mädchen des Dorfes, »ein Wesen anderer Art«. Es heißt von ihr, »wenn sie daherkam, drehten sich die Leute auf der Straße nach ihr um und hörten mitten im Satz zu reden auf«. Die Liebe zwischen ihr und Gori schlägt ein wie der Blitz, ist aber keineswegs flüchtig, sondern dauerhaft, ja hartnäckig. »In der Schule war sie die Einzige, die Schuhe aus dem Laden trug«, erzählt Gori, »hohe Schuhe mit Schnürsenkeln, die kreuzweise verschnürt und dann zugeknüpft wurden. Vielleicht begann ich sie dieser Schuhe wegen gern zu haben und auch weil der Hals, den sie über das Schulheft neigte, so zart war.« Die Kraft dieser Liebe lässt niemanden kalt, sie ist wohl der Grund, weshalb Leserinnen und Leser die beiden Romanfiguren sofort ins Herz schließen (und – sie seien gewarnt – das Buch mit nassen Augen schließen werden). Und dennoch besetzt die Geschichte von Gori und Maddalena nur fünf der achtundzwanzig Kapitel des Werks. Fünf Kapitel genügen Plinio Martini, um den feinen roten Faden auszulegen, der die restlichen über hundertfünfzig Seiten des Romans verbindet und wie ein paar Tupfer Sekundenkleber zusammenhält. Die Liebe beginnt schüchtern und still in den Schulbänken und hält viele Jahre an, bis Maddalena aus dem Internat der Innerschweiz, wohin sie die Familie geschickt hat, um die Schule zu beenden, zurückkehrt. Lange bleibt die Liebe unerklärt, nur angedeutet, und keimt im Verborgenen, in der ganz unschuldigen Vertraulichkeit der Kinder. Schließlich blüht sie auf, als sich die zwei, nun an der Schwelle zum Erwachsenenalter, eines Tages zufällig auf der Landstraße begegnen. Zufällig? Das mag jeder beim Lesen des ersten Kapitels selbst beurteilen. Sagen wir nur so viel, dass diese Begegnung die nie verlöschte Glut der Liebe wieder entfacht, die sich später, an einem hellen ersten August auf der Alp, wo Gori den Sommer verbringt, in eine leidenschaftliche Flamme verwandelt. Doch die Glut entfacht sich im falschen Moment – ausgerechnet dann, als Gori seine Fahrkarte nach Amerika in der Tasche hat. Mehr sei hier nicht verraten, um das Lesevergnügen nicht zu schmälern.

Der Titel des Romans *Il fondo del sacco* (Zuunterst im Sack), 1970 zum ersten Mal erschienen, bezieht sich einerseits auf das Bedürfnis des Protagonisten, seinen »Sack« zu »leeren«, indem er die Geschichte seines Lebens erzählt, andrerseits auf die geografische Situation des Bavonatals, eine wahre »Sackgasse« im Herzen der Alpen. Doch der »Sack« lässt auch an die Emigration denken, ist er doch das Bündel, das die über dreißigtausend Tessiner – die meisten aus dem Sopraceneri – schulterten, als sie im neunzehnten und auch noch im zwanzigsten Jahrhundert nach Kalifornien auswanderten, vertrieben von den schwierigen Lebensbedingungen ihrer Heimat: wenige und abschüssige Felder, viele Münder zu stopfen, und die Not, die sie jeden Tag das »Unterste« ihrer Existenzgrundlage zusammenkratzen ließ. *Il fondo del sacco* wurde im Tessin sofort sehr positiv aufgenommen und hat in kurzer Zeit die Alpen überquert. Der Roman wurde zuerst von Trude Fein ins Deutsche übersetzt, unter dem Titel *Nicht Anfang und nicht Ende. Roman einer Rückkehr* (Zürich: Classen, 1974; Limmat, 2006), dann von Jeannine Gehring auch ins Französische *(Le fond du sac.* Vevey: Galland/Ex Libris, 1977). Der französische Titel ist wortgetreu, der deutsche gibt einen zentralen Aspekt des Inhalts und auch der Erzählung wieder: die Kreisbewegung, die das ganze Werk durchzieht und bestimmt. Die Begeisterung für den Tessiner Roman überwand also die Sprachgrenzen: In wenigen Jahren wurde er zu einem viel gelesenen Schweizer Klassiker. Plinio Martini zeichnet darin das liebevolle, aber keineswegs geschönte Bild einer Gebirgsgesellschaft, die es heute so nicht mehr gibt. Diesem spezifischen Bild, zusammen mit der Allgemeingültigkeit von Goris Gefühlen, verdankt das Werk wohl seinen Erfolg in einem Land wie der Schweiz, das immer noch zuallererst mit den Alpen in Verbindung gebracht wird und das sich auch selbst im senkrechten Profil seiner Berge erkennt.

Matteo Ferrari ist Doktorand in italienischer Sprach- und Literaturwissenschaft an der Universität Freiburg. Er schreibt seine Dissertation über Plinio Martinis *Il fondo del sacco.*

Aus dem Italienischen von Ruth Gantert

»Glaubst du mir jetzt, dass ich dich lieb habe?«
Sie war in Marias Zoccoli geschlüpft, und mein Blick hing an ihren braun gebrannten Fußgelenken. Es war das erste Mal, dass ich so viel von einer Frau sah. Heute weiß ich, dass es in meinem Leben nur wenige so glückliche Augenblicke gegeben hat,

und wenn ich zurückdenke, spüre ich wieder die Alpenluft und höre die Glocken unten in den Dörfern läuten, denn wenn es schön ist, ist es auf der Alp wirklich schön.
Sie streckte die Hand aus und strich mir leicht übers Haar. Ich wurde rot bis zum Nabel.

»Und wir haben das ganze Leben vor uns.«
»Ein schönes Leben, du hier und ich in Kalifornien! Ich schlafe keine Nacht, weil ich immer daran denke.«

HO GIRATO TUTTA LA SPAGNA
L' INGHILPRUSSIA E LA LOMBARDIA,
MA UN'AMANTE COME LA MIA
NON LA POSSO TROVAR MAI PIÙ.

»Spanien hab ich ganz durchwandert, Englischpreußen, die Lombardei, doch ein Liebchen wie das meine find ich nie und nimmermehr.«

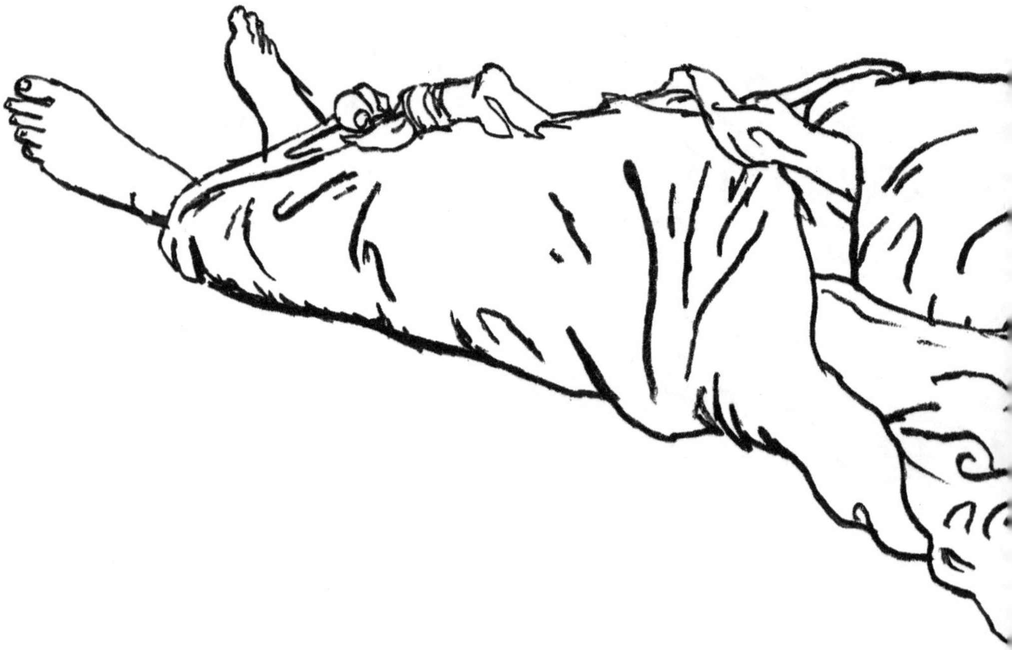

»Und müsst ich auf 'ner Schabe reiten, ich will nach Amerika!«

MAGARI A CAVAL DI UNA PIATTOLA
IN AMERICA VOGLIO ANDAR.

Isabelle Pralong ist Pressezeichnerin, Illustratorin und Comicautorin. Zuletzt veröffentlichte sie *Prédictions* (Atrabile, 2011), nach einem Text von Peter Handke, und *Oui mais il ne bat que pour vous* (L'Association, 2011).

Nach Plinio Martini: *Nicht Anfang und nicht Ende. Roman einer Rückkehr.* Aus dem Italienischen von Trude Fein. Zürich: Limmat, 2006. S. 161 f.

Andreas Gefe wurde 1966 in Küssnacht (SZ) geboren. Nach dem Studium an der Hochschule für Design & Kunst Luzern und mehreren Auslandaufenthalten lebt der Illustrator, Zeichner und Maler in Zürich. 2011 erschien sein Comic *Zwei mal zwei* (Text von Charles Lewinsky, Edition Moderne).

Plinio Martini: *Nicht Anfang und nicht Ende. Roman einer Rückkehr.* Aus dem Italienischen von Trude Fein. Zürich, Limmat 2006, S. 207 und 187.

Biografie

Plinio Martini wurde 1923 in Cavergno (heute in der Gemeinde von Cevio, Vallemaggia) geboren. Nach der Ausbildung zum Lehrer unterrichtete er in verschieden Schulen der Umgebung. 1951 veröffentlichte er seinen ersten Gedichtband, *Paese così*, auf den 1953 ein zweiter Gedichtband folgte, *Diario forse d'amore*. Großen Erfolg hatten seine zwei Romane, *Il fondo del sacco* (1970, ins Deutsche übersetzt von Trude Fein, *Nicht Anfang und nicht Ende. Roman einer Rückkehr.* Zürich: Werner Classen, 1974; Limmat, 2006) und *Requiem per zia Domenica* (1976, in Deutsche übersetzt von Trude Fein, *Requiem für Tante Domenica*. Zürich: Werner Classen, 1975; Limmat, 2002). Der dritte Roman blieb unvollendet, er erschien 1993 postum unter dem Titel *Corona dei cristiani*. Plinio Martini ist auch Autor zahlreicher Erzählungen und Artikel, die teilweise in den ebenfalls postum erschienenen Sammelbänden *Delle streghe e d'altro* (1979) und *Nessuno ha pregato per noi* (1999) erschienen sind. Er starb 1979, mit 56 Jahren.

Ángela Pradelli

2012 verbrachte die argentinische Schriftstellerin Ángela Pradelli einige Monate in Zürich. Bei einem früheren Europa-Aufenthalt hatte sie ihre Verwandten in Coli (Provinz Piacenza) kennengelernt, wo ihr Vater geboren wurde und von wo er als Kind mit seinen Eltern nach Argentinien auswanderte. Die Autorin besuchte ihre Verwandten in Genua und las mit ihnen zusammen die Briefe des Großvaters, die er seinem Bruder aus Argentinien geschickt hatte. Dieses Erlebnis fließt ein in ihr neues Buch, *El sentido de la lectura* (Der Sinn des Lesens), an dem sie in Zürich schrieb. Ein Auszug daraus ist hier auf Deutsch zu lesen.

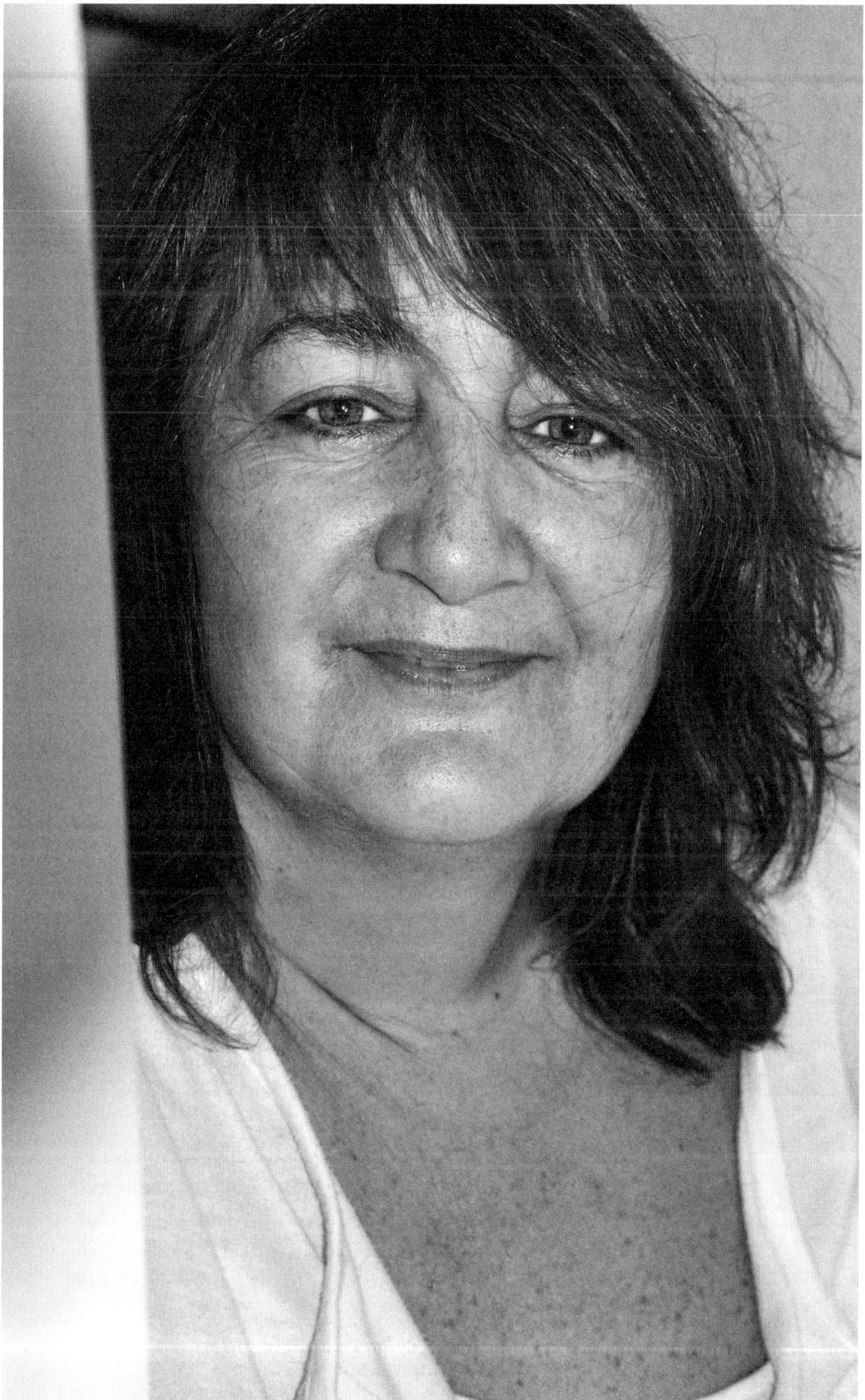

Ángela Pradelli, Schreiben und Herkunft
Auszug aus *El sentido de la lectura* (Der Sinn des Lesens), Buenos Aires, 2013

Die Literatur kann eine Form der Identitätssuche sein, auch unbewusst. Zu schreiben bedeutet in gewisser Weise, etwas zu suchen, manchmal mehrerlei. Beim Schreiben ebnen wir, Wort für Wort, zugleich einen Weg, der uns zeigen soll, wo wir herkommen. Wenn wir wollen, da bin ich sicher, kann uns das Schreiben an die eigenen Wurzeln zurückführen, die uns – selbst, wenn sie uns verborgen bleiben – fest mit der Erde verbinden, aus der wir schöpfen.

2010, als ich auf Einladung der Stiftung Pro Helvetia das erste Mal in der Schweiz war, reiste ich nach Italien, um den Geburtsort meiner Großeltern und meines Vaters kennenzulernen. Mit etwas Glück würde ich das Haus finden, ein Foto davon machen und mit diesem Schatz nach Buenos Aires zurückkehren. Eines regnerischen Morgens reiste ich früh von Genf nach Mailand und von dort weiter nach Piacenza. Es regnete fast die ganze Zeit über. Am Bahnhof von Piacenza fragte ich im Zeitungsladen nach jenem Ort namens Peli. Die Verkäuferin kannte ihn nicht, ebenso wenig wie die Gemeinde Coli, der Peli angehört. Sie riet mir, einen Bus nach Bobbio zu nehmen und mich dort zu erkundigen. In einer Bar in Bobbio fragte ich die Kellnerin, ob ihr der Name Pradelli etwas sage. Sie dachte einige Augenblicke lang nach, schüttelte aber den Kopf. »Wer sind Sie denn?«, fragte ein älterer Mann, der in der Ecke hockte. Auf einen Stock gestützt kam er auf mich zu. Ich erklärte ihm, dass es sich um Verwandte handle, die ich aber nicht kenne, weil ich in Argentinien lebe. »Die Pradellis sind aus Coli«, sagte er und empfahl mir, einen Kleinbus dorthin zu nehmen. Ich musste mich beeilen, denn es war schon halb zwei, und um 14 Uhr schloss der Schalter. Hier in den Bergen war der Regen sehr stark.

Am Eingang des Gemeindehauses abgesetzt, sah ich dem Kleinbus hinterher. Ohne große Hoffnung ging ich hinein. Die Angestellten waren sehr nett, sie hörten mich geduldig und guten Willens an. Da rief eine der Damen namens Simona plötzlich: »Holt Tilde! Tilde kann sie doch fahren.« Tilde war viele Jahre lang Postbotin hier gewesen und kannte jeden. In ihrem kleinen Auto fuhren wir bergaufwärts, während es langsam kälter wurde. Dann hielt der Wagen, und plötzlich fand ich mich vor dem Haus wieder, in dem mein Großvater und mein Vater geboren waren. Ein Ausruf Tildes signalisierte unsere Ankunft. Die Geschwister Maria, Giovanni und Rita, Cousins und Cousinen meines Vaters, kamen mir aus dem Haus entgegen. Außerdem Luigi, Ritas Ehemann. Wir begrüßten uns, traten ein und setzten uns um den Küchentisch. Wir redeten über endlos viele Dinge, tauschten Adressen und Telefonnummern aus und notierten unsere Geburtstage. Sie alle wohnen inzwischen in Genua und nicht mehr in Peli, kümmern sich aber um das Haus und verbringen dort den Sommer, um der Genueser Hitze zu entfliehen. Der Regen hielt uns drinnen in der Küche. Trotz des Nebels konnte ich durchs Fenster den Garten der Pradellis sehen. Rosenstöcke, Obstbäume, Salbei und Rosmarin stehen dort beisammen, und entlang der schmalen Wege zum Gemüsebeet sprießen Blumen. Weitere Zusammenkünfte sollten folgen, hier sollten wir noch die Tage miteinander verbringen, Erinnerungen teilen und gemeinsam durch dieses ehemalige Partisanen-Dorf schlendern, das viele traurige Geschichten von Tod und Verlusten birgt. Vor meiner Rückkehr erwähnte Rita noch die Briefe, die mein Großvater ihnen aus Argentinien geschrieben hatte, und dass sie sie in Genua irgendwo aufbewahrt habe. Beim Abschied versprachen wir, uns wiederzusehen, uns weitere Geschichten zu erzählen, uns zu schreiben. Sie begleiteten mich zum Wagen, Tilde würde mich wieder nach Bobbio bringen. Ein letztes Mal umarmten wir uns, und Rita versprach, nach den Briefen meines Großvaters zu sehen. In ihrem kleinen Auto fuhren Tilde und ich talwärts. Es regnete kaum noch, und in der Luft lag jetzt dieser Geruch feuchter Erde, beinahe wie ein Versprechen.

Zwei Jahre später, im Juni 2012, führt mich die Literatur erneut in die Schweiz. Es handelt sich um eine Einladung des Literaturhauses Zürich, ein halbes Jahr in ebendieser Stadt zu leben und dort an meinem Buch *El sentido de la Lectura* zu schreiben, das im darauffolgenden Jahr in Buenos Aires erscheinen wird. Ich nutze diesen Aufenthalt, um die Briefe meines Großvaters, die schriftliche Hinterlassenschaft dieses Immigranten zu sichten, die zweifelsohne auch die Wurzel meines eigenen Schreibens ist.

Ich erreiche Genua an einem sehr heißen Nachmittag im Juni. Ein paar Monate zuvor hatte mich Rita in Buenos Aires angerufen, um mir mitzuteilen, dass sie die Briefe meines Großvaters an seinen jüngeren Bruder, Ritas Vater, inzwischen zusammengesucht habe. Sie meinte, sie könne sie mir original per Post schicken oder eingescannt per Mail. Doch schnell waren wir uns einig darüber, dass keine dieser Optionen infrage kam. Im Jahr darauf nutze ich stattdessen meinen Arbeitsaufenthalt in Zürich, um eines frühen Morgens nach Genua aufzubrechen. Meine Verwandten erwarten mich am Bahnhof, und kaum sind wir im Haus angekommen, sehe ich auf einem der Möbel einen Briefumschlag liegen.

»Das sind die Briefe deines Großvaters«, sagt Rita. »Und die Fotos, die er all die Jahre über mitgeschickt hat.«

Jetzt solle ich mich aber erst einmal ausruhen, fügt sie hinzu, es gebe noch Gelegenheit und Muße genug, sie zu lesen, am besten, wenn alle dabei seien.

Der restliche Tag vergeht schnell, und am Abend unterhalten wir uns noch lang.

Auf dem Nachttisch in meinem Zimmer entdecke ich ein Buch von Primo Levi, *La tregua*. Noch nie habe ich einen Roman auf Italienisch gelesen. Ich beginne mit dem Gedicht auf der ersten Seite:

Sognavamo nelle notti feroci
Sogni densi e violenti
Sognati con anima e corpo:
Tornare; mangiare; raccontare.
Finché suonava breve sommesso
Il comando dell'alba:
»Wstawać«;
E si spezzava in petto il cuore.

Ora abbiamo ritrovato la casa,
Il nostro ventre è sazio,
Abbiamo finito di raccontare.
È tempo. Presto udremo ancora
Il comando straniero:
»Wstawać«.

11 gennaio 1946*

Um drei Uhr morgens sage ich mir, dass ich jetzt dringend das Licht ausmachen und versuchen sollte zu schlafen, aber um fünf, als es durch die Ritzen des Rollladens langsam hell wird, lese ich noch immer Primo Levi. Morgens um neun gehe ich zum Frühstücken hinunter, wo mich Gianni empfängt:

»Na, nicht gut geschlafen?«

An diesem Nachmittag versammeln wir uns alle im Wohnzimmer um die Briefe herum – Gianni, Luigi, Rita und ich. Rita faltet die Briefe auseinander und verteilt sie mit den Fotos quer über den Tisch. Einerseits würde sie mir die Briefe gern überlassen, sagt sie, andererseits aber auch nicht. Sie habe sie in all den Jahren viele Male gelesen, auf der Suche zu verstehen.

»*Was* zu verstehen?«, frage ich sie.

»Das Leben«, sagt sie, »um ein bisschen das Leben zu verstehen.«

Als ich die Schrift meines Großvaters sehe, kommen mir Tränen, worauf Rita verärgert reagiert.

»Se tu piangi me le porto via, eh?«

Seit Längerem schon geht mir dieser Gedanke durch den Kopf. Dass die persönliche Handschrift der wahrhaftigste, ja der reinste Ort ist, um einem Menschen über seinen Tod hinaus zu begegnen. Wenn wir seine Handschrift lesen, bekommen wir wieder ganz deutlich die Bande zu spüren, die mit dem Tod gelöst wurden. Es ist schwer in Worte zu fassen, eher ein starkes Bauchgefühl, das mir sagt, dass ein Mensch in seiner Schrift wiederzufinden ist, und das so lange, bis auch diese von der Welt verschwindet.

Das bringt mich zum Nachdenken über das Verhältnis zwischen dem Lesen einerseits und dem Suchen, der Herkunft, der Begegnung andererseits, und darüber, wie uns das Lesen in diese Gefilde führt.

In Italien herrschen hochsommerliche Temperaturen, obwohl der Sommer gerade erst angefangen hat. Heute ist ein sehr heißer Tag, vor allem draußen in der Sonne. Wir verbringen den ganzen Nachmittag zusammen am Tisch und lesen die Briefe. Die meiste Zeit lesen wir still, nur manchmal teilen wir laut einen Satz oder eine kurze Passa-

* Primo Levi: *Se questo è un uomo / La tregua*. Torino: Einaudi, 1958 (2003). »Wir träumten in den entsetzlichen Nächten/ Schwere Träume voller Gewalt/ Wir träumten mit Seele und Leib:/ Heimkehr; Essen; Erzählen./ Bis der kurze, leise/ Befehl der Frühe ertönte:/ »Wstavać!«;/ Und es zersprang in der Brust uns das Herz. // Jetzt haben wir unser Haus wieder gefunden,/ Unser Bauch ist gesättigt,/ Wir sind mit dem Erzählen am Ende./ Es ist an der Zeit. Bald hören wir wieder/ Den fremden Befehl:/ »Wstavać!«/ 11. Januar 1946«. Aus dem Italienischen von Moshe Kahn, in: Primo Levi, *Zu ungewisser Stunde. Gedichte*, München: Hanser, 1998.

ge, um uns gleich darauf wieder zu vertiefen und der eigenen Lektüre zu widmen. Uns fällt die saubere Handschrift meines Großvaters auf, und wir bemerken, wie klar und manchmal überaus geistreich seine Schilderung ist. Mein Großvater wird vielleicht vier, höchstens fünf Jahre zur Schule gegangen sein; trotzdem schreibt er tadellos. Wir betrachten ausgiebig das Schriftbild der Briefe, die mein Großvater, wenn die Zeilen aufgebraucht waren, am Rand fortgeführt hat. Gianni meint, dass er wohl Papier, aber auch Gewicht sparen wollte und auf möglichst wenig Raum möglichst viel erzählen. Auch am Rand ist die Schrift ordentlich, aber irgendwie scheinen diese Zeilen, die vor Wörtern überquellen, von einer größeren Dringlichkeit und Notwendigkeit zu sein als die übrigen. Das lässt mich über den Preis des Wortes nachdenken, darüber, was es kostet, etwas zu sagen oder zu schreiben. Einige Briefe sind aus feinstem Papier, »carta sottile«, sagt Gianni. Es ist so hauchdünn, dass man die Schrift im Licht auf der anderen Seite auch rückwärts lesen kann und der Eindruck entsteht, die Wörter lehnten sich aneinander an. So denke ich auch über Strategien des Lesens und Schreibens nach, um Grenzen und Hindernisse zu überwinden. Und über die trennende Mauer, die Preise errichten, die wir nicht bezahlen können. Wie ich merke, spürt Rita, dass sie dabei ist, etwas Bedeutendes aus der Hand zu geben, und eigentlich sollte ich ihr sagen, dass sie die Briefe behalten kann, dass sie in Genua verbleiben sollen und Kopien schon reichen werden, aber ich sage nichts. Sie alle sind sehr großzügig; ein Schriftstück so uneingeschränkt wandern zu lassen und der Lektüre anderer zur Verfügung zu stellen, ist eine Geste der Großzügigkeit, besonders wenn dieser Verzicht, wie jetzt, mit Schmerz verbunden ist. Die Briefe und Fotos bedecken den ganzen Tisch und überlagern sich nach und nach in der Reihenfolge, in der wir sie lesen. Den ganzen Nachmittag folgen wir ihren Schilderungen, vom Auseinanderreißen der Familie, vom Wunsch, Mutter und Geschwister wiederzusehen, vom Leben im neuen Land, von den Kindern, die geboren wurden und immer größer werden, von Schmerz und von Hoffnung. Trotz fortgeschrittener Stunde lässt die Hitze nicht nach, und zeitweise haben wir das Gefühl, dass die Luft uns den Atem nimmt. Es ist Zeit, diese Leserunde zu beenden, was für die anderen einen Abschied bedeutet. Schließlich, in der frühen, vom Ende kündenden Abendstimmung lesen sie, als hätten sie sich abgesprochen, jeder noch einmal aus einem anderen Brief laut einen Abschnitt vor.

Lebensabschnitte eines Menschen, die diese Briefe so viele Jahre hindurch aufbewahrt haben. An jenem Nachmittag rekonstruiert sich im Lesen sein schon verflüchtigtes Leben, ja weilt dieser Mensch nochmal unter uns. Ich lausche und zwischendurch kommt es mir vor, als hörte ich Gesang, ein Gebet, Fürbitten. Einer liest einen kurzen Absatz vor, dann der Nächste, es wird nach neuen Briefen gegriffen, wieder wird ein Absatz vorgelesen, und so weiter fort. Ich begreife, dass es eine Art ist, sich von den Briefen zu verabschieden, und höre ihnen still zu. An diesem Tag essen wir erst spät zu Abend. Während wir Wein einschenken, meint Luigi, er erinnere sich noch an das tägliche Leseritual damals in der Schule.

»Im Unterricht?«, frage ich.

»Nein, während des Essens.«

Luigi gehörte zu den sogenannten *figli del popolo* der italienischen Nachkriegszeit. Das waren Kinder, die auf Beerdigungen gingen, nur um etwas zu essen zu kriegen, und die mithilfe der Reste überlebten, die die Dorfleute ihnen gaben. Mit dreizehn kam Luigi auf die Sampierdarena-Schule in Genua, wo er erstmals regelmäßig mittags und abends eine Mahlzeit bekam. Insgesamt waren sie rund dreihundert Schüler, zwischen dreizehn und achtzehn Jahre alt. Es wurde still gegessen und zugehört, während einer der Schüler etwas vorlas. Dabei war stets ein Priester anwesend und passte auf. Er entschied auch, welche Texte vorgelesen wurden, und ich frage Luigi danach. Ich nehme an, Bibeltexte.

»Ja«, sagt Luigi, »aber auch Romane, Erzählungen und Gedichte, sofern sie die Zensur der Kirche passiert hatten und vom Priester genehmigt worden waren.« Luigi trommelt mit den Fingern auf den Tisch und sagt, erst von da an habe er täglich zu essen gehabt und nicht mehr hungern müssen.

Meine Gedanken wandern zu einem Zusammenhang, den wir selten wahrnehmen, dem zwischen Lektüre und Nahrung. Luigi liest gerne, er hat seither nie aufgehört damit. Wir sprechen über verschiedene Autoren und Bücher. Er sagt, wenn ihm ein Buch gefalle, könne er es nicht mehr aus der Hand geben und lese die ganze Nacht hindurch, bis zur letzten Seite. So sei es ihm auch mit den Büchern von Primo Levi gegangen. Er könne sie einfach nicht wieder zuklappen, bis sie zu Ende seien. Die restliche Zeit des Abendessens verbringen wir schweigend.

Das Lesen pulsiert in den Zwischenräumen der Welt und atmet in ihren Vertiefungen. Hier wird alles, auch das Unbegreifliche, lesbar. Was uns beim Lesen berührt, ist sein innerer Mechanismus, ein Prozess, bei dem unsere Stimme und Sprache ergriffen und unsere Vergangenheit aufgerollt wird. Der Leser verlässt eine Ungewissheit für eine andere. Man kann den Strom eines Flusses lesen oder das eilige Vorüberziehen der Wolken, Hände, die einen Teig kneten, oder kleine Kinderfüße, die zu laufen beginnen. Ihr Inhalt wird immer zweideutig sein, sobald ein wort- und zeichenhungriger Leser sie dechiffriert. Manche Leser tasten sich an den Worten entlang wie auf Fremdgebiet. Andere kreuzen den Fluss ohne Furcht vor dem Strudel ihrer eigenen Sprache.

Mal werden wir von unseren Lesern verstanden, mal bleiben wir undurchdringbar für sie. Doch gibt es da eine Logik der Lesbarkeit? Beim Lesen beginnen wir, einen Teil der Welt zu verstehen, fühlen uns von anderen Teilwelten aber zugleich ausgeschlossen. Etwas Trauriges haftet der Welt an, wenn wir aufhören, sie zu lesen. Etwas stagniert, die Zeit steht still, und der natürliche Fluss der Wörter und Zeichen kommt zum Erliegen. Lesen wir, dann ist es, als steche eine einzelne Stimme inmitten einer Menge hervor, oder aber, als ertöne sie in der Wüste und habe den Winden die Stirn zu bieten.

Texte haben das Recht, interpretiert zu werden. Sie sind dazu da, dass Leser ihnen verschiedenen Sinn zuschreiben. Das macht sie zu einem Feuerwerk der Bedeutungen, zu Raketen, die Zeichen, Bilder und Symbole in die Welt schießen. Texte sind frei. Folgen wir Lesende vielleicht dieser Freiheit, wenn es gilt zu entscheiden, wo wir stehen, wohin wir gehen und bei wem wir bleiben?

Welchen Unterschied aber macht es am Ende, ob einer an einem Rednerpult steht und Cervantes oder Shakespeare vorträgt oder ob einer im Rütteln des Zugs und bei schwachem Licht einen Krimi oder einen Zeitungsbericht liest?

Ein gewisses ständiges Gemurmel muss mitgelesen werden, um wahre Worte von Tönen zu unterscheiden, die gar nicht Wort werden.

Wenn das Lesen dem Menschen innewohnt, wann und warum wird es uns dann fremd? Wir Lesenden haben unseren Ursprung: Moses und Mohammed. Wir tragen stets das Mal der Unvollkommenheit und des Unvermögens. Es zu erkennen hieße vielleicht, uns als Leser zu verstehen. Die Geschichten, in denen Moses' Stottern oder Mohammeds Analphabetismus zum Tragen kommt, wollen uns möglicherweise auch sagen, dass Text und Leser derselben Wurzel entspringen. In gewisser Weise, auch das steckt in diesen heiligen Vorlagen, ist jedes Lesen ein Wiederlesen.

Ich fahre mit dem Zug von Italien in die Schweiz zurück. In Bern werde ich noch einmal umsteigen müssen. Gegenüber von mir sitzt ein Wanderer, schätzungsweise etwas unter dreißig. Er hat seine Unterlagen auf dem Tisch ausgebreitet, ist dabei, irgendetwas nachzurechnen, und immer wieder konsultiert er sein iPad. In Brig steigt eine rund 70-jährige Frau zu. Ihr Haar ist ganz weiß. Sie lächelt und fragt, ob der Platz neben mir noch frei sei. Den Strauß frisch duftender Wildblumen in ihren Händen legt sie beim Setzen auf ihren Schoß. Die Frau riecht so frisch wie die Blumen. Nach ein paar Minuten Fahrt schweift der Blick der Frau, die bis dahin die Umgebung gemustert hat, zu mir. Ich nehme an, dass sie mich gleich ansprechen wird, aber sie bleibt still. Sie richtet sich in ihrem Sitz auf und schaut sich erneut im Wagen um. Bei jeder ihrer Bewegungen weht der leicht herbe Duft der Blumen herüber. Ich frage sie, ob sie die aus ihrem Garten habe, und sage, sie seien sehr schön. Die Frau legt den Kopf zurück an die Lehne. Auf einmal wirkt sie verwirrt, als ob irgendetwas um uns herum sie beunruhige. Wieder sieht sie sich nach allen Seiten um, sichtlich angespannt jetzt.

»Diese Welt ist zu sonderbar für mich geworden«, sagt sie und verstummt darauf wieder.

»Warum denn?«, frage ich nach.

Sie seufzt, antwortet aber nicht. Der Schaffner kommt langsam den Gang entlang und kontrolliert die Fahrscheine.

»Die Welt *ist* sonderbar«, sage ich mit Bekräftigung.

»Ach, für Sie auch?«, horcht sie da auf.

Wir kramen nach unseren Fahrscheinen. Der Wanderer gegenüber reicht sein Ticket zuerst. Der Schaffner liest und erklärt, das sei kein Fahrschein, sondern nur eine Reservierung. Er entwertet das Ticket meiner Nachbarin, dann meins, und bevor er zur nächsten Sitzgruppe schreitet, wendet er sich erneut dem Wanderer zu.

»Hier, lesen Sie«, sagt der Schaffner, während er mit dem Finger auf etwas tippt.

Indessen stellt der Wanderer auf der Suche nach dem Fahrschein seinen Rucksack auf den Kopf. Ich persönlich würde unser Gespräch über die Sonderbarkeit der Welt gerne fortsetzen, doch die Fahrscheinkontrolle hat uns auf das vorherige Schweigen zurückgeworfen. Die Frau richtet sich wieder in ihrem Sitz auf und sieht sich im Wagen um. Daraufhin versuche ich, es ihr gleichzutun und zu beobachten, was sie beobachtet, in der Hoffnung, mir den Grund ihrer Unruhe vielleicht zu erschließen.

Außer dem Wanderer hat gegenüber noch eine rund 40-jährige Frau ein iPad, in dem sie liest. Neben ihr tippt ein junger Mann etwas in seinen Laptop, und ein anderer, circa 60-jähriger Mann liest und schreibt etwas per Handy.

»Ich bin nicht mehr auf der Höhe der Zeit«, sagt die Frau.

Ich lehne mich in den Sitz zurück und betrachte durchs Fenster die Landschaft.

Dieses Mal ist sie es, die nachhakt.

»Was machen die da alle?«

»Sie lesen und schreiben«, antworte ich.

»An der nächsten Station steige ich aus«, sagt sie, »in Thun«, und arrangiert noch die Blumen, bevor sie aufsteht.

»Ich dachte, Lesen und Schreiben sei etwas anderes«, sagt sie.

Ich antworte, dass sie womöglich Recht hat, dass Lesen und Schreiben früher wahrscheinlich etwas anderes war. Aber sie hört mir nicht mehr zu und geht schon den Gang entlang. Ihr weißer Kopf entfernt sich und verliert sich auf dem Bahnsteig. Nur der Duft ihrer Blumen hängt noch zwischen uns.

Aus dem Spanischen von Marion Dick

Biografie

Ángela Pradelli wurde 1959 in Buenos Aires geboren, wo sie in einem Vorort lebt. Ihr Werk umfasst Lyrik, Romane, Erzählungen und Essays. Sie unterrichtet auch Literatur und ist als Fachautorin für Bildungsfragen tätig. 1999 gewann die Autorin den ersten Preis des Concurso Interamericano de Cuentos de la Fundación Avón. 2002 erhielt ihr Roman *Amigas mías* (Meine Freundinnen) den Premio Emecé, 2004 die Auszeichnung Beca Nacional para Escritores. Im gleichen Jahr erhielt Pradelli für ihr Werk *El lugar del padre* den Premio Clarín de Novela, einen von der argentinischen Zeitung *Clarín* ausgeschriebenen Preis. Das Buch erschien auf Deutsch unter dem Titel *Das Haus des Vaters* in der Übersetzung von Marion Dick (Zürich: Rotpunktverlag, 2012). 2010 gastierte sie auf Einladung der Stiftung Pro Helvetia in der Schweiz, und von Juni bis November 2012 verbrachte sie einen zweiten Schweiz-Aufenthalt in Zürich, als Writer in Residence des Literaturhauses Zürich und der Stiftung PWG. In Zürich schrieb sie an ihrem Buch *El sentido de la lectura* (Der Sinn des Lesens), das im Februar 2013 in Buenos Aires erschienen ist.

Carte blanche für Christina Viragh

Drei Übersetzer erhalten Carte blanche für einen Text ihrer Wahl. Christina Viragh übersetzte das erste Kapitel von *Asszonyságok díja* (Frauengewinn), einem Roman des ungarischen Schriftstellers Gyula Krúdy (1878–1933).

Christina Viragh wurde 1953 in Budapest geboren. 1960 kam sie mit der Familie in die Schweiz, nach Luzern, wo sie die Schule bis zur Matura besuchte. Nach dem Studium der Philosophie und der deutschen und französischen Literatur an der Universität Lausanne wurde sie freie Mitarbeiterin beim Feuilleton der *Neuen Zürcher Zeitung*. 1984–86 war sie Teaching Assistant für Französisch an der Universität von Manitoba in Winnipeg, Kanada. Seit 1994 lebt sie als freie Schriftstellerin und Übersetzerin in Rom.

Christina Viraghs literarisches Werk umfasst nebst einem Theaterstück, einem Hörspiel und Beiträgen in Zeitschriften und Anthologien bisher fünf Romane: *Unstete Leute* (Klett-Cotta, 1992), *Rufe von jenseits des Hügels* (Klett-Cotta, 1994), *Mutters Buch* (Klett-Cotta, 1997), *Pilatus* (Ammann, 2001) und *Im April* (Ammann, 2006). Für *Pilatus* erhielt sie den Schillerpreis 2003 der Schweizerischen Schillerstiftung.

Neben ihrer schriftstellerischen Tätigkeit übersetzt Christina Viragh aus dem Ungarischen (u. a. Werke von Imre Kertész und Sándor Márai). Ihre Übersetzung der *Parallelgeschichten* von Péter Nádas (Rowohlt, 2012) wurde mit dem Europäischen Übersetzerpreis Offenburg, dem Preis der Leipziger Buchmesse und dem Literatur- und Übersetzungspreis »Brücke Berlin« ausgezeichnet.

Gyula Krúdy, Frauengewinn

Erstes Kapitel
In welchem ein friedlicher Bürger Widerstand leistet

Dämon, Herrscher über die ganze Welt, kam eines Tages nach Budapest und fand sich ein Versteck im Haus des Leichenbestatters.

Der merkte schon am frühen Nachmittag, dass etwas nicht stimmte. Die Möbel bockten, der Stuhl, den er an den Platz stellen wollte, wo er seit fünfundzwanzig Jahren gestanden hatte, gehorchte nicht, die gewohnten Schlösser an Schränken und Schubladen versagten den Dienst, ein jahrelang regloser Schemel beim Fenster (auf dem die Frau des Leichenbestatters, als sie noch lebte, ihre Füße ruhen ließ, während sie welkend auf die Trostlosigkeiten des Bokréta-Platzes starrte, auf die düsteren Feuerwände, die vernachlässigten Umzäunungen), dieser Schemel schnellte hoch, so wie ein liegender Hund aufspringt, um nach den Waden des Vorbeigehenden zu schnappen. Die alten Spitzenvorhänge, die nichtssagend vor den Fenstern hingen, warfen Schatten ins Zimmer. Diese Schatten waren wie der Schatten von Rauch, oder vom Wind, der über die Wiesen fährt. Aber da waren weder Wind noch Rauch. Der Dämmer, der sich zu früher Nachmittagsstunde aufs Haus legte, machte den Papagei unruhig, den der Leichenbestatter in einem Käfig hielt und auf dessen Englischkenntnisse er stolz war. In dem Dämmer fluchte der Papagei zuerst auf Englisch, dann ahmte er Kinderweinen nach, später, zum größten Erstaunen des Leichenbestatters, ließ er sich auf Ungarisch vernehmen: Er rief Namen, die er einst gehört und sich gemerkt hatte. Nach damaligen, barfüßigen Dienstmädchen rief er, während er sich aufplusterte und unruhig hin und her wiegte. Er rief Berta, er rief Olga, die einmal im Haus des Leichenbestatters das weibliche Geschlecht repräsentiert, ihre langen Haare gekämmt, am Tisch Platz genommen und vor dem Zubettgehen die Kissen zurechtgeklopft hatten; Frauen, deren verwaiste Röcke, im Schrank eingeschlossen, noch etwas vom weiblichen Duft bewahrt hatten, vom Duft von Petersilie, Mehl und Moschus. Der Leichenbestatter stellte dem Papagei Ohrfeigen in Aussicht, dann betrachtete er leicht verwirrt die Uhrzeiger, die eine unsichtbare Hand vorwärts schob. Es blieb ihm kaum mehr Zeit, sich für die Bestattungen des Nachmittags umzuziehen.

János Czifra – so hieß der Leichenbestatter – war im Lauf von fünfundzwanzig Jahren mit dem Tod vertraut geworden, hatte an die zehntausend Budapester begraben, Kinder, Frauen, Alte, das Weinen, das Klagen, die Verzweiflung waren nichts Neues für ihn, die Wechselfälle des Lebens brachten ihn nicht mehr so rasch aus der Ruhe. Ein Genie war er zwar nicht, aber er hatte während seiner langen Tätigkeit gelernt, dass zwischen Leben und Tod eine schmale Grenze verläuft, dass es also keinen Sinn hat, sich zu viel mit dem Kleinkram des Lebens abzugeben. Er war ein höchst anständiger Mensch, zahlte pünktlich die Steuern, hatte keine Schulden, ließ auch den Armen hin und wieder etwas zukommen, größere Sünden hatte er, soviel er wusste, seinem Gewissen nicht aufgeladen, von allen Budapestern rauchte er seine Zigarre am ruhigsten, er konnte stundenlang auf dem Stuhl sitzen, ohne sich zu rühren, sogar zu den Fenstern schaute er nur selten hinaus, sein Geschäft stand unerschütterlich auf festen Füßen, so wie das Geschäft der Priester, Hebammen und Ärzte, kein Wetter störte ihn, keine Sorgen bedrückten ihn, das Jenseits kümmerte ihn wenig, denn er glaubte nicht daran, Wein trank er mit Maß, er legte sich früh schlafen, wurde nie von Schlaflosigkeit gequält, war auch nie, soweit er sich erinnern konnte, krank gewesen, einmal im Monat ging er ins Theater, sah sich eine »Narretei« an, die er sogleich wieder vergaß, Politik interessierte ihn nicht, beim Essen war er nicht wählerisch, Ehrgeiz kannte er nicht, er lebte still, langsam und leise vor sich hin, es fiel ihm gar nicht auf, dass ihn seine Kollegen, die anderen Leichenbestatter, mit einem gewissen Respekt, einer gewissen Hochachtung umgaben. Er lebte wie der Bürger, dem man das Geleit auf seiner letzten Reise unter allgemeiner Anteilnahme und Ehrerbietung gibt; die Beerdigung besorgt das Bestattungsunternehmen Ciprusz.

An diesem Tag kam János Czifra von den Bestattungen gegen Abend nach Hause. (Er hatte auch auf dem jüdischen Friedhof zu tun gehabt, wo er sich mit dem Aufseher über die Teuerung auszutauschen pflegte.) Er legte die schwarze Kleidung ab, schloss die Börse mit dem Geld in den Panzerschrank, zog Pantoffeln an die Füße und ließ sich friedlich auf dem Sofa nieder. Geduldig wartete er aufs Essen, an dem die Wirtschafterin jeweils lange kochte und das sie schlurfend auftischte, unter selbstvergessenem Geplauder mit dem Geschirr. Czifra (der untersetzte, bedächtige Mann war um die Fünfzig) vertrieb sich, als er schon am Tisch saß, die Zeit damit, dass er Brotschnitten ins

Salz und in den Paprika stieß, mit dem Zipfel des Tischtuchs das Besteck polierte, sich ordentlich die Serviette umband, sich ärgerte, dass der Leuchter wieder schummeriges Licht gab, bestimmt hatte ihn die Wirtschafterin nicht geputzt… da geschah es, dass der Dämon ins Zimmer trat.

Auch János Czifra sah ihn nicht, sowenig wie ihn sonst je ein Menschenauge gesehen hat. Der Leichenbestatter bemerkte nur seinen Schatten, der sich aufs Zimmer, auf den weißen Tisch, auf den Leuchter, auf den Teller legte. Dieser Schatten war nicht mehr wie der Schatten des Spitzenvorhangs am Nachmittag. Aber auch nicht wie der Schatten der Toten, den sie reglos, verzerrt, rätselhaft aufs Leichentuch werfen oder auf das kleine Seidenkissen unter ihrem Kopf. Diese steilen Stirnen, diese hochragenden, mit einem Mal krummen Nasen, diese ohne Gesellschaft, in größter Einsamkeit zurückbleibenden Kinne, diese verlängerten Ohren, diese struppigen Schnurrbärte, diese fremd gewordenen Bärte kannte der Leichenbestatter gut, kannte auch ihre Schatten, die sie ins Sarginnere werfen. Vor versehentlich offen gelassenen, steinharten Augen erschrak er nicht, auch nicht vor Augen, die mit ewiger Verachtung, endgültigem Verzicht geschlossenen sind. Die Augenwimpern haben sich davongemacht, auf den bläulichen Lidern bleibt nur ihr Schatten.

Dieser Schatten war anders als alles, was er je gesehen hatte.

Er war dunkel und gestaltlos wie in der Winterdämmerung der Totengräber unten im frischgeschaufelten Grab. Körperlos wie der Dampf, der Rauch des Schmerzes und der Qualen im Zimmer, aus dem der Tote weggebracht worden ist. Geruchlos wie der Wind, der an den Strähnen der Trauerweiden zerrt. Unfassbar wie der Traum, der ins kalte Bett der Witwe den Körper und die Wärme des verschwundenen Mannes zurückbringt. Und beängstigend wie der Scheintote, der vom Friedhof heimspaziert und nackt im Haus umhergeht, in dem bereits Fremde die hinterlassenen Hosen und Röcke tragen. Er war weder tot noch lebendig. Er war ein fernher vom Kirchhof kommender Ruf in der Winternacht, wenn sich die Toten in ihrer Qual ums Grabmal winden und die Stummheit vergeblich um Hilfe anrufen.

Glauben Sie an Gespenster, Herr Czifra?, fragte der Leichenbestatter laut, wie ein Professor seinen Studenten.

Ich glaube nicht an Gespenster, antwortete sich der Leichenbestatter, denn Gespenster gibt es nicht.

Jemand im Nebenzimmer stieß das Fenster auf, und auf der Straße lachte wiehernd der Wind.

János Czifra erhob sich von seinem Platz, verschränkte die Hände im Rücken und trippelte mit kleinen Schritten ins Nebenzimmer, wo er mit lächelnder Miene um sich blickte, ob der Wind nicht etwas umgekippt hatte. Er schloss das Fenster, hüstelte leise, wanderte dann ruhig zu seinem Gedeck zurück und klimperte ungeduldig oder vielleicht nur zerstreut auf seinem Teller.

Wo bleibt das Essen, fragte er die alte Wirtschafterin.

Nein, er wollte in keiner Weise zur Kenntnis nehmen, dass ein neuer Bewohner ins Haus gezogen war. Seinetwegen konnte der ungeladene Gast tun und lassen, was er wollte, er würde sein ruhiges Leben nicht auf den Kopf stellen. Er kraulte mit dem Zeigefinger den Papagei am Hals, steckte ihm ein Stück Palatschinken zu, zog dann an der Schnur der Musikuhr und ließ sich auf dem Sofa nieder, um die dritte Zigarre der täglichen Ration zu rauchen, in Hemdsärmeln, mit verschränkten Armen hörte er sich den alten Walzer an, wie er aus dem gerahmten Bild herausklang.

Aus dem Ungarischen von Christina Viragh

Christina Viragh zum ausgewählten Text

Gyula Krúdy (1878–1933) ist der größte ungarische Schriftsteller, wie sich behaupten ließe, oder sogar einer der Größten überhaupt, weltweit, zeitenüberspannend. Dass er eine Menge geschrieben hat, insgesamt über hundert Romane, Erzählungen, Reportagen, ist beinahe nebensächlich in Anbetracht der Qualität seiner Prosa, die wie Musik ist. Aber nicht, weil er wohlklingende Sätze drechselt. Das kann er zwar auch und tut es, wo nötig, aber das Musikalische seiner Texte liegt in ihrer unmittelbaren Wirkung. Man legt eine CD ein oder man öffnet einen Krúdy-Roman, es ist das Gleiche, eine Stimmung, der man sich nicht entziehen kann, füllt augenblicklich den Raum. Man denke aber eher an moderne Musik, weniger an Mozart. Harmonien, die sich ins Schräge, Absurde, Humorvolle, Handfeste verzerren. Krúdy, Nachtschwärmer, Frauenliebhaber, schreckt vor keiner Nähe, keiner Niederung zurück. In jedem Fall blickt er sehr genau hin und erfasst die Szenen und Situationen in dem Punkt, in dem Tragik und Komik, Alltägliches und das Geheimnis des Lebens zusammenkommen.

In diesem Roman, erschienen 1919, will er, sagt er im Vorwort, einfach darüber nachdenken, »wie seine Budapester Mitbürger leben«. Und dann beginnt der Text nicht nur mit dem Dämon, sondern auch mit der lapidaren Feststellung, dass dieser die Welt beherrscht. Typisch Krúdy, und noch typischer: dass es dann doch auch der Roman der gewöhnlichen »Mitbürger« ist. So wie man sie kennt und trotzdem noch nie gesehen hat. Noch nie in einem Text-Medium, das fest in der Realität verankert ist und doch auf allen Seiten in einen unfassbaren Raum hinaushängt.

Für die Übersetzerin wohl die schwierigste aller Aufgaben, weil sie versuchen muss zu übersetzen, was der Autor im Moment des Schreibens gefühlt hat. Jeder gute Text macht das spürbar, und jede gute Übersetzung spürt es nach. Nur eben, wenn ein Autor wie Krúdy so vieles in so vielen Dimensionen gleichzeitig fühlt und, auch das muss gesagt sein, eine Sprache zur Verfügung hat, die sich fürs Synchrone besonders eignet, dann wird die Aufgabe mehr als anspruchsvoll. Krúdy zu übersetzen wäre eigentlich ein Lebenswerk. Vielleicht wird einmal jemand kommen, ein übersetzerischer Messias, und es auf sich nehmen. Bis dahin tun wir, was uns möglich ist.

Carte blanche für Christian Viredaz

Christian Viredaz widmet seine Carte blanche dem Malcantoneser Dichter Fernando Grignola (*1932). Er übersetzte eine Auswahl von Gedichten aus dem Italienischen oder aus der Mundart von Agno ins Französische. Was ihn an den Gedichten fasziniert und warum er beim Übersetzen keinesfalls auf Dialektausdrücke zurückgriff, erklärt er in der Schlussbemerkung.

Christian Viredaz, 1955 in Oron-le-Châtel geboren, entdeckte beim Übersetzen aus dem Griechischen und Lateinischen am Gymnasium von Lausanne seine Berufung zum Übersetzer. Nach Aufenthalten in England und Italien studierte er Literatur an der Universität Lausanne. Mit einer Arbeit über den Walliser Autor Jean-Marc Lovay schloss er das Studium 1982 ab. Seit 1981 übersetzt er zahlreiche Tessiner Autoren, u. a. Giovanni Orelli, Giorgio Orelli, Alberto Nessi, Plinio Martini, Piero Bianconi und Remo Fasani, in den letzten Jahren vor allem Dichter. Auch brachte er Deutschschweizer Autoren wie Franz Hohler und Francesco Micieli ins Französische. Zwischen 1976 und 1996 erschienen fünf Gedichtbände von Christian Viredaz, darunter *Tout le silence à naître* (L'Aire, 1990) und *Vers l'autre rive* (Éliane Vernay, 1996). Da er ab 1989 in Bern als Übersetzer beim Bundesamt für Sozialversicherung arbeitete, lebte er zehn Jahre lang in der Gegend von Solothurn, bis er 2009 wieder in die Westschweiz zog, in den Norden des Kantons Waadt.

Fernando Grignola, *Le cœur et la racine*

L'émigrant du Sud

Comme une tragique colonne amputée,
les épaules collées au portail
une adresse à la main
le béret enfoncé sur les cheveux,
il garde le pont enchanté
que lui seul peut franchir.

Par-delà les passants sur le trottoir,
par-delà les maisons, la ville, les montagnes,
le morceau de ciel étranger,
il savoure jalousement
le rêve de sa terre
rouge de soleil insulaire.
Blanches maisons calcifiées
dans la plainte des troupeaux,
voix rauques de métayers
dans l'argent des oliveraies
et femmes aux yeux en amande
qui glissent silencieuses
avec des amphores sur la tête
dans les ruelles du désespoir.

… Personne ne trébuche
contre les valises pleines de larmes
du petit homme trapu
aux pommettes saillantes.

Extrait de *Solo la voce e altre poesie.* Agno-Bioggio: La Malcantonese, 1963

Dîner de pauvres diables

Ils sont là qui soutiennent
la maison
leurs grosses valises à leurs pieds.

L'un, grand et gras
une quarantaine d'années
l'autre, court et maigre
le bonnet sur les yeux.

Ils parlent de travail
et des parents là-bas.

(Sur une tranche de pain noir
ils ont laissé couler
un filet d'huile verte
et puis ils y écrasent
un demi-poivron jaune.)

Ils ne disent plus rien: ils dînent!

Extrait de *Ur fiadàa dra mè gent.* Agno-Bioggio: La Malcantonese, 1965

Toi, à Saigon

Ne nous écrivons pas de cartes illustrées:
nous connaissons le panoramique de nos parallèles
et, bien que nous nous ignorions l'un l'autre,
nos pas absorbent les mêmes résonances
de pneus quand les feux passent au vert.

Nous sommes des oasis de chair et de sang
sauvés par la croix entre deux voleurs
et nous nous en remettons aux dés pour tenter notre chance.

À deux pas de la métropole
tu t'épuises au milieu des marécages traîtres
pour acteurs principaux la mitrailleuse et les grenades au napalm
des réacteurs qui pilonnent les miasmes de la jungle.

Suisse, Italie, Europe …
C'est ici que je vis, le matin je bois le café,
et on prie Dieu pour la paix dans le monde
en marchant sur les rails de la normalité
bien boulonnés aux traverses archisûres.

Et on meurt, toi à Saigon
d'industrie guerrière,
par chez moi plus élégamment
seulement d'un inéluctable destin personnel.

Extraits de *La vicenda del vivere.* Agno-Bioggio: La Malcantonese, 1967

Souvenir d'hier et de toi

Une vie sans y penser, et puis une odeur
d'étable, de poulaillers, la pluie stridente des martinets
autour du campanile, un parfum de maisons
sous le fouet du soleil ou la senteur du marc
empilé dans la cour la neuvaine des morts,
cierges de glace qui distillent
le frisson de janvier mal mûr sur les pêchers,
voici que dans le grand fatras des raccourcis
luisante, étincelante, éclate la lumière
du souvenir d'hier et de toi.

Peut-être attendons-nous que naisse

Les merles s'accouplent sur la neige
ensoleillée de janvier, frénésie des premières nichées.

Et nous, incapables à présent de chanter à deux voix
des chansons à boire, ou de cueillir dans les prés
les dents-de-lion nouvelles,
incapables d'apercevoir le saut rapide
d'un troglodyte dans la haie de buis,
sourds désormais aux cabrioles du soleil
dans la côte argentée des hêtres

peut-être attendons-nous que naisse l'homme nouveau
le fouet à la main,
la parole promise,
poésie aux racines lointaines
brosse, gifle qui arrache
le fatras de notre vétusté.

Extraits de *Ciel da paròll.* Lugano-Agno: Bernasconi, 1992

Ils ne se lassent jamais

Ils font semblant d'écouter
mais ils ne se lassent jamais
d'assommer les pauvres gens

les fossés du monde sont pleins
d'os qui affleurent
comme des germes blancs de seigle
crépis de chaux vive

mais eux ne se lassent jamais de labourer
une autre terre
saison après saison
chiendent de l'homme.

Extrait de *Visín luntán.* Faenza: Mobydick, 1999

Ausgewählt und aus dem Dialekt von Agno oder aus dem Italienischen ins Französische übersetzt von Christian Viredaz

Christian Viredaz zu den ausgewählten Gedichten

»Die Leute muss man ehren / solange sie leben. // Denn danach sind die Erinnerungen / selbst die schönsten und die stärksten / nur noch Erinnerungen.« Dieses (leicht abgewandelte) Zitat eines Gedichts von Fernando Grignola aus dem Band *Ur cör e la radisa* (Das Herz und die Wurzel) ist mir in den Sinn gekommen, als *Viceversa* mir eine Carte blanche anbot. Welch bessere Gelegenheit als der achtzigste Geburtstag des Dichters, am 26. August des letzten Jahres, und die Publikation einer kleinen Anthologie mit dem Titel *Nel tempo che scorre* (Balerna: Ulivo, 2012), um eine Auswahl seiner Lyrik vorzustellen, die sich über mehr als ein halbes Jahrhundert verteilt, und dem Dichter so eine bescheidene Ehre zu erweisen?

In den Gedichten von Grignola berührt mich seine tiefe Menschlichkeit und gleichzeitig sein scharfer Sinn für die Natur, und auch seine Schlichtheit, die nichts mit Naivität zu tun hat, sondern mit seinem Streben nach Nähe zu seinen Lesern – ja selbst zu denen, die ihn nie lesen werden.
Für den Übersetzer besteht eine Schwierigkeit darin, dass der Großteil des Werks in Dialekt geschrieben ist. Die Schwierigkeit liegt nicht im Verständnis (Grignola versieht nämlich seine Gedichte mit einer »italienischen Übersetzung«), sondern in dem, was man den »Geschmack der Mundart« nennen könnte: eine Mundart, die häufig besser »singt« als die Standardsprache, eine Mundart, deren starke Bildkraft daher kommt, dass sie, wie der Dichter Andrea Zanzotto es nannte (zur Freude von Giovanni Orelli, der diesen Ausdruck häufig zitiert), »einen Tropfen von Evas Milch« in ihrem Geschmack bewahrt. Wenn man dieser speziellen Sprache gerecht werden will, so muss man sich hüten, in die Falle einer ebenfalls dialektalen Wortwahl zu geraten, die auf Französisch einfach nur folkloristisch wirken würde. Deshalb habe ich versucht, die Besonderheit dieser Gedichte eher durch die Wahl des Rhythmus und der Lautfolgen wiederzugeben, ohne meinen Lesern einen Hinweis darauf zu geben, ob das Gedicht im Original in Dialekt oder auf Italienisch verfasst wurde (doch man wird es leicht herausfinden, ein Blick auf den Titel des Bandes genügt).

Aus dem Französischen von Ruth Gantert

Carte blanche für Maurizia Balmelli

Auf das Kapitel aus Krúdys Roman und die Gedichte von Fernando Grignola folgt ein Brief von Charles-Ferdinand Ramuz. Der bedeutende Westschweizer Schriftsteller schrieb ihn Ende der 1920er-Jahre an seinen Verleger Bernard Grasset, um sich gegen den Vorwurf zu verteidigen, er schreibe in »schlechtem Stil«, und um sein Selbstverständnis als Waadtländer Autor zu erklären. Maurizia Balmelli präsentiert uns Auszüge des Briefs in ihrer italienischen Übersetzung.

Maurizia Balmelli, geboren in Locarno, besuchte zuerst die École internationale de théâtre Jacques Lecoq in Paris, dann die Scuola Holden für kreatives Schreiben in Turin. Sie ist Übersetzerin aus dem Französischen und dem Italienischen (u.a. von Jean-Marie Gustave Le Clézio, Agota Kristof, Cormac McCarthy, Martin Amis und Emmanuel Carrère). Für ihre Übersetzung von McCarthys *Suttree* (Einaudi) erhielt sie den Premio Vallombrosa – Gregor von Rezzori 2010. Maurizia Balmelli unterrichtet an der Scuola di specializzazione per traduttori editoriali di Torino und arbeitet an ihrem ersten Roman.

moddison

Charles-Ferdinand Ramuz, *Lettera a Bernard Grasset*

Caro Signor Grasset,

Non le nascondo che ciò che mi ha incoraggiato a scriverle questa lettera è il fatto che lei scriva lettere a sua volta, delle specie di lettere, quantomeno. Intendo dire che lei pure è un uomo che si spiega, che talvolta acconsente a spiegarsi, e che, avendo agito, torna con uno specchio sottoforma di articolo di giornale, in cui si offre agli sguardi e insieme guarda se stesso. Probabilmente la spiegazione di sé spesso non è altro che una debolezza; spesso, nell'uomo d'azione, è il segno che l'azione ha preso fine e che l'uomo non agirà più. Ma può essere anche una semplice tregua che l'uomo d'azione si concede; è a questo punto che avverte il bisogno di riassumersi (a se stesso ancor più che agli altri), di raccogliersi nell'intento di accrescere le proprie forze, e si intuisce che questo è il suo caso. [...]

Più sopra accennavo al francobollo da un franco e cinquanta incollato sulla busta della prima lettera che ho ricevuto da lei: il prezzo e il colore concorrevano a dire che, per raggiungermi, la sua missiva aveva dovuto superare un confine »politico«. Era uscita dallo stato francese per passare in un altro stato in cui si dà il caso che parlassimo francese (tra le altre lingue) ma che non era più la Francia, nel senso politico del termine. Era ancora la Francia per la lingua, e dunque non era più la Francia, pur essendolo: situazione ambigua e che, nel mio caso specifico, ma non soltanto nel mio, ha spesso dato luogo a malintesi piuttosto gravi. Permetta (poiché qui è l'uomo a parlare) che non separi il proprio caso da quello di tanti altri uomini che sono i suoi compatrioti, come pure i fedelissimi, regolarissimi, coscienziosissimi, e, in proporzione, numerosissimi lettori dei libri venuti da Parigi (e in particolare dei suoi), perché scritti nella loro lingua; – permetta che qui innanzitutto esponga il caso di quella piccola regione vodese che è la sua. Io sono felice di essere vodese; sono addirittura fiero di esserlo. Ma si tratta di una regione minuscola, e perciò sconosciuta, così come non meglio conosciuta è la Svizzera »romanda« o »francese« di cui fa parte, perché non molto grande neppure lei. [...]

Voi siete francesi di Francia, noi, francesi solo e unicamente per lingua. Vi siamo legati tramite una stretta parentela (la più forte, in verità, la più autentica, la più duratura, la più profonda delle parentele) e tuttavia insieme estranei per numerose altre ragioni. [...] Come vede, siamo »a cavallo«, vale a dire in una situazione assai dolorosa e scomoda; ma non mi riferisco agli inconvenienti attuali. Di questa situazione mi interessano soprattutto le conseguenze profonde, perché non è di oggi, e neppure di ieri, ma esiste da sempre. Di volta in volta, noialtri vodesi, siamo stati borgognoni, savoiardi, bernesi, e adesso siamo svizzeri; siamo stati sotto il dominio della Borgogna, della Savoia, e di Berna, quando questi paesi costituivano degli stati indipendenti; abbiamo avuto dei duchi al tempo in cui i duchi erano ancora dei sovrani; – non siamo mai stati sudditi di un re, voglio dire; dei re di Francia, nella fattispecie. [...] Pertanto, il vostro grande XVII secolo che amo non è stato il nostro, voglio dire che noi non abbiamo vissuto il vostro XVII secolo, voglio dire che noi un XVII secolo non lo abbiamo avuto; perché allora noi eravamo bernesi, vale a dire completamente muti e inesistenti. Ed è precisamente in quel periodo, e per le ragioni appena citate, che la lingua »francese« assumeva la sua forma definitiva, fra i tanti francesi peraltro resistenti; mi riferisco a una lingua letteraria, fra le tante che avrebbero potuto esserlo ma che la preminenza di una di esse e i costanti perfezionamenti di questa condannavano allo stato di dialetti e *patois*. Io amo il vostro XVII secolo, amo il francese, un certo »francese« del quale il vostro XVII secolo ha definitivamente sancito l'uso, tuttavia non posso (venendo da fuori) vederci altro se non un fenomeno del tutto casuale, del tutto contingente (che avrebbe anche potuto non verificarsi), e che per l'appunto, nel mio e nel nostro caso, non si è verificato. E proprio perché rispetto e ammiro questo suo carattere di necessità, e di conseguenza quanto ha significato di profondamente vero e vissuto per certi francesi, in determinate circostanze, essendo davvero stato l'espressione della loro natura; – proprio per queste stesse ragioni mi rifiuto di vedere in quella lingua »classica« la lingua unica, che adoperarono, e ancora devono adoperare, in quanto lingua codificata una volta per tutte, tutti coloro che si esprimono in francese. [...]

Caro Signor Grasset, come vede, le sto sottoponendo un caso, e non soltanto il mio caso. La questione, che mi riguarda in prima persona, è al tempo stesso fortemente universale; e in questo ho pensato che potesse interessarle. E se, alla fine, mi ritrovo comunque a dover parlare di me, è perché ho creduto di poterla risolvere a modo mio, perché sono uno dei suoi autori e perché tra i suoi autori, a conti fatti, sono forse quello che più spesso e più categoricamente accusano di »scrivere male«. [...]

Ora lasci che le dica, caro Signor Grasset, quello che è accaduto a me, perché vorrei qui ricorrere soltanto alla mia esperienza personale: è accaduto che, non appena raggiunta l'età della consapevolezza (essendomi, ahimè, messo a scrivere ben prima), ho constatato non solo che nella mia piccola regione esistevano due lingue, l'una parlata, l'altra scritta, l'una che chiamerei, se non le dispiace, il vodese, l'altra che era (o che credevamo essere) il buon francese, ma che questo francese qui (che ci toccava imparare) lo imparavamo molto male. Anch'io l'avevo imparato (e forse neanche molto peggio di altri), anch'io me ne servivo ancora, o almeno credevo di servirmene; intorno a me se ne servivano tutti, o almeno tutti quelli che si mettevano a scrivere (dei libri, sulle riviste, e perfino sui giornali) con tutta la buona volontà; – dunque come mai mi scontentava sempre più, via via che nascevo a una natura e alle cose, una natura e delle cose peculiari di cui una delle ragion d'essere dello scrittore è appunto quella di esprimere le peculiarità? Fino a quel momento, devo riconoscerlo, non ero risalito ad esse perché non potevo farlo, essendo non più di uno scolaro, ed essendomi accontentato di modelli letterari, Victor Hugo su tutti (ero già responsabile di un gran numero di drammi romantici); – ma proprio a quel tempo uscivo dalla scuola dell'obbligo e, avendo cominciato a provare delle sensazioni (semplifico), ovvero essendomi messo a vivere, ricordo l'inquietudine che si era impadronita di me nell'accorgermi di quanto questo famoso »buon francese«, che era la nostra lingua scritta, fosse incapace di esprimerci e di esprimermi. Tutt'intorno a me vedevo che, trattandosi per noi di una lingua appresa (e a ben guardare una lingua morta), c'era in esso una specie di principio d'interruzione, per cui la sensazione, invece di trasmettersi fedelmente così com'era fino ad assumere la sua forma esteriore, andava affievolendosi strada facendo, come per mancanza di corrente, e finiva con il negare se stessa. Vedevo che, volendo per esempio rendere omaggio alla limpidezza francese in quella che credevamo esserne la lingua, approdavamo soltanto all'oscurità; che la disinvoltura in essa perseguita come fosse la sua stessa essenza amplificava soltanto una naturale goffaggine che meglio avrebbe fatto a dichiararsi; che la rapidità era soltanto lentezza in una forma sofferta, e che in tutte queste qualità si produceva come un rovesciamento, perché si produceva una *traduzione,* e una traduzione mal riuscita. Ricordo che timidamente mi ero detto: forse si potrebbe provare a smettere di tradurre. L'uomo che si esprime davvero non traduce. Lascia che il movimento si compia dentro di lui, consentendo a quello stesso movimento di riunire le parole a modo suo. L'uomo che parla non ha il tempo di tradurre, l'uomo che parla non ha il tempo di tradire così se stesso. Noi qui avevamo due lingue: una considerata »buona«, che noi però usavamo male perché non era nostra, l'altra per così dire piena di errori, che noi però usavamo bene perché era la nostra. Ora, l'emozione che provo, la devo alle cose di qui… »Se scrivessi questa lingua parlata, se scrivessi la nostra lingua…« È quanto ho cercato di fare (più o meno bene, ma qui mi limito alle intenzioni). Ho scritto una lingua che scritta non era (non ancora). Ribadisco che l'ho fatto soltanto per amore del vero, per una profonda disposizione all'autentico (esattamente il contrario di ciò che mi rimproverano), – e aggiungo, per fedeltà. […]

A lungo, dacché avevo preso a scrivere, ero stato molto infelice, e non sapevo perché. Ero ancora un semplice scolaro, ero un ragazzino quando mi sono messo a scrivere; e all'inizio sono stato davvero infelice, poiché mi dicevo: »Perché scrivi?« e mi dicevo: »Ne hai il diritto?«. Era l'epoca in cui mi impegnavo ancora a »scrivere bene«; ma quella stessa fedeltà e quella stessa sottomissione (ancora inconsapevoli o quantomeno passive) mi inducevano a guardarmi intorno e alle spalle: ed ecco che mi imbattevo nella mia gente e provavo un grande disagio, vedendo che tra i miei avi nessuno, non i nonni, non i bisnonni, né nessun altro prima di me, fin dove riuscivo a spingere lo sguardo, aveva mai non dico »scritto«, ma neanche considerato che si potesse »scrivere«, voglio dire altro da una lettera d'affari o dall'elenco delle spese domestiche. Nessuno di quei vignaioli né di quei contadini da cui discendo aveva mai considerato che scrivere potesse essere una vocazione, un mestiere al pari del loro; e me ne rendevo conto, mi rendevo conto che non erano contenti di vedermi perdere il mio tempo così, quando avevo ben altro da fare; sicché, essendo uno scolaro, verso i dieci o i dodici anni, quando ho iniziato a scrivere i miei primi versi, lo facevo di nascosto da loro. Ricordo quanto mi vergognavo all'idea che mi vedessero e osservassero dalla notte dei tempi; e mi nascondevo da loro come dai miei genitori, che di loro per me erano la prosecuzione e il prolungamento visibili […] Era, più avanti ancora, il tempo in cui studiavo per la laurea in lettere, ma passavo le mie giornate a inanellare alessandrini, scrivendo »bene« (secondo le regole), scrivendo come meglio potevo il »miglior« francese possibile, con una bella eloquenza sinuosa e tutti gli ausili di una retorica di cui per l'appunto mi avevano appena svelato i segreti, – adesso chiuso a chiave nella mia piccola stanza nel sottotetto, sempre più nascosto da *loro* e sempre più preoccupato di quello che avrebbero pensato di me, da cui un disagio che non smetteva di crescere. E questo fino al giorno in cui, finalmente, essendo sceso più in profondità dentro me stesso, e qui entrato in contatto con un me stesso più vero, mi è capitato di incontrarci anche loro. Da quel momento non sono più stati fuori di me. La distanza che ci separava è stata cancellata. Tra noi non c'è più stata contraddizione, perché avevo cominciato a somigliargli. Mi avevano riconosciuto: parlavo la loro lingua. Non siamo più stati loro da una parte e io dall'altra; finalmente ci eravamo incontrati. D'un tratto, verso i ventidue anni (ero appena arrivato a Parigi), una data sera erano accorsi dal fondo di me stesso, si erano sostituiti ai modelli esteriori che avevo avuto fino a quel momento; ed è così che mi son messo a cercare di scrivere come parlavano, perché parlavano bene, essendo a loro volta senza modelli; a tentare di esprimerli come loro stessi si erano espressi, di esprimerli a parole come loro si erano espressi a gesti, attraverso parole che restassero gesti, i loro gesti; – loro, nei loro campi o nei loro vigneti, io, secondo i loro insegnamenti, sul mio foglio di carta. E d'un tratto hanno smesso di essere arrabbiati; e io non ho più dovuto nascondermi. Li continuavo, come un buon figlio deve fare; avevo »ripreso il treno«, mi avevano perdonato.

Aus dem Französischen von Maurizia Balmelli

Die Auszüge aus dem Brief stammen aus: Charles-Ferdinand Ramuz: *Deux lettres*. Mit einer Einführung von Georges Haldas. Lausanne: L'Âge d'Homme, 1992.

Maurizia Balmelli zum ausgewählten Text

»Wer sich wirklich ausdrückt, übersetzt nicht. Er lässt der Bewegung in seinem Inneren ihren Lauf und überlässt es ebendieser Bewegung, die Wörter auf ihre Art zu verbinden«. So schreibt Ramuz 1924 in einem Brief an den Verleger Grasset, verfasst in der Absicht, sich gegen die Vorwürfe des »schlechten Stils« zu verteidigen, die seine stärksten Kritiker gegen ihn erheben, weil er regionale Aspekte (Tonfall, Rhythmus, Syntax) des Waadtländer Französischen in die literarische Sprache aufnimmt.

Meiner Bewunderung und meinem Respekt für Ramuz (die mich dazu führten, mich mit ihm zu beschäftigen) tut diese Aussage keinen Abbruch – doch ich möchte ihr meine Sichtweise als Übersetzerin entgegenstellen: Wer übersetzt, drückt andere und anderes durch sich selbst aus.

Ramuz verteidigt den spezifischen Charakter und die Authentizität seiner Sprache und betont, dass er die Welt, von der er sprechen will, *seine* Welt, nur darstellen kann, indem er seiner Sprache treu ist. Als Übersetzerin bin ich der Meinung, dass ich eine kräftige, lebendige Spur des Ausgangstextes nur übermitteln kann, indem ich ebenfalls den spezifischen Charakter meiner Sprache verteidige, die sich natürlich, in meinem Fall, den Erfordernissen eines Autors beugt. Die persönliche Dimension der Sprache ist also für beide Tätigkeiten wichtig: für das Schreiben wie für das Übersetzen. In anderen Worten, mit einer Gleichung: Der Autor schöpft aus seiner eigenen Sprache, um seine Welt zu erzählen, wie der Übersetzer aus seiner eigenen Sprache schöpft, um die Welt eines anderen nachzuzeichnen.

Aus dem Italienischen von Ruth Gantert

Werner Lutz

Werner Lutz wurde 1930 als fünftes Kind einer Seidenweber- und Kleinbauernfamilie geboren, in Wolfhalden (Appenzell AR). Nach der Ausbildung zum Grafiker in St. Gallen arbeitete er in Basel, wo er heute noch lebt. Schon früh machte er sich selbständig, begann Gedichte zu schreiben und Bilder zu malen. Er erhielt u. a. den Preis der Schweizerischen Schillerstiftung (1992), den Basler Literaturpreis (1996) und den Basler Lyrikpreis (2010).

Werner Lutz, *Gedichte*

Kann ich sagen
ich trage einen Hügel in mir
mehr noch
ich trage Hügel an Hügel in mir
und meine Geduld gleicht ihrer Geduld

jemand lacht jemand spottet
er ist nicht mehr bei Trost
das kleinste Lüftchen lässt ihn jubeln
jeder Regentropfen lässt ihn tanzen
er gehört nicht mehr zu uns

*

Die Leichtigkeit dieser Stunde
gleicht nicht
der Leichtigkeit anderer Stunden
die Schwere ist aufgestiegen
und schwebt

könnte sein
dass hinter den alten Birnbäumen
das Vergangene wohnt
mit seinen Bienenvölkern
und den Augenblicken voller Honig

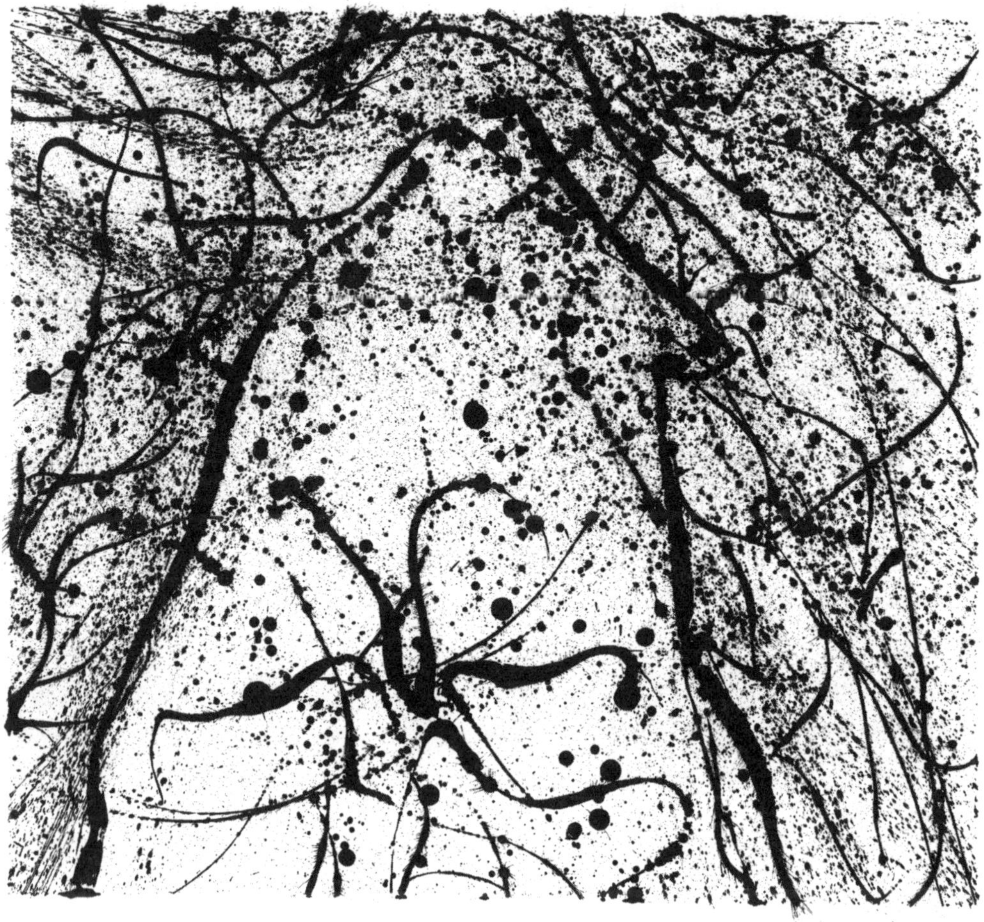

Warten, einfach warten, bis sich hinter den regennassen Gerüchen die Gärten wieder zeigen …

Was soll ich noch hier
bei diesen widerwilligen Küssen
bei dieser Gegenwart
mit den kühlen Händen
gut dass der Regen
zu reden beginnt mit mir

*

Das Fühlen das Sehen
das Erwachen
Tag fügt sich fugenlos an Tag
verlieben würde ich mich gerne
in eine leichte Brise vom Fluss
die barfuß schlendern würde
so neben mir her

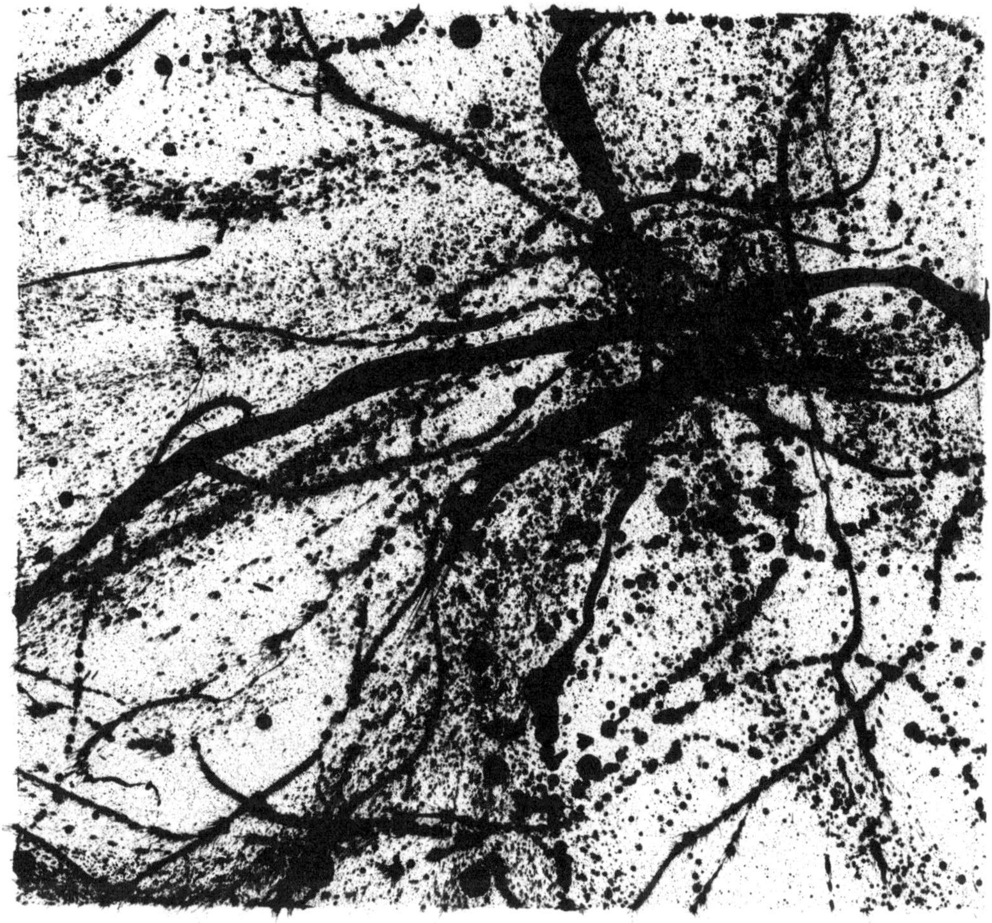

Werner Lutz

Tatsachen soll man drehen, wenden zwischen den Fingern , um heraus zu bekommen
ob sie noch leben, oder längst verendet sind

Dunkle Seiten lichte Seiten
wechselndes Licht
durstige wartende Gärten
manchmal eine helle Note
ein blaues Volkslied über den Dächern
ein fröhliches Winken von weit her

*

Gibt es das
ein leichtes Land mit einem leichten Himmel
mit Friedenszeiten mit Hügeln ohne Narben
mit Steinen die keine Gedenksteine sind

zweifellos
Zufriedenheit ist Landschaft
ist frischgepflügter Acker
ist nussbaumdunkler Nachmittag

und ich mitten in dieser ländlichen Idylle
habe Lust mein liebstes Bild zu verschenken
das Bild mit den weit geöffneten Fenstern
ins Fruchtbare ins Weite hinaus

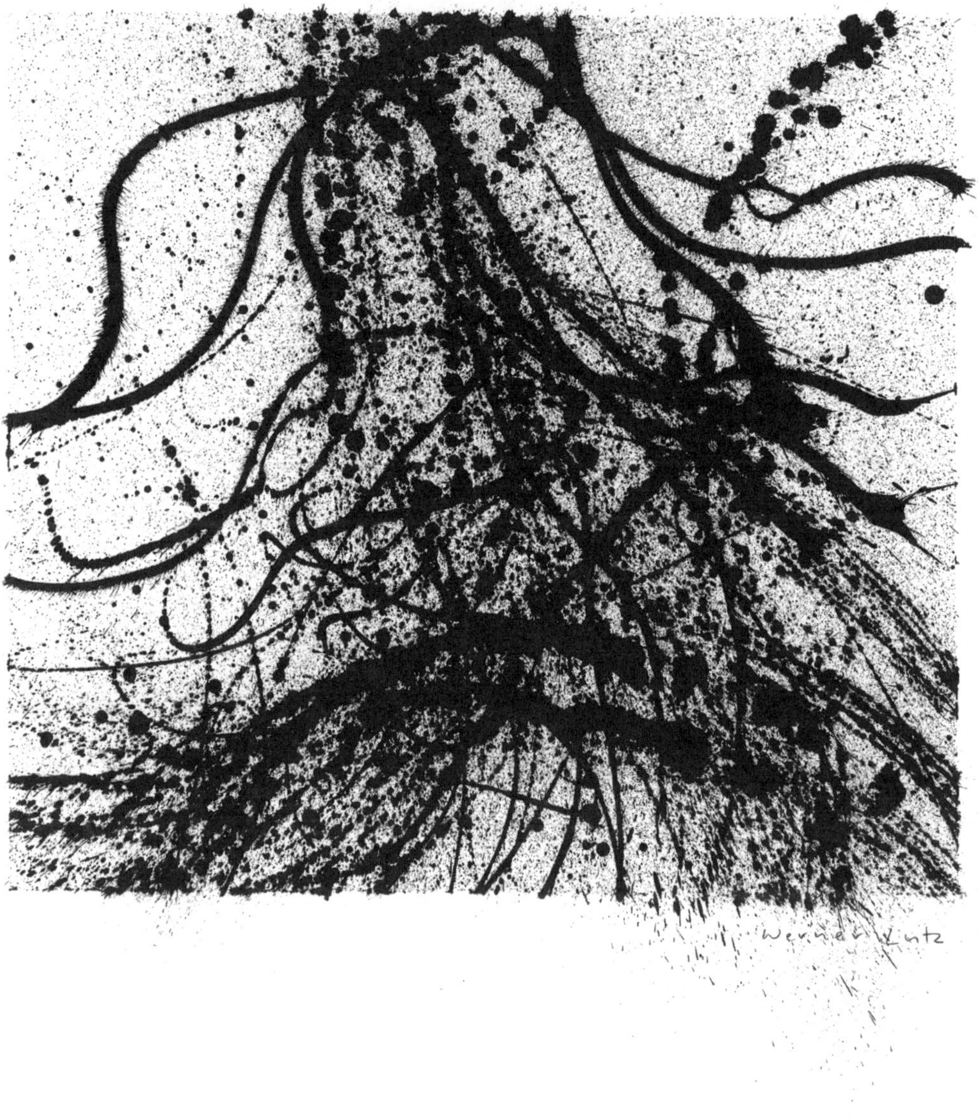

... es kann nicht anders sein, Dunkelheit hat eine dunkle Stimme, wie sollte sie zur Ordnung rufen mit einem hellen, schneidend klaren Sopran: Ruhe jetzt im Land...

Wo geht das Feuer hin
wenn es erloschen ist
wo gehen die Schritte hin
wenn sie verklungen sind
und das Ziel
wo nimmt es die Füße her
um unentwegt davonzulaufen

*

Wieso nicht ausruhen
auf einem Espenblatt
wispernde Espenstunden
nutzlos vertun
weder Sieger
noch Besiegter sein

Noëlle Revaz

Noëlle Revaz, 1968 in Vernayaz im Wallis geboren, schreibt Romane und Kurzgeschichten sowie Hörspiele und Fernsehsketche. Nach dem Literaturstudium an der Universität Lausanne unterrichtete sie zuerst Latein an Privatschulen, und beschloss dann, sich ganz dem Schreiben zu widmen. Ihr erster Roman, *Rapport aux bêtes* (Gallimard, 2012), der Monolog eines Bauern in ungehobelter Sprache, stieß auf große Begeisterung. Er erhielt den Schillerpreis und den Prix Marguerite Andoux. *Von wegen den Tieren,* die deutsche Übersetzung von Andreas Münzer, erschien 2004 bei Urs Engeler; der Text wurde auch als Theater aufgeführt und verfilmt. 2009 folgte der Roman *Efina,* in dem es um eine außergewöhnliche Liebe zwischen einem Schauspieler und einer seiner Bewunderinnen geht. *Efina* wurde mit dem Prix Dentan und dem Prix Alpha ausgezeichnet. Zuletzt veröffentlichte Noëlle Revaz den mehrstimmigen Monolog *Quand mamie* (Zoé, 2011), 2009 von Denis Maillefer auf der Bühne inszeniert. Die Autorin unterrichtet seit 2007 am Schweizerischen Literaturinstitut in Biel und ist Mitglied der Spoken-Word-Gruppe »Bern ist überall«.

In der Schule passiert etwas Außergewöhnliches.

Der Lehrer zeigt auf seinen Schrank, der normalerweise verschlossen ist. Er habe ihn offen vorgefunden und eine bestimmte Sache sei verschwunden.

»Ich sage nicht, was fehlt«, hat der Lehrer gesagt. »Aber der Dieb weiß es genau und wird sich selbst verraten!«

Was soll das bedeuten? Alle schauten sich an, und der Unterricht begann. In der Pause gab es Prügeleien, weil jeder den anderen beschuldigt hat, gestohlen zu haben. Wir werden bestraft. Der Lehrer hat viele Hausaufgaben gegeben. Er hat gedroht:

»Ich werde den Dieb finden!«

Alle haben gezittert, sogar die Unschuldigen, dermaßen beeindruckt uns seine Stimme: Wie er den Blaubart auf der Bühne gespielt hat, hat uns Angst gemacht.

Wir haben ihn alle bei der Aufführung gesehen: Er brachte seine Frau zum Heulen.

José hat deswegen in der Nacht geschrien, weil er noch klein ist. Aber es war doch nur ein Theaterstück! Blaubart lebt doch nicht mehr.

Nach der Schule essen wir Kuchen, weil José Geburtstag gehabt hat.

Keine Störung in Sicht, aber auch keine Zeit, das Buch zu lesen: Man muss zuerst die Hausaufgaben machen, und dann spielen. Ich habe eine Katze im Garten gesehen. Das muss ich Mama sagen.

Papa ahnt etwas, er fragt mich ständig aus. Er ist unschlagbar, er schaut mit seinem Auge in meine Gedanken. Er sagt:

»Dich beschäftigt doch etwas!«

Schnell antwortet José an meiner Stelle: »Strafarbeiten!«

(Nichts sagen, stark bleiben, weiter schweigen!)

Papa will, dass ich erzähle, was in der Schule los ist.

Ich habe gelogen: »Nichts«, habe ich gesagt, »nichts Besonderes.«

Er will wissen, warum ich dann so viele Hausaufgaben habe.

»Mhhhh, das ist so in den oberen Klassen«, habe ich gesagt. »Alles wird immer schwieriger!« Ich weiß nicht, ob er mir geglaubt hat.

José streift um mich wie ein Hund, um mich zu nerven, ich kann mein Buch nicht einmal aufschlagen.

»Mama«, rufe ich, »José lässt mich nicht lernen!«

»Lass deinen Bruder jetzt in Ruhe arbeiten!«, sagt Mama und gibt ihm einen Klaps, bevor sie mich auf die Stirn küsst.

Ich bin ihr Liebling. Sogar wenn ich etwas ganz Schlechtes mache, findet sie Gründe, mir zu verzeihen. Papa sagt, dass ich wegen ihr noch auf die schiefe Bahn gerate.

Die Zeichnung mit der Frau im Ruderboot gefällt mir am besten. Die Babys hängen am Baum und die Frau kommt, um sie abzunehmen. Es ist wirklich seltsam.

Die anderen Zeichnungen machen richtig Angst: Man sieht einen blutüberströmten Mann, der lachend an seinem Bein nagt und glücklich ist. Man sieht eine ganz kleine hässliche Frau, die in Stücke zerspringt, und einen Raben, der sie aufpickt, um sie zu fressen. Warum zeichnen die solche Sachen, die es nicht gibt und die nicht mal schön sind? Es gibt einen Papa, der mit der Axt den Kopf seiner Kinder in zwei Hälften teilt, und die Mama schaut ihm zu; es gibt Bäume mit Totenköpfen, Schweine, die fressen Leute mit Nägeln in den Augen. Es gibt auch nackte Hintern und Männer, die was mit Frauen machen, und noch einige Zeichnungen mehr, wenn man sie anschaut, möchte man das Buch sofort zuklappen. Es ist ein schlimmes Buch.

Ich habe danach sogar von diesem Buch geträumt: Blaubart sah mich lesen und packte mich: Hierher du Dieb!, und in seinem Haus war Blut an den Wänden, und die Männer verfolgten mich, um mir weh zu tun. Ich habe lange geschrien. Papa und Mama sind gekommen.

»Hast du geträumt mein Süßer?«, hat Mama gefragt und hat mich auf die Stirn geküsst, aber ich habe ihre Zähne gesehen und habe Angst gehabt, dass sie zubeißt.

»Nein!«, habe ich losgeheult und Papa hat geschimpft, weil ich José geweckt habe.

Wir weinten beide.

»Was ist los mit ihm?«, hat Papa gefragt, »er ist doch nicht etwa krank?«

Mama hat mir die Temperatur gefühlt.

»Er hat vielleicht ein bisschen Fieber«, hat sie gesagt, und ich bin am nächsten Morgen im Bett geblieben.

In der Schule schauen sich alle schief an, niemand spricht mehr vom Diebstahl, aber der Lehrer fragt jeden Tag:

»Wer hat gestohlen?«

Natürlich antwortet niemand, also geht der Lehrer langsam vor uns auf und ab, um uns durchdringend anzusehen. Am Anfang machte uns das Angst, weil wir an Blaubart denken mussten, dann haben wir uns daran gewöhnt und antworten jetzt, falls er uns fragt: »Ich nicht, ich schwöre!«

Der Lehrer wiederholt, dass der Dieb sich selber bestrafen werde. Die Strafe wird schrecklich sein!

Das soll mir doch scheißegal sein: Niemand hat mich gesehen. Ich halte das Buch gut versteckt.

Heute Morgen bin ich an der Reihe. Der Lehrer stellt sich vor mich hin, und während er mit mir redet, schwellen an seinem Hals die Adern an:

»Du bist der Dieb! Du bist es, ich sehe es dir an!«

Er zeigt mit dem Finger auf mich. Er tut so, als wisse er Bescheid, damit ich alles zugebe. Trotzdem bekomme ich wirklich Angst, aber ich werde wenigstens nicht rot. Ich schaue ihn an und sage mir: Das ist doch nur Theater! Und ich antworte mit der Stimme, die ich immer bei Mama brauche:

»Nein, ich nicht. Ich schwöre es!«

Blaubart schaut mich nochmal an und sagt:

»Es sieht ganz so aus, als ob du es warst.«

Plötzlich denke ich an das Buch, an eine Seite, die ich nicht anzuschauen wagte: Ein Herr mit einem Bart und einem dicken Hals presst mit seiner Faust eine Menge Kinder zusammen, dass der Saft heraustropft.

Der Lehrer merkt etwas, er beugt sich zu mir und sagt: »Sag doch, woran du denkst! Ich bin sicher, es ist etwas Interessantes!«

Ich schaue ihn an und sage laut: »Ich denke, es ist schlecht zu stehlen!«

Der Lehrer lacht: »Ja, ja. Das ist sehr schlecht!«

Aber ich sehe genau, dass er mich jetzt wirklich verdächtigt.

Jetzt macht er mir Angst. Wenn man weiß, wozu er fähig ist! Ich weiß nicht, wo er all die Kinder hernimmt: in der Schule zumindest sind wir noch vollzählig.

Beim Turnen zählt uns der Lehrer ab und bildet Mannschaften. Ich glaube, er wählt so aus, wer im Topf landet: Eins, zwei, drei, eins …

Er darf uns auf keinen Fall fressen! Ich versuche die anderen zu warnen: Achtung das ist Blaubart! Weitersagen!

Sie hören mir nicht zu, weil sie das Buch nicht kennen.

Er schaut uns zu, während wir spielen. Die, die schnell rennen, wird er nehmen. Die Stärksten sind die Besten, wie bei den Schweinen und Kühen: Die Schwachen und Kranken will der Metzger nicht.

Ich sehe, wie der Lehrer auf mich zukommt. Ich stelle ihm ein Bein. Er fällt um. Dann trete ich auf ihn ein, ich rufe die anderen Schüler zu mir, aber niemand kommt. Blaubart steht auf und will mir in die Ohren kneifen, aber ich renne davon.

Ich gehe schnell nach Hause. Mama ist erstaunt.

»Du kommst aber früh!«

»Mama«, sage ich, »es ist Blaubart!«

Ich kann meine Tränen nicht zurückhalten. Mama, die überhaupt nichts versteht, bringt mich ins Bett, wie bei Fieber, mit Tee und Zwieback. Als ich aufwache, ist Blaubart schon in der Küche und spricht mit Papa. Ich höre nicht alles, was sie reden. Sagen sie: »Diebstahl«, »sauberes Früchtchen«, »schlimmes Buch«? Oder träume ich?

Die Türe öffnet sich und Papa kommt herein. Er fragt mich, ob ich krank sei. Was ich denn im Bett mache. Und ob ich die Hausaufgaben gemacht habe. Und übrigens, der Lehrer sei da, er habe mir etwas zu sagen.

Blaubart steht in meinem Zimmer und geht auf und ab. Er zeigt kein Lächeln. Er sagt, dass mein Vater alles wisse. Papa sagt ja mit dem Kopf. Er sagt, dass ich meine Mutter ganz traurig gemacht habe, und diesmal bedeutet Mama, dass sie mich verhauen wird. Blaubart protestiert, weil er der Erste sein will. Dann nimmt Papa mich aus dem Bett und Mama reicht Blaubart die Rute.

Es gefällt ihm, wie ich über seinen Knien liege und heule, es feuert ihn richtig an. Danach ist Papa an der Reihe. Er schlägt noch schneller, und Mama muss lachen, dass ich weine wie ein Baby.

Blaubart hat das Buch aus der Schublade genommen und zeigt es Papa: Ein ausgezeichneter Künstler, sagt Papa, was für eine Vorstellungskraft!

Währenddessen müht sich Mama damit ab, meine Pobacken rot zu färben.

Noëlle Revaz, *Das Naturgesetz*

Wir sind zu zweit in diesem Haus: der Großvater und ich. Man mag nun denken, dass wir uns langweilen, so ganz allein: doch da vergisst man die Tiere, die wir aus Liebe zur Natur beherbergen und füttern. Obwohl wir in der Stadt leben und selten Gras sehen, spüren wir immer, wie die Wesen, die hier unten auf Erden kreuchen und fleuchen, brüderlich zusammenleben.

Der Großvater hat eine Vorliebe für kleine Tierchen, Ameisen oder Käfer. Er verbringt Stunden damit, Fliegen in einem Glas wiederzubeleben. Von ihm habe ich gelernt, Mäuse anzulocken und wie man Spinnen fängt. Eine halte ich nun in einem Marmeladenglas. Eine schöne Kreuzspinne, die er mir überlassen hat. Sie hat ein dichtes Netz gewoben, um Essen zu fangen.

»Schau, wie geduldig sie ist«, hat der Großvater gesagt, »sie wartet seelenruhig, sie tut nichts als warten und lauern, und wenn die Fliege kommt, losrennen und sie fressen.«

Das ist natürlich reine Theorie, weil sie jetzt doch ganz allein im Marmeladenglas lebt. Wenn Großvater sie von Nahem betrachten würde, sähe er, dass sie ganz ausgetrocknet und untätig ist, seit ich den Deckel drauf getan habe. Ich glaube, das hätte ihm weh getan zu sehen, wie sie seine Fliegen verschlingt.

Ich passe nämlich sehr auf, ihn zu schonen: Ich denke ganz besonders an die Maus von neulich. Er wollte die Maus fangen, die jeden Abend zwischen Wand und Vertäfelung hin und her rannte.

»Das arme Tier«, hat Großvater gesagt, »hat da hinten sicher nichts zu fressen!«

Also hat er seinen Fallstrick ausgelegt und wir sind ins Bett gegangen. Am Morgen, wie an Weihnachten, lag die Maus da, mit dem Kopf in der Schlinge. Ich habe sie als Erster gesehen: Sie war schon ganz rot und oben etwas abgeschürft. Hätte Großvater das gesehen, eine kaputte Maus, als Geschenk ...! Ich habe sie schnell verschwinden lassen und habe gerufen: »Die Falle ist leer, sie ist wohl nicht gekommen!«

Und Großvater hat gesagt: »Was, wirklich? Glaubst du, die hat was geahnt?«

Noch ab und zu kontrolliert er am Morgen, ob sie gekommen ist. Keine Sorge, er wird sie nie finden: Die Katze hat sie in Stücke gerissen.

Diese Katze, übrigens, macht uns auch Probleme. Großvater ist sich nicht bewusst, welche Opfer es kostet, sie zu behalten: Was da alles an Natur draufgeht! So viel schönes Leben – verschwendet! Ich verbringe meine Zeit damit, unter dem Kirschbaum zu patrouillieren. Im Sommer, das geht ja noch, gibt es zu viele Amseln, die alle Früchte fressen, aber im Winter, all die kleinen Meisen, die Rotkehlchen im Schnee … Die kann man doch nicht alle opfern? Andererseits ginge es der Katze auch nicht gut, wenn sie die nicht jagen könnte. Es ist so schwierig, alle zufrieden zu stellen.

Ich muss eine Entscheidung fällen. Der Großvater hat erklärt: Fressen und gefressen werden, das ist ein Naturgesetz. Aber es sieht so aus, als hätte die Katze ihren Teil schon gefressen. Also ist sie jetzt als Nächstes dran. Das ist eine geniale Idee: Sobald die Katze weg ist, also gefressen, sind alle quitt, alles ist in Ordnung und im Gleichgewicht.

Zum Glück haben wir einen Hund, der immer Lust auf eine Katze hat. Er kennt seine Pflichten. Es ist ein außergewöhnlicher Hund, Benito, ein Hund, der alles für sein Herrchen machen würde, der sich in Stücke reißen würde, um eine Katze zu fressen, seinen Blechnapf zu leeren oder einen am Morgen zu wecken. Ich musste kämpfen, um ihn zu behalten, wegen dem Drama mit dem Salamander: Benito hat das nicht extra gemacht!

Eigentlich hatten wir beschlossen, nicht mehr darüber zu sprechen: weil wir uns sonst sofort wieder aufregen und ich dann Großvater seinen Teller nicht mehr bringe, und er Gefahr läuft zu sterben, weil er nicht mehr aufstehen will.

Alles wegen einem hässlichen Salamander! Aber keine Angst Großvater: Ich bleibe hier, um dich zu füttern und zu pflegen.

Er war wirklich hässlich, dieser Salamander, und sein Wasser stank.

Und nun wird Großvater wirklich krank: Ich meine nicht diese vorgetäuschten Beschwerden, nur um was zu essen zu bekommen oder Aufmerksamkeit auf sich zu ziehen, nicht dieses aufgesetzte Bellen, damit ich ihn schneller bediene. Nein! Diesmal ist es echt, er ist sehr, sehr krank, er kann nicht einmal mehr murren.

Als ich ihm am Morgen, wie gewöhnlich, in seinem Teller Wasser bringe, sehe ich ihn im Bett. Ich sage:

»Es ist so weit, die Vögel sind wach, sie zwitschern. Machen wir die Augen auf!«, und ich warte, um zu sehen, was passiert, obwohl ich jetzt schon weiß, dass er schimpfen wird.

Er liegt still im Bett wie die Spinne im Marmeladenglas, braun, ganz dürr. Ich traue mich nicht, ihn zu berühren (Spinnen stechen manchmal), und ich hole ihm schnell ein paar leckere Sachen zum Naschen und den übrig gebliebenen Wein von gestern Abend, voll mit Fliegen: Man weiß ja nie, vielleicht bringt ihn das wieder auf die Beine?

Großvater rührt nichts an. Er macht die Augen nicht auf. Er hat keinen Hunger, gewiss nicht, das habe ich verstanden, denn er kneift den Mund fest zusammen.

»Benito«, sage ich, »bring etwas, das Appetit macht.«

Der Hund hat verstanden. Er ist intelligent. Er kommt mit dem leeren und löchrigen Salamandersack zurück. Großvater will diesen Sack schon lange, und Benito macht ihm damit riesig Freude.

»Bravo«, sage ich, »das wird ihm riesig Freude machen«, und ich stelle den Sack aufs Bett. Benito ist nochmal losgerannt, um weitere Überraschungen zu holen. Er bringt die Knochen der Katze, die er gefunden hat, und ich breite sie schön auf dem Kopfkissen aus.

»Oh du armer, armer Großvater, wie bist du so krank«, sage ich zu ihm, »schau, wer zu Besuch gekommen ist, dir beizustehen: deine kleine Katze, dein Salamander! Jetzt bist du zufrieden, ja?«

Der Großvater schweigt, weil er sehr müde ist. Er lässt seinen Arm auf den Boden fallen.

»Schau, wer dich begrüßen möchte: Hector!«

Hector, das ist der Regenwurm, den Großvater vor dem Ertrinken gerettet hat. Danach hat Hector sich verirrt und hat uns nie wieder gefunden. Ich lege ein Stück Schnur auf die Bettdecke, damit Großvater ihn sieht. Er ist so alt, dass er sich nicht mehr an Hector erinnert. Ich sage:

»Jetzt gehen wir raus, die Tiere wollen an die frische Luft.«

Ich ziehe an ihm, er lässt den Kopf hängen. Großvater ist schwer, obwohl ich in letzter Zeit ein bisschen vergessen habe, ihm zu essen zu bringen, weil ich so viel zu tun hatte … und er mich mit seiner Salamandergeschichte nervt.

Jetzt bemerke ich wohl, dass Großvater sich nicht mehr bewegt. Das heißt, er ist richtig krank. Ich habe das bei den Ameisen auch schon beobachtet: wenn es ihnen schlecht geht, bewegen sie sich nicht mehr, und dann lassen die anderen sie zurück und gehen an ihnen vorbei und sie müssen ganz alleine sterben, wie die Natur es bestimmt hat.

Von Anfang an haben Großvater und ich uns gesagt: Ist ein Tier krank, muss man es töten. Man lässt Tiere nicht leiden. So haben wir die Hamster verloren, die einander gebissen und dann stark geblutet haben. Großvater hat sie getötet, einem nach dem anderen hat er den Kopf umgedreht. Es waren zehn.

Weil ihm das schwerfiel, hat er mir erlaubt, dass ich helfe, und ich durfte auch ein paar erwürgen.

Da wären auch noch all die verletzten Grashüpfer. Es ist verrückt: Normalerweise sieht man das gar nicht, aber wenn man genau hinschaut, ist mit allen irgend etwas nicht in Ordnung: ein Bein, das fehlt, ein abgerissener Flügel. Dieser hier geht krumm, der muss doch leiden, man muss ihn töten. Und dieser hier, was für eine Farbe, und ganz dünn, der ist geschwächt, man muss ihn leider umbringen. Bei jedem Spaziergang dasselbe. Deshalb gehen wir nicht mehr aufs Land: Großpapa sagt, das mache zu viel Arbeit. Das mache ihn traurig. Mich macht es auch traurig, Schnecken zu zerdrücken: Aber was soll man machen, wenn die versuchen, schnurstracks über die Straße zu kriechen.

Man solle nicht gegen die Natur, sondern mit ihr gehen, sie unterstützen, sagt der Großvater, und ihr nachhelfen, wenn nötig, und das möchte ich gerne tun, wenn Großpapa es nötig hat.

In diesem Moment öffnet er ein Auge. Er sagt:

»Hilf mir!«

Oh, Großvater geht es wirklich schlecht. Er sieht ganz komisch aus. Wie er schwitzt, man sieht, dass er leidet. Ich muss ihm Erleichterung verschaffen:

»Großvater, ich werde dich erlösen«, sage ich, und brauche meine Hände, um die Sache zu beenden.

Solche Geschichten machen mich traurig.

Aus dem Französischen von Michael Stauffer, Dichterstauffer

Ugo Petrini

Ugo Petrini, geboren 1950 in Montagnola, studierte italienische Literaturwissenschaft an der Universität Freiburg. Sein erster Gedichtband, *Elissi* (Libri) erschien 1987. Abseits vom Rampenlicht folgten mehrere Gedichtsammlungen, meist schmale Bände, u.a. *Bertesche* (Sassello, 1999) und *Tra il visibile e il dicibile* (mit Bildern von Gabriella Moresi, Mediapoint, 2004). Sein letzter, großer Gedichtband trägt den Titel *Le gazzelle di Thomson* (mit einem Nachwort von Alessandro Martini, G. Casagrande, 2012). Ugo Petrini unterrichtet Italienisch und lebt im Tessin.

Ugo Petrini, *Gedichte*

La serica magrezza
di un uomo in abito scuro
che si allunga
sotto un ombrello rotto
e aggrappandosi al manico
si ripara dal diluvio estivo
sbircia da uno squarcio
della volta nera
mentre l'acqua rimbalza
su altri cappelli
ne coglie il lungo brillìo
e la reazione di chi
prova lo stesso disagio
e spera di colpo
di rompere il cielo
con il puntale.

*

Lassù:
l'ornato celeste
le cime incipriate
la ruggine dell'autunno
la ringhiera, l'inferriata, il cancello
(già gl'incagli della vita!).

Quaggiù:
golfini neri rigonfi
il folto manto
della gatta norvegese
contro la fredda oziosa
lussuria dell'inverno.

E il primo uccello della neve.

Die seidene Magerkeit
eines Mannes in dunkler
Kleidung, der sich ausstreckt
und den Griff
eines zerrissenen Schirms
krampfhaft umklammert, um so
der Sommersintflut zu entgehen,
schaut durch ein Luftloch
des schwarzen Bogens, sieht
das Wasser in einem langen
Schimmer auf anderen
Hüten aufspritzen
und die Reaktion
derer, die sich genau so
in Verlegenheit fühlen –
und hofft, mit der Schirm-
spitze den Himmel aufs Mal
zu durchbohren.

*

Dort oben:
geschmückt: der Himmel,
gepudert: die Gipfel,
der rostige Herbst,
und Zaun, Gitter, Tor
(was zu leben uns hemmt!).

Hier unten:
sich blähende Jäckchen,
das dicke
Fell einer norwegischen
Katze gegen die träge
Wollust des Winters

Und der erste Vogel im Schnee.

Il gallo squarcia, stacca
più di tre volte il silenzio
del primo mattino
con strepiti che raggiungono
la conca livida della città
incrociano l'assordante
vespino e sfumano
nel fragore ctonio
dello spartito autostradale
su cui si eleva uno scenario
di luna calante;
arcua la schiena
mostra bargigli e cresta:
il tradimento resta.

*

Un'asola bolsa
divelta da strappi
trazioni, frizioni
nei suoi punti smerli
e polsi lisi;
bottoni mancanti
ne guastano
l'aspetto e arduo è ormai
sperare che guance
cipriose s'adagino
sul pecari, stupiscano
o che mani s'adoprino
ancora per orli
bordi, tagli o ricami
(e non solo per mancanza
di ricambi).

Der Hahn bricht, unterbricht
das Schweigen des frühen
Morgens mit Schreien, die bis
in die fahle Mulde der Stadt
reichen, sich mit dem taub-
machenden Krach einer Vespa
vermischen im chthonischen
Rauschen der mehrspurigen
Autobahn, über der
sich ein sinkender
Sichelmond inszeniert;
er kurvt den Rücken, zeigt
Koller und Kamm:
der Verrat aber bleibt.

*

Angerissene,
in ihren Rändern
durch Reibung ausgeweitete
Knopflöcher, glänzende
Ellenbogen, hell
schimmernde Ärmel-
enden, fehlende Knöpfe
vermögen seinen Anblick
zu trüben, und schwer ist's
zu hoffen, dass pudrige
Wangen sich nochmals
ans Pekarileder
schmiegen, erstaunt
oder staunend, und dass Hände
sich wieder um Einschnitt,
Bordierung und Stoffsaum
bemühen (nicht zuletzt,
weil es heute keine Ersatz-
stücke mehr gibt).

»Indovina chi sono?«
non il falso nipote
che vorrebbe approfittare
dell'età per rubarti
i risparmi di una vita
con infami sotterfugi
ma il discolo che seguiva
i tuoi corsi di scrittura
e non capiva perché
ti chiamassero zia Àlice
mentre al mare tutti dicevano:
»Guarda che spettacolo
il plotone in curva delle alìci a riva!«
e perché fossero
le donne a indossare
il casco nella tua casa-salone
da parrucchiera che odorava
sempre di permanente.

E quel luglio a te tanto caro
qualcuno ti chiamò per errore
persino Anna, senza che tu
potessi rispondere ormai
nemmeno »Nein«.

»Rate mal, wer ich bin?«
Gewiss nicht einer, der sich
als Enkel ausgibt, um dich
in deinem Alter mit
listigen Schachzügen
um die Ersparnisse eines Lebens
zu bringen, nein, der Schüler
bin ich, der deinem
Schreibunterricht folgte
und nicht verstand, warum
man dich Tante Àlice
(oder Alis) nannte, während man
am Meer beim Betrachten
eines kurvigen Sardellenschwarms
sagte: »Welch ein Spektakel,
die alìci am Ufer!«
und warum nur die Frauen
in deinem Haus-Salon
die nach Dauerwelle riechende
Frisierhaube trugen.

Und der Juli, den du so liebtest,
da hatte dich jemand aus Zerstreuung
einfach Anna genannt, ohne dass
du auch nur mit »Nein«
antworten konntest.

In una stanza
dalle piastrelle minute
alle pareti color petrolio
stesi su un letto
di mota che scotta
e avvolti in teli grigi
– mummie termali! –
dove con un panno
ogni tanto una mano
deterge il sudore dalla fronte
come ai moribondi;

così per lunghi minuti
patire il caldo
sentire i rigagnoli
di sudore sotto le ascelle
e poi ripuliti del fango
come lordi porci
scendere tre scalini
e sedersi dentro
un sarcofago d'acqua
per un bagno
e un battesimo d'ozono:

»Salga! …«

Asciugandosi
con un lenzuolo
risorgere
da moderni Lazzari.

In einem Zimmer
mit kleinen Fliesen
und petrolfarbenen Wänden
auf heißen Schlick-Betten
liegen, in graue
Linnen gehüllt
– Termalmumien! –,
wo dir zuweilen eine Hand
mit einem Lappen
den Schweiß von der Stirne
wischt wie bei Sterbenden;

auf diese Weise während langen
Minuten die Hitze ertragen,
das Rinnen des Schweißes
unter den Achselhöhlen
verspüren, und dann,
gereinigt vom Schlamm,
sich drei Stufen weiter unten
wie ein schmutziges
Schwein in einen Wasser-
sarkophag setzen für die Bad-
und Ozontaufe:

»Hinaussteigen, bitte! …«

Mit einem Leintuch
sich trocknen,
von den Toten erstehen
wie ein moderner
Lazarus.

Volando ora rasoterra
ora verso l'alto dei cieli
come fanno gli uccelli
in un alternarsi
di miopia e presbiopia
nella chiusura monacale
di una preghiera
o nel missionario aprirsi
al prossimo, tendendo
la mano aperta all'altro:
nel ritmo di rinascita e morte.

Ecco:
su questa altalena
in sottile equilibrio
ora più ora meno fedele
alla cronaca dell'io
o alla vita degli altri
si baloccano i poeti
per dare un senso
alle cose, zampettando
come cavie concitate
– più locali »tüitt« che
moderni twitter –
nelle loro gabbiette
del pensiero.

Am Boden streifend
oder hoch auffliegend,
wie es die Vögel machen
in einem Wechsel von Kurz-
und Weitsichtigkeit,
im mönchischen
Sich-Einschließen
in das Gebet,
im missionarischen
Sich-Öffnen dem Nächsten,
dem Anderen, im Rhythmus
von Auferstehen und Tod.

Mit dieser Schaukel-
bewegung, diesem fragilen
Gleichgewicht, einmal mehr
einmal weniger treu
der Geschichte des Ichs
oder dem Leben der andern,
vergnügen sich die Poeten,
um den Dingen einen Sinn
zu geben, trippeln
wie in Erregung geratene
Meerschweinchen
– eher örtliche »tüitt«
als moderne twitter –
in den kleinen
Käfigen ihrer Gedanken.

Aus dem Italienischen von Christoph Ferber

Das Literaturjahr 2012

Ein Jahr Literaturgeschehen in der Schweiz – das umfasst unzählige freudige Ereignisse, Festivals, Preise und Auszeichnungen, und leider auch einige traurige Meldungen. Eine Auswahl davon ist hier im Jahresüberblick zusammengestellt.

Auch das Panorama der Neuerscheinungen erhebt keinerlei Anspruch auf Vollständigkeit: Wer schafft es schon, sie jährlich zu lesen? Die Redaktion hat aus über vierhundert Schweizer Neuerscheinungen rund neunzig ausgewählt, die sie kurz vorstellt und speziell empfiehlt – mögen sie, wie alle andern, weit über das Erscheinungsjahr hinaus ihre Leserinnen und Leser finden.

Chronik des Literaturjahres 2012

4.1. Tod des Lausanner Autors Michel Buenzod

Michel Buenzod, geboren in Paris, kam mit sechzehn Jahren nach Lausanne. Er unterrichtete und engagierte sich zeitlebens für linke und soziale Themen. Der Autor von Theaterstücken, Hörspielen und Romanen (*La Fabrique du corps*, 1991; *Le Temps des camarades*, 1995; *Les quatre enfances d'Emmanuel*, 2006; alle Editions de L'Aire) starb einen Tag nach seinem 93. Geburtstag in Lausanne.

20.1. Prix du Roman des Romands an Reynald Freudiger für *Ángeles*

Zum dritten Mal wurde im Jahr 2012 der mit 15000 Franken dotierte Prix du Roman des Romands verliehen, an den Waadtländer Autor Reynald Freudiger für seinen Zweitling, den Erzählband *Ángeles* (L'Aire).

27.–29.1. Internationales Lyrikfestival Basel, Basler Lyrikpreis an Klaus Merz

Bei lyrischen Spaziergängen, Gesprächen, Lesungen und Performances waren u. a. Urs Allemann, Rudolf Bussmann, Ingrid Fichtner, Wolfram Malte Fues, Nora Gomringer, der Rapper Greis, Rolf Hermann, Fabio Pusterla und Leta Semadeni zu sehen und zu hören. Der Aargauer

Klaus Merz konnte den mit 10 000 Franken dotierten Basler Lyrikpreis entgegennehmen.

1.2. Tod von Federico Hindermann

Der Verlagsleiter, Übersetzer und Lyriker Federico Hindermann starb 90-jährig in Aarau.

Nach den Worten des Dichters Fabio Pusterla war Hindermann »die bedeutendste zeitgenössische Stimme der italienischen Poesie außerhalb der Grenzen der Italofonie«. Er wurde 1921 als Sohn eines Schweizers und einer Italienerin im Piemont geboren. Die Kindheit verbrachte er in Turin, die Jugendzeit in Basel. Er unterrichtete Deutsch in Oxford und Romanische Philologie in Erlangen. In Zürich arbeitete er als Übersetzer und Herausgeber und war von 1971 bis 1987 Leiter des Manesse Verlags. Hindermann publizierte seit 1941 Gedichte in italienischer und in deutscher Sprache.

8.2. Bündner Literaturpreis 2012 an Andrea Paganini

Der Puschlaver Andrea Paganini erhielt den mit 10 000 Franken dotierten Bündner Literaturpreis für seine vielfältigen Aktivitäten als Literat, Italianist, Historiker und Poet sowie für sein Engagement für die literarische Kultur Italienischbündens.

4.3. Neuer Preis von ProLitteris für ein literarisches Lebenswerk an Mariella Mehr

Der erstmals verliehene ProLitteris Preis in Höhe von 40 000 Franken ging an die in der Toskana lebende Autorin Mariella Mehr, der Förderpreis in Höhe von 10 000 Franken an die Basler Autorin Ingeborg Kaiser. In der Jury waren Sylviane Dupuis, Melinda Nadj Abonji, Anna Ruchat und Peter Weber.

5.3. Friedrich-Hölderlin-Preis der Stadt Bad Homburg an Klaus Merz

Der mit 20 000 Euro dotierte Friedrich-Hölderlin-Preis ging an Klaus Merz für sein literarisches Werk, »in dem sprachliche Lakonie und Präzision, Formbewusstsein und künstlerische Leichtigkeit eine seltene Verbindung eingehen«, so die Jury.

7.3. Der französische Literaturpreis Grand Prix national de la poésie an Anne Perrier
Die Lausanner Dichterin erhielt als erste Frau und erste Schweizerin den französischen Poesie-Grand-Prix, der von Kulturminister Jack Lang ins Leben gerufen wurde. Der mit 15000 Euro dotierte Preis wurde von Kulturminister Frédéric Mitterrand in Paris überreicht.

9.–10.3. 4+1 traduire, übersetzen, tradurre, translatar in Vevey
Das zweijährlich an wechselnden Orten stattfindende Literatur- und Übersetzungsfestival lud diesmal Englisch als Gastsprache ein. Die zahlreichen mehrsprachigen Lesungen, Diskussionsrunden und Aufführungen stießen auf großes Interesse. Zum Auftakt wurde der 10. Prix lémanique de la traduction an Andrea Spingler und Jacques Legrand verliehen.

11.3. Das Stimmvolk lehnt die Buchpreisbindung ab
Die Abstimmung erfolgte, nachdem verschiedenen Parteien mit der Unterstützung u. a. von Ex Libris das Referendum ergriffen hatten. Im Vorfeld der Abstimmung sprach sich die Branche (Autoren, Übersetzerinnen, Verlegerinnen, Buchhändler etc.) praktisch geschlossen für das Buchpreisbindungsgesetz aus und engagierte sich in der Abstimmungskampagne. Die Mehrheit der Stimmenden (56 Prozent bei einer Stimmbeteiligung von 44 Prozent) lehnte die Buchpreisbindung ab – die Romandie, die seit den 1990er-Jahren ohne Preisbindung lebt, hätte das Gesetz jedoch angenommen.

15.3. Preis der Leipziger Buchmesse an die Übersetzerin Christina Viragh
Der Preis der Leipziger Buchmesse in der Kategorie Übersetzung ging an Christina Viragh für ihre deutsche Übertragung von *Parallelgeschichten* des ungarischen Schriftstellers Péter Nádas (Rowohlt).

3.4. Kulturpreis 2012 der AZ Medien an Pedro Lenz
Der mit 25000 Franken dotierte Preis ging an Pedro Lenz – ein »Wortkünstler, der die Mundart in seinen Büchern und bei seinen Bühnenauftritten zu neuem Leben erweckt«. Er rhythmisiere und verdichte unsere Hausgebrauch-Mundart, sagte Jury-Präsidentin Sabine Altorfer.

16.4. Tod der Genfer Autorin Yvette Z'Graggen

Yvette Z'Graggen wurde 1920 in Genf geboren. Während des Kriegs war sie beim Internationalen Komitee vom Roten Kreuz angestellt, studierte italienische Sprache und Literatur in Florenz und wurde Mitarbeiterin der Genfer Rencontres Internationales. 1952 begann sie ihre Arbeit beim Westschweizer Radio: Dreißig Jahre lang stellte sie in der Romandie Autoren und Autorinnen der anderen Landesteile vor. Sie publizierte acht Romane und ebenso viele autobiografische Erzählungen sowie mehrere Erzählbände. Sie übersetzte auch zahlreiche Texte aus dem Deutschen und Italienischen. Ihre Bücher zählen zur beliebtesten Literatur der Schweiz. Die Autorin reflektiert darin auch politisch und sozial brisante Themen: die Emanzipation der Frau, soziale Ungerechtigkeit und die Rolle der Schweiz im Zweiten Weltkrieg. Yvette Z'Graggen starb 92-jährig in Genf nach langer Krankheit.

17.4. Prix littéraire Lipp Suisse an Corinne Desarzens

Der mit 10 000 Franken dotierte Preis wurde dieses Jahr zum 25. Mal verliehen und ging an die Waadtländer Autorin Corinne Desarzens für ihren Roman *Le Roi* (Grasset). Der junge Walliser Autor Julien Maret erhielt das Stipendium Anton Jaeger für seinen Erstling *Rengaine* (Corti).

25.–29.4. Salon du livre in Genf

Der erste Salon international du livre et de la presse de Genève unter der Leitung von Isabelle Falconnier zog rund 92 000 Besucherinnen und Besucher an. Bundesrat Alain Berset betonte in seiner Eröffnungsrede die unabdingliche Vielfalt des literarischen Schaffens in der Schweiz. Zu sehen war die Ausstellung »Gustave Courbet, Wege ins Exil« mit Werken des Malers, der den französischen Realismus prägte. Eine interaktive Gedenkausstellung »Mon Rousseau et moi« widmete sich dem Philosophen und Schriftsteller Jean-Jacques Rousseau anlässlich des 300. Geburtstags. Der Kinderbuchverlag La Joie de lire feierte sein 25-Jahr-Jubiläum mit einer Ausstellung von Illustrationen. Ehrengast war dieses Jahr Marokko.

28.4. Prix du public de la RTS an Nicolas Verdan
Die Jury aus 25 Westschweizer Radiohörer bzw. Fernsehzuschauern unter der Leitung von Patrick Ferla zeichnete Nicolas Verdan für *Le Patient du docteur Hirschfeld* (Campiche) aus. Die Verleihung des mit 10000 Franken dotierten Preises fand am Genfer Salon du livre statt.

1.–6.5. Internationales Literaturfestival ChiassoLetteraria
»Nie werd' es Morgen...« – die siebte Ausgabe von ChiassoLetteraria war dem Reichtum der Nacht gewidmet. Gäste waren u.a. Alberto Nessi, Marcello Fois, Anne Cuneo, Antonio Arslan, Qiu Xiaolong, Marc Augé, Elisabeth Bronfen, Maurizio Maggiani und Tahar Ben Jelloun. Fabio Pusterla stellte in seiner Carte blanche die Dichter Antonella Anedda, Isabella Panfido, Cristina Alziati und Matteo Campagnoli vor.

17.5. Der Große Schillerpreis an Giovanni Orelli und Peter Bichsel
Bei der letzten Schillerpreisverleihung in Solothurn würdigte Gertrud Leutenegger den Tessiner Autor Giovanni Orelli, während Peter Weber die Laudatio auf das Werk Peter Bichsels hielt. Felix Philipp Ingold bekam einen Werkpreis für *Alias* und Nicolas Verdan für *Le Patient du docteur Hirschfeld*. Schiller-Förderpreise wurden Jens Steiner für *Hasenleben* und Pietro Montorfani für den Gedichtband *Di là non ancora* zugesprochen.

18.–20.5. Die 34. Solothurner Literaturtage
Mit der Leitidee »Musenkuss« widmete sich das Literaturfestival der Inspiration.
Zur Schweizer Literatur gesellten sich arabischsprachige Autorinnen und Autoren, Franzosen, Italiener, der Nigerianer Habila, indische und afrikanische Spoken-Word-Artisten. Autoren erkundeten wechselseitig ihre »Inspiration« in Mittagsgesprächen, im Spiel Icon Poet erfanden sie Dreiminutengeschichten. Zum ersten Mal ließ sich im Landhausfoyer die Arbeit der Übersetzerinnen und Übersetzer live mitverfolgen und diskutieren. Zum 75. Geburtstag von Peter von Matt diskutierte Roger de Weck mit dem Jubilar über den Umgang mit der Kultur in der Schweiz, und die nach 34 Jahren scheidende Geschäftsführerin Vrony Jaeggi erhielt zum Abschied stehende Ovationen. Nach Abschluss der Literaturtage trat die neue Geschäftsleiterin Bettina Spoerri ihre Stelle an.

20.6. Prix Bibliomedia an Jean-Bernard Vuillème
Der Neuenburger Autor Jean-Bernard Vuillème erhielt für seinen Roman *M. Karl & Cie* (Zoé) den Preis der Stiftung Bibliomedia Suisse. Neben der Preissumme von 5000 Franken beinhaltet der Preis auch die Abnahme von 100 Büchern, die an die Westschweizer Bibliotheken verteilt werden.

21.6. ZKB Schillerpreis an Katharina Geiser
Der ZKB Schillerpreis ist ein Literaturpreis, der jedes Jahr auf Vorschlag des Stiftungsrates der Schweizerischen Schillerstiftung durch die Zürcher Kantonalbank ausgerichtet wird. 2012 bekam Katharina Geiser die Preissumme von 10 000 Franken für ihren historischen Roman *Diese Gezeiten* (Jung & Jung).

25.6. Heimrad-Bäcker-Preis an den Lyriker Urs Allemann
Urs Allemann, der 1991 mit seiner Erzählung *Babyficker* einen Skandal ausgelöst hatte, erhielt den mit 8000 Euro dotierten österreichischen Heimrad-Bäcker-Preis im Adalbert-Stifter-Haus in Linz. Allemanns Poesie zeigt, so die Jury, dass »Konstruktion und Dekonstruktion, ebenso wie Tradition und Innovation, zwei Seiten einer Medaille sind«.

6.–8.7. Internationales Literaturfestival Leukerbad
Die 17. Ausgabe des Internationalen Literaturfestivals in Leukerbad vereinte bekannte internationale Autorinnen und Autoren wie Nicole Krauss, Antony McCarten, Navid Kermani, Edward St. Aubyn, Liao Yiwu, Robert Schindel, Hervé Le Tellier, Ilija Troianow und Sibylle Lewitscharoff mit den großen Schweizern Peter Bichsel und Franz Hohler. Auch junge Stimmen aus dem In- und Ausland wie Olga Grjasnowa, Sabine Gruber, Chika Unigwe, Monique Schwitter, Douna Loup und Christoph Simon waren zu hören.

7.7. Prix Suisseculture an Guy Krneta
Der dritte Prix Suisseculture in der Höhe von 20 000 Franken ging an den Basler Autor und Performer Guy Krneta. Ausgeschrieben wird der Preis von Suisseculture, der Dachorganisation der Kulturschaffenden in der Schweiz, und gestiftet von der Schweizerischen Interpreten Stiftung SIG. Er wird für besondere Verdienste um die Förderung und Vermittlung des Kulturschaffens in der Schweiz verliehen.

9.8. Der Preis »Das zweite Buch« an Jens Steiner
Die Marianne und Curt Dienemann-Stiftung Luzern vergab den erstmals ausgeschriebenen Literaturpreis »Das zweite Buch« an den 37-jährigen Zürcher Schriftsteller Jens Steiner. Die Auszeichnung ist mit 20 000 Franken dotiert, wovon 5000 Franken an den Verlag (Dörlemann) gehen. Steiner überzeugte die Stiftung mit seinem Prosa-Manuskript »Katzenmenschen«.

29.8. Der hundertste Geburtstag der Walliser Autorin S. Corinna Bille
Der 100. Geburtstag der großen Westschweizer Schriftstellerin S. Corinna Bille wurde mit vielen Veranstaltungen und Publikationen gefeiert. Auf Deutsch brachte Nagel & Kimche den von Marcel Schwander übersetzten Novellenband *Schwarze Erdbeeren* neu heraus, während im Rotpunktverlag gleich drei Neuübersetzungen in der Übersetzung von Hilde Fieguth erschienen sind. S. Corinna Billes durchkomponierte Geschichten sind in einem archaisch-naturmagischen Wallis angesiedelt, aber auch mit fantastischen, surrealistischen Traumelementen durchsetzt.

2.9. Spycher: Literaturpreis Leuk an Judith Schalansky und John Burnside
Der Preis besteht in einem Gastrecht in Leuk von jährlich acht Wochen über einen Zeitraum von fünf Jahren. Er ging dieses Jahr an die Berliner Schriftstellerin und Buchgestalterin Judith Schalanksy und den schottischen Autor und Lyriker John Burnside.

7.–9.9. Internationales Literaturfestival »Le livre sur les quais«, Morges
Rund 300 Autorinnen und Autoren trafen ihre rund 40 000 Leserinnen und Leser in Morges am Genfersee bei zahlreichen Lesungen, Diskussionsrunden, Vorträgen und Performances zu Lande und zu Wasser. Ehrenpräsidentin war Nancy Huston, zu Gast waren u. a. David Foenkinos, Véronique Olmi und Scholastique Mukasonga oder die Schweizer Fabiano Alborghetti, Pedro Lenz, Marie-Jeanne Urech und Peter Stamm.

13.–16.9. Babel, Literatur- und Übersetzungsfestival, Bellinzona
Als Auftakt fand in Bellinzona das vierte Schweizer Symposium für literarische Übersetzerinnen und Übersetzer statt. Es widmete sich Themen rund um den Berufsalltag im digitalen Raum. Gastsprache des Festivals war Polnisch, das in Filmen, Romanen, Essays, bewegter Poesie oder Graphic Novels zu hören, zu lesen und zu sehen war.

4.10. Wilhelm-Raabe-Preis für Christian Kracht
Der Schriftsteller Christian Kracht erhielt für seinen Roman *Imperium* (Kiepenheuer & Witsch) den mit 30 000 Euro dotierten Wilhelm-Raabe-Literaturpreis.

10.10. Tod von Gaston Cherpillod
Zwei Tage vor seinem 87. Geburtstag verstarb der Waadtländer Autor Gaston Cherpillod. Der Sohn eines Arbeiters und einer Bauernmagd studierte Altphilologie und wurde Lehrer. Er war im Lausanner Gemeinderat Vertreter der Arbeiterpartei (PdA, in der Romandie POP) und wurde deshalb aus dem Schuldienst entlassen. Später engagierte er sich für die sozialistisch-grüne Alternative. Sein Werk umfasst Lyrik, Romane, Erzählbände und ein Theaterstück. Der autobiografische Roman *Le Chêne brûlé* (1969) erschien 1978 auf Deutsch *(Gewittereiche)*. Energisch, leidenschaftlich und humorvoll mischt der Autor verschiedene Sprachniveaus und streut Slangausdrücke in fein ziselierte, klassische Syntax. Zweimal erhielt er den Schillerpreis, für *Le Collier de Schanz* (1976) und für *La Nuit d'Elne* (1986).

11.10. Paul-Celan-Preis an die Übersetzerin Dorothea Trottenberg
Auf der Frankfurter Buchmesse wurde der mit 15 000 Euro dotierte Paul-Celan-Preis, der literarische Übersetzerinnen und Übersetzer auszeichnet, an die Baslerin Dorothea Trottenberg verliehen, die aus dem Russischen ins Deutsche übersetzt. Den Preis erhielt sie für die Übersetzung von *Durst* von Andrej Gelassimow (Suhrkamp), aber auch für ihr Gesamtwerk, zu dem u. a. Übersetzungen von Bulgakov, Gogol, Sorokin, Tolstoi und Bunin gehören.

20.10. Prix Lettres Frontière an Metin Arditi
Die Jury schlug zehn Romane von diesseits und jenseits der Grenze vor, aus denen die dreizehn Lesegruppen der Romandie den Roman *Le*

Turquetto (Actes Sud) von Metin Arditi auswählte, während die neunundzwanzig Lesegruppen der Region Rhône-Alpes sich für *Le Héron de Guernica* (Éditions du Rouergue) von Antoine Choplin entschieden.

20.10. Max-Geilinger-Preis an das Übersetzerhaus Looren
Das 2005 eröffnete Übersetzerhaus Looren in Wernetshausen wurde mit dem Preis der Max-Geilinger-Stiftung geehrt. Die mit 25 000 Franken dotierte Auszeichnung, die an den Zürcher Dichter Max Geilinger erinnert, wird an Persönlichkeiten und Institutionen verliehen, die sich um die kulturellen Beziehungen zwischen der Schweiz und dem angelsächsischen Sprachraum verdient machen. Die Stiftung ehrte das Übersetzerhaus für seine Verdienste um die »Literaturvermittlung über alle Sprachgrenzen hinweg«.

25.10. Oertli-Preis an Chasper Pult
Chasper Pult (Paspels) erhielt den Oertli-Preis für sein großes Engagement für den Austausch zwischen den Sprachregionen der Schweiz. Von 1992 bis 1996 war er Präsident der Lia Rumantscha, von 1996 bis 2001 Leiter des Centro Culturale Svizzero Milano der Pro Helvetia, aber auch als Übersetzer, Dozent und Kulturvermittler tätig.

25.–28.10. Internationales Buch- und Literaturfestival »Zürich liest«, Zürcher Lyrikpreis
Während des schweizweit größten Buch- und Literaturfestivals »Zürich liest« fanden 150 Veranstaltungen statt. International bekannte Autoren wie Hakan Nesser, Joy Fielding, Wilhelm Genazino, Antony McCarten, Katharina Hagena, Rafik Schami und Carlos Ruiz Zafon traten ebenso auf wie Erstlingsautoren (Olga Grjasnova). Auch wichtige Schweizer Autoren waren zu sehen und zu hören, so der in Paris lebende Waadtländer Autor Jean-Luc Benoziglio und die Lyriker Klaus Merz und Werner Lutz. Im Cabaret Voltaire präsentierten die unabhängigen Schweizer Verlage SWIPS ihre Neuerscheinungen. Zum ersten Mal wurde der Zürcher Lyrikpreis vergeben: Die drei Hauptpreise gingen an Jacqueline Crevoisier, Raphael Urweider und Hugo Ramnek.

28.10. Thomas-Mann-Preis an Thomas Hürlimann
Der Schweizer Schriftsteller Thomas Hürlimann wurde mit dem Thomas-Mann-Preis 2012 ausgezeichnet. Er erhalte die Auszeichnung für

sein Werk, mit dem er dem Wissen von der Zerbrechlichkeit des Daseins eine tiefe Humanität entgegensetze, begründete die Jury ihren Entscheid. Die mit 25 000 Euro dotierte Auszeichnung wurde in Lübeck vergeben. Die Laudatio hielt der Zürcher Germanist Peter von Matt. Der Thomas-Mann-Preis wird seit 2010 von der Hansestadt und der Bayrischen Akademie der Schönen Künste gemeinsam verliehen.

1.11. Andrew Holland neuer Direktor von Pro Helvetia

Der seit 2002 amtierende Direktor der Pro Helvetia Pius Knüsel veröffentlichte im März das Buch *Der Kulturinfarkt,* das heftige Reaktionen auslöste. Der Stiftungsrat der Pro Helvetia distanzierte sich vom Inhalt, sprach dem Verfasser jedoch das Vertrauen aus. Trotzdem zog Pius Knüsel sich aus der Direktion der Pro Helvetia zurück, und die Stelle wurde neu ausgeschrieben. Pro Helvetia wählte aus über 90 Bewerbungen Andrew Holland zum neuen Direktor. Holland wurde 1966 in England geboren und ist in Herisau (AR) aufgewachsen. Der promovierte Jurist war Dramaturg und Präsident des Trägervereins Tanzhaus Zürich. Von 1996 bis 2004 arbeitete er beim Bundesamt für Kultur, danach wechselte er zu Pro Helvetia, wo er zunächst die Abteilung Tanz, dann den Bereich Förderung leitete. Ab 2009 war er stellvertretender Direktor von Pro Helvetia.

2.–4.11. Dis da litteratura in Domat/Ems

Die 22. romanischen Literaturtage standen unter dem Motto »Fantasieren, fabulieren, erzählen ... und zuhören!«. Literarische Diskussionen, Vernissagen und Lesungen kreisten um das Geschichtenerzählen. Laura Zangger aus Samedan gewann den mit 3000 Franken dotierten Preis Term Bel sowie den Publikumspreis.

9.11. Bündner Kulturpreis an Giovanni Netzer

Giovanni Netzer studierte Theologie, Theater- und Kunstgeschichte. Der mit 30 000 Franken dotierte Preis würdigt den Regisseur, Intendanten und Autor, Träger des Hans-Reinhart-Rings 2007. Netzer gründete zudem das Origen-Festival in Savognin mit dem Ziel, alttestamentliche Helden in Form zeitgenössischen Musiktheaters auf die Bühne zu bringen.

9.–11.11. Internationales Buch- und Literaturfestival Buch Basel
Der Trägerverein Literatur Basel gab den Messeteil der Buch Basel aus finanziellen Gründen auf. Erhalten bleibt das Buch- und Literaturfestival, neu an verschiedenen Veranstaltungsorten der Innenstadt. Der Verein wird von der Christoph-Merian-Stiftung mit 300 000 Franken saniert. Die Intendantin des Literaturhauses, Katrin Eckert, übernimmt auch die Leitung des Literaturfestivals und interimistisch die Geschäftsführung des Schweizer Buchpreises. Knapp hundert Veranstaltungen mit internationaler und nationaler Prominenz, aber auch Nachwuchsautoren, von Wasserglaslesung bis zu Slam Poetry, begeisterten ein zahlreiches Publikum.

11.11. Schweizer Buchpreis an Peter von Matt für *Das Kalb vor der Gotthardpost*
Der Schweizer Buchpreis wird seit 2008 verliehen. Bisherige Preisträger sind Rolf Lappert, Ilma Rakusa, Melinda Nadj Abonji und Catalin Dorian Florescu. Nominiert waren 2012 neben Peter von Matts Essayband vier Romane von Ursula Fricker, Alain Claude Sulzer, Sibylle Berg und Thomas Meyer. Mit Peter von Matts Buch *Das Kalb vor der Gotthardpost* wurde zum ersten Mal ein Essayband ausgezeichnet. Dank dem Unternehmer und Mäzen Jobst Wagner konnte die Preissumme wieder auf 40 000 Franken angehoben werden.

14.11. Jubiläumspreise der UBS Kulturstiftung
Anlässlich des 50-jährigen Bestehens vergab die UBS Kulturstiftung in allen Sparten besondere Jubiläumspreise in Höhe von je 50 000 Franken. Für die Literatur erhält der Bündner Autor Leo Tuor die Auszeichnung, im Bereich Geistes- und Kulturwissenschaften Claire Jacquier, Professorin am Institut für Französische Literatur der Universität Neuenburg, sowie für die Literaturvermittlung das Maison de Rousseau et de la Littérature in Genf.

23.11. Der Jan-Michalski-Literaturpreis ging an Julia Lovell
Für ihre umfangreiche Studie zum Opiumkrieg (1839–1842), *The Opium War. Drugs, Dreams and the Making of China* (Picador Macmillan), erhielt die britische Historikerin Julia Lovell 50 000 Franken sowie ein Werk des Schweizer Malers und Zeichners Martial Leiter. Damit zeichnete der Jan-Michalski-Literaturpreis erstmals ein Sachbuch aus.

28.11. Studer/Ganz-Preis an Henriette Vásarhely

Der Studer/Ganz-Preis 2012 ging an Henriette Vásárhelyi für ihr Manuskript »immeer«. Die 1977 in Ostberlin geborene und in Mecklenburg aufgewachsene Preisträgerin lebt in Biel. Die Laudatio im Zürcher Literaturhaus hielt Ulrike Ulrich. Der Preis für das beste unveröffentlichte Prosadebüt wurde zum vierten Mal verliehen. Er ist mit 5000 Franken dotiert und mit einer Veröffentlichung im Dörlemann Verlag verbunden.

4.12. Eidgenössische Literaturpreise des BAK in Bern vergeben

Die eidgenössischen Literaturpreise sind Teil eines neuen Literaturförderungskonzepts, das mit insgesamt 800000 Franken jährlich ausgestattet ist. Die Jury besteht aus Dominik Müller (Präsident), Marie Caffari, Bernard Comment, Pietro De Marchi, Urs Engeler, Marion Graf, Clà Riatsch, Daniel Rothenbühler und Barbara Villiger Heilig. Sie hat acht Schweizer Autorinnen und Autoren aller Landesteile ausgezeichnet: Irena Brežná, Arno Camenisch, Massimo Daviddi, Thilo Krause, Marius Daniel Popescu, Catherine Safonoff, Frédéric Wandelère und Matthias Zschokke. Auf die acht Preisvergaben im Dezember folgen vier Hauptpreise (für Literatur, Übersetzen und Literaturvermittlung) im Mai 2013.

11.12. Johanna Lier neue Präsidentin von Suisseculture

Die Mitgliederversammlung von Suisseculture hat die Schriftstellerin Johanna Lier einstimmig zu ihrer Präsidentin gewählt.

Kurzkritiken, Deutschschweiz

Von Christa Baumberger, Ruth Gantert, Nina Maria Glauser, Christine Lötscher, Beat Mazenauer, Daniel Rothenbühler und Liliane Studer

Lukas Bärfuss: *Malaga – Parzival – Zwanzigtausend Seiten. Stücke*

Lukas Bärfuss bleibt sich treu, indem er laufend die theatralische Formensprache variiert. Seine jüngsten drei Stücke stehen für diese Beweglichkeit. *Malaga* ist ein intimes Kammerspiel, das subtil eine familiäre Situation auslotet. *Parzival* unterzieht einen alten Stoff souverän einer neuen Lesart. Und *Zwanzigtausend Seiten* präsentiert sich als brisante Mischung aus Ernst und Klamauk. Lukas Bärfuss ist ein wacher Zeitgenosse, der in seinem Theater nicht die Realität spiegelt, sondern der Realität eine theatralische Verwicklung vorhält, damit sie sich darin erkenne. In den neuen Stücken dreht er Bekanntes durch die Mühle der Verfremdung. (bm)

Göttingen: Wallstein

Sibylle Berg: *Vielen Dank für das Leben. Roman*

»Es ist ein Nichts«, sagt der Arzt als das Kind1966 in der DDR das Licht der Welt erblickt – vaterlos und mit unbestimmtem Geschlecht. Die Mutter nennt es Toto und meldet einen Jungen, vernachlässigt das Baby aber und versinkt im Alkohol. Kinderheim und Bauernhof im Osten, Kommune und Obdachlosenheim im Westen sind Stationen in Totos Leben; Demütigung, Verrat, Spott, Hass und Gewalt erfährt er (oder sie) von den Mitmenschen. Toto geht durch die Hölle, ohne ihr gleich zu werden: rein wie seine kristallklare Sopranstimme, erstaunt und ratlos. Ein Roman, dessen Trostlosigkeit jedes Maß übersteigt, dessen satirische Bemerkungen aber häufig ins Schwarze treffen. (rg)

München: Hanser

Luc Bondy: *Toronto. Gedichte*

Nach zwei Prosabänden legt der im deutschen und französischen Sprachraum bekannte Theaterregisseur nun einen kleinen Gedichtband vor. Der Dramatiker bewahrt als Lyriker die Lust an ungelösten

Spannungen, nur dass diese sich nun nicht zur Handlung entfalten, sondern verdichtet werden im Bild. »Toronto«, zum Beispiel. Das Titelgedicht enthält zentrale Motive des ganzen Bandes: die Verschränkung von Ferne und Gegenwart, von Verlust und Bewahrung, von Himmelshöhe und Bodenhaftung und auch immer wieder von Liebe und Boshaftigkeit, von Verzweiflung und Komik. So endet das Loblied auf »Deine schöne Tochter« mit: »Deine Tochter ist ein Kaktus, / verkleidet als schöne Frau. / Wenn sie fällt, bleibt sie stehen.« (roth)

Wien: Paul Zsolnay

Irena Brežná: *Die undankbare Fremde. Roman*

Die Autorin und Kriegsreporterin Irena Brežná lebt seit 44 Jahren in der Schweiz. In *Die undankbare Fremde* erzählt sie, wie schwer es ist, in einem fremden Land anzukommen. Ihre Romanfigur flüchtet 1968, 18-jährig, mit den Eltern aus einem kommunistischen Land in die Schweiz. Im Dialog mit ihrer ebenfalls ausländischen Freundin Mara und in späteren Erfahrungen als Dolmetscherin in Migrationsämtern, im Gericht, im Spital oder in der Psychiatrie reflektiert sie den Umgang der Schweiz mit den Fremden. So hält die Protagonistin ihrer neuen Heimat einen kritischen, zuweilen irritierenden, mokanten und vorwurfsvollen, letztlich aber auch versöhnlichen Spiegel vor. (bm)

Berlin: Galiani

Ernst Burren: *Dr Troum vo Paris. Mundartgeschichten*

Dr Troum vo Paris ist Burrens jüngst erschienene Sammlung von Mundartgeschichten. Seit jeher schreibt der Autor im »Dialekt seines Dorfes«. Der Ich-Erzähler berichtet über seine Lebenserinnerungen, über seinen Alltag sowie über sein vertrautes Umfeld. Neugierig möchte er aber auch wissen, »was uf dr wäut eso louft«. Die Welt beginnt zu Hause. Sie entfaltet sich auf Reisen, die oftmals in Gedanken stattfinden. In der »brocante« in Aarberg lassen sich zum Beispiel wunderbare afrikanische Masken kaufen, die die Weltwahrnehmung des Ich-Erzählers neu definieren. In aller Bescheidenheit werden im *Troum vo Paris* Geschichten aus dem Alltag erzählt, die das Weltgeschehen auf ihre Weise ein Stück weit mitbestimmen. (nmg)

Muri bei Bern: Cosmos

Arno Camenisch: *Ustrinkata*

An einem Freitagabend im Januar treffen sich die Alten im Dorf zum »Austrinken«. Die Tante schließt die Beiz für immer, es ist »Helvezia am Letzten«. Den Umständen entsprechend ist das Wetter. Es schifft unaufhörlich wie aus Kübeln. Und drinnen am Stammtisch werden die letzten Biere gestemmt und Schnäpse gebodigt. Mit *Ustrinkata* vollendet Arno Camenisch seine Bündner Trilogie. Was in *Sez Ner* mit den luftigen Geschichten von der Alp begann und in *Hinter dem Bahnhof* seine witzige Fortsetzung gefunden hat, endet nun in der Stimmung eines Begräbnisses. Die Alten im Dorf erzählen sich nochmals die alten Geschichten. Ohne Beiz wird auch das Dorfleben sterben. (bm)

Solothurn: Engeler

Urs Engeler (Hrsg.): *Die Mütze. Literaturzeitschrift*

Auf *Zwischen den Zeilen* folgt *Mütze*, Urs Engelers neue Zeitschrift für Prosa, Poesie und Poetik. Das ausgeweitete Konzept bleibt weiterhin einer Literatur verpflichtet, die weniger dem Mainstream als dem poetischen Eigensinn verpflichtet ist: »Wie reibt sich was sich zeigt«, heißt es in einem Essay in der Auftaktnummer. Solche Reibungsenergie demonstriert beispielsweise eine erste Kostprobe aus dem radikalen *Grabmal für fünfhunderttausend Soldaten* von Pierre Guyotat. Das Feuer der Sprache soll fünf Mal im Jahr angefacht werden. (bm)

Solothurn: Engeler/muetze.me

Sandrine Fabbri: *Noras Mails*

Noras Mails ist die erste Veröffentlichung auf Deutsch der Autorin, die vorher auf Französisch publizierte. Es handelt sich um eine literarisierte Sammlung von E-Mails. Die Absenderin Nora ist als Tochter »eines emigrierten jugoslawischen Proletariers« in Zürich aufgewachsen. In Zürich lernt sie die Männer lieben. In Paris entwickelt sich diese Männerliebe wahrhaftig in ein Streben nach sexueller Befriedigung. Berichtet wird über Noras bewegten Alltag, über ihre One-Night-Stands sowie über ihre Alkoholsucht. *Noras Mails* zeichnet aber auch das Porträt einer labilen jungen Frau, die ihren Lebensängsten auf diese Weise zu entkommen sucht. (nmg)

Basel: Lenos

Ingrid Fichtner: ***Lichte Landschaft. Gedichte***
Man sieht sich unvermittelt versetzt vor ein impressionistisches Tableau – aus Worten. Lesend, schauend malt das Auge »Schlieren Schatten Schlingen« unter einem großen Himmel. Ingrid Fichtners Naturgedichte im Band *Lichte Landschaft* formen sich behutsam zu schillernden Bildern. Dabei kommt es auf die feinsten Akzente und die zartesten Tönungen an, die das lyrische Ich wachsam in sich aufnimmt und in Sprache festhält. Die meist kurzen, konzentrierten Gedichte betreiben ein synästhetisches Spiel mit luziden Eindrücken aus der Natur, worin Klang und Farbe zu ihrem Wort kommen. (bm)

Zürich: Wolfbach

Christine Fischer: ***Els. Eine Erzählung***
Christine Fischer überrascht immer wieder mit einfühlsam erzählten, sprachlich überzeugenden Erzählungen. Hier steht die eigenwillige alte Els im Mittelpunkt, die jeweils den Sommer auf Hukejaure, hoch oben in Schwedisch-Lappland, als Hüttenwartin verbringt. Dieses Mal fühlt Els sich nicht zu Hause in der Hütte, und nur wenig später ist sie tatsächlich krank. Im Fieberwahn nimmt sie einen Fremden wahr, der sie zusätzlich bedroht. Und der ihr hilft. Die langsame Annäherung an Jona, den Mann auf der Flucht, lässt Els physisch und psychisch wieder gesund werden. – Einmal mehr gelingt es Christine Fischer aufzuzeigen, was es heißt, aus festgefahrenen Bahnen auszubrechen. (lst)

Herisau: Appenzeller

Dante Andrea Franzetti: ***Zurück nach Rom***
In *Zurück nach Rom* zeichnet Franzetti ein besonderes Bild der ewigen Stadt, in der er einst lebte und die er immer noch regelmäßig besucht. Tagebuchartige Notizen strukturieren und rhythmisieren den narrativen Plot des Buches. Rund ums »Friends Café« im Pigneto, per Bus und zu Fuß, erkundet der Autor die italienische Hauptstadt. In mancherlei Hinsicht wird das vergangene mit dem gegenwärtigen Rom-Bild konfrontiert. Die Großstadt scheint schneller geworden zu sein. Eine gewisse Hektik hat über das *dolce far niente* gesiegt, und dennoch gilt Rom als Stadt, die »in der Moderne nicht angekommen ist«. (nmg)

Basel: Lenos

Ursula Fricker: ***Außer sich. Roman***

Wie würde ich mich verhalten, wenn meine Partnerin, mein Partner krank, behindert, pflegebedürftig wäre? Diese Frage stellt sich Katja nicht mehr, nachdem Sebastian einen Schlaganfall erlitten hat. Das Leben völlig umkrempeln heißt es jetzt für sie: Sebastian, der Geliebte, das Gegenüber, ist zwar noch da, doch er kennt sie nicht mehr, reagiert nicht mehr. Katja nimmt die Herausforderung an. In *Außer sich* gelingt es Ursula Fricker, Katjas neuen Alltag in allen Details zu schildern, ohne einen depressiven Roman zu schreiben: Entsetzen, Trauer, Angst, Wut – sie sind da. Ebenso präsent sind die Erinnerungen an ein reiches gemeinsames Leben, die Katja jene Kraft verleihen, um die letzte Entscheidung zu treffen. (lst)

Zürich: Rotpunktverlag

Zsuzsanna Gahse: ***Südsudelbuch***

Ein Archipel aus winzig kleinen und größeren, kargen und üppigen »Erzählinseln« – das ist Zsuzsanna Gahses Werk. Seit vielen Jahren zeichnet sie als »Berufsausländerin« bravourös die subtilen Bruchstellen zwischen den Sprachen und Kulturen nach. Die »Sudelbücher« bilden dabei ihren Fundus. In ihnen reihen sich Aperçus, Sprachbetrachtungen und Reisebeschreibungen scheinbar zufällig aneinander. *Südsudelbuch* ist ein Reisetagebuch ohne chronologische Ordnung. Die Richtung und der Blick sind immer nach Süden gerichtet: zur iberischen Halbinsel und auf den Süden jenseits der Alpen. Gahse ist den Umherziehenden auf der Spur und dem Streunen als Daseinsform. Dabei interessieren sie besonders die heimatlosen »Keinländer« und die mehrsprachigen »Mehrländer«. (berg)

Wien: Edition Korrespondenzen

Eugen Gomringer: ***Admirador. Texte aus sechzig Jahren***

Eugen Gomringer und konkrete Poesie sind ein Paar – seit sechzig Jahren. Mit dem Lyrikband *Konstellationen* (1953) und dem Manifest *Vom Vers zur Konstellation* (1955) begründete Gomringer die konkrete Poesie und gab der deutschen Nachkriegslyrik eine ganz neue Wende. Der Band *Admirador,* zusammengestellt anlässlich des Alice Salomon Poetik Preises 2011, präsentiert eine repräsentative Auswahl von Essays, Vorträgen, biografischen und autobiografischen Texten, ja sogar Märchen. In ihnen schärft er die Konturen seiner konkreten Poesie, ohne sie ins Korsett einer Theorie zu zwängen. Interessant ist aber auch Gomringers späte Rückkehr zur gebundenen Form des Sonetts nach dem Jahr 2000. (berg)

Berlin: Matthes & Seitz

Lukas Hartmann: ***Räuberleben. Roman***

1787 wurde im badischen Sulz der Räuberhauptmann Hannikel erhängt. Mit seiner Bande hatte er die Gegend während Jahren unsicher gemacht. Ein Brand, der sieben Jahre später das Städtchen verwüstet, erscheint dem Amtsschreiber Grau aber wie eine Strafe für das harte Urteil. Aus diesem Zwiespalt der Gefühle heraus entwickelt der literarische Chronist Hartmann einen historischen Roman, der auch die Widersprüche und soziale Nöte am Vorabend der Revolution von 1789 schildert. *Räuberleben* ist ein atmosphärisch dichter Roman, der unausgesprochen auch Parallelen zu den Sans-Papiers von heute aufzeigt. (bm)

Zürich: Diogenes

Christian Kracht: ***Imperium. Roman***

Christian Kracht ist ein literarischer Draufgänger, der gerne provoziert und irritiert. In *Imperium* gelingt ihm dies mit einer deutschen Kolonialgeschichte. Der Aussteiger August Engelhardt begründet um 1900 in der Südsee einen närrischen Kult um die Kokosnuss, in welchem sich Romantik und Faschismus paaren. Am Exempel eines naiven Spinners sucht Kracht nach den Wurzeln der imperialen Überheblichkeit, die das 20. Jahrhundert aus europäischer Perspektive kontaminiert hat – mit den grausamsten Folgen. Als allwissender Erzähler bleibt er dabei in ironischer Distanz. (bm)

Köln: Kiepenheuer & Witsch

Friederike Kretzen ***Natascha, Véronique und Paul. Roman***

Köln, im Sommer 1982: Es ist so heiß, dass die Realität ihre scharfen Konturen verliert. In diesem Roman dreht sich alles ums Theater und die Stadt selbst wird zur Bühne. Auf ihr haben Natascha, Véronique und Paul ihre Auftritte, hier (er)proben sie ihr Leben als Spiel mit Möglichkeitsformen. In jugendlicher Unbeschwertheit flirren sie durch die endlosen Sommernächte. Die drei »Freunde für einen Sommer« arbeiten als Schauspieler, Regisseurin, Dramaturgieassistentin, und alles ist Spiel oder wie Véronique sagt: »Wir sind das Theater.« Eine federleichte Geschichte, ein »Sommernachtstraum« der Generation, die sich Anfang der 1980er-Jahre gegen das Erwachsenwerden sträubte. (berg)

Frankfurt am Main / Basel: Stroemfeld

Alexandra Lavizzari: *Mädchen IV mit Leguan. Roman*

Nach dem historischen Roman *Gwen John. Rodins kleine Muse* und den Studien über *Lulu, Lolita und Alice* legt Alexandra Lavizzari einen Entwicklungsroman vor, der erneut um die Beziehung zwischen einem Mädchen und einem älteren Künstler kreist. Eine junge Frau erzählt einem Mann in drei langen Kapiteln ihre Kindheit und Jugend im Basel der 1980er-Jahre. Mit zehn Jahren liegt das Kind bewusstlos in einem Steinbruch. Weshalb fiel – oder sprang – die geliebte Tochter eines Geschäftsmanns und einer Kunsthistorikerin in die Tiefe? Es dauert lange, bis die Protagonistin wieder sprechen und sich – bruchstückhaft – erinnern kann. Der Autorin gelingt ein faszinierendes Zeugnis der Suche nach einer eigenen Sprache und Identität. (rg)

Berlin: Edition Ebersbach

Pedro Lenz: *Liebesgschichte*

Die Liebe ist in Pedro Lenz' Mundartgeschichten ein zartes Pflänzchen, das jung zerdrückt wird oder schnell verblüht. Begegnungen kommen selten zustande oder gehen schief. So erinnert sich ein Ich-Erzähler an sein erstes Rendez-vous mit »Jeanne Eichebärger«, deren Eintreffen er wegen eines Missgeschicks nicht einmal abwartete. Ein anderer hört zu, wie im Zug jemand per Handy seiner Freundin den Laufpass gibt, und ein dritter erhält auf Facebook die Freundschaftsanfrage einer Frau, in die er einmal verliebt war. Sind auch die Illusionen verloren, so entzückt doch die Sprache der Antihelden. Der Randständige braucht das Geld der Sozialhilfe für seinen Hund, denn er kennt den »Emotional Value vo somene Tier«. (rg)

Muri bei Bern: Cosmos

Fredi Lerch: ***Alles bestens, Herr Grütter. Reportagen von Himmeln und Höllen***

Die Domäne der Literatur ist nach Max Frisch »die Person, die in der Statistik enthalten ist, aber darin nicht zur Sprache kommt und im Hinblick aufs Ganze irrelevant ist«. In diesem Sinne sind die hier versammelten vier Reportagen bedeutende Literatur. Die Ex-Frau eines Pädophilen, ein arbeitsloser Automechaniker, ein ausgebrannter IT-Spezialist und eine Ex-Junkie und Ex-Frau eines Frömmlers haben Fredi Lerch ihre Geschichten erzählt. Er schöpft daraus Erzählungen, die in ihrer nüchtern lakonischen Gründlichkeit klassisches Format bekommen. Dieses Buch wird über die Zeitumstände, die es aufzeigt, hinaus literarisch Bestand haben. (roth)

Zürich: Rotpunktverlag

Werner Lutz: ***Treibgutzeilen. Gedichte***

In seinem jüngsten Gedichtband folgt Werner Lutz dem Lauf des Rheins, »meinem Gefährten seit vielen Jahren«. Sein Strömen lädt ein zur Kontemplation. Der Fluss ist das Bewegte und das Bewegende, die dunkle Tiefe und die schillernde Oberfläche. So verklammert er Gegensätze, die der Dichter in seiner Poesie aufhebt. Im Spiegel des Flusses werden auch die Wolkenzüge sichtbar, die ihre Schatten über ihn werfen. »Trotzdem könnte es ein Pfirsichtag werden«, redet sich der Dichter gut zu. Der Fluss lehrt Demut, und er lehrt Beharrlichkeit. Werner Lutz ist beidem auf der Spur. (bm)

Frauenfeld: Waldgut

Patric Marino: ***Nonno spricht***

Nonno spricht schildert einen Ferienaufenthalt des Erzählers bei seinen Großeltern im süditalienischen Guardavalle. Ausflüge ans Meer, spontane Begegnungen beim »Fruttivendolo« sowie Verwandtenbesuche rhythmisieren den dargestellten Alltag. Der Großvater erzählt zahlreiche Geschichten und berichtet dabei nicht zuletzt auch über ein vergangenes Italienbild. Mit großer Feinfühligkeit greift Marino dieses Bild auf und literarisiert es. Dabei zeigt der junge Berner Autor italienischer Herkunft, wie Kalabrien war und – zumindest in Gedanken – immer noch sein kann. (nmg)

Bern: Lokwort

Thomas Meyer: ***Wolkenbruchs wunderliche Reise in die Arme einer Schickse. Roman***

Er ist pointensicher und weiß, wie man mit Sprache Slapstick treiben kann: In seinem Erstling, für den er eine mit jiddischen Partikeln durchsetzte Kunstsprache erfunden hat, erweist sich Thomas Meyer als eine überzeugende Zürcher Spielart von Woody Allen. Sein Ich-Erzähler Motti, ein junger Neurotiker aus Wiedikon, tut immer brav, was die Mame sagt. Bis er sich in die schöne Laura verliebt und aus den orthodox-jüdischen Traditionen ausbricht, was der Mame wiederum das Herz bricht. Der humoristische Ton funktioniert vor allem für die Mutter-Sohn-Beziehung; gegen Ende verliert der Roman etwas an Drive. (löt)

Zürich: Salis

Daniel Mezger: ***Land spielen. Roman***

Der Debütroman des Theaterautors Daniel Mezger besticht durch einen narrativen Trick. Als Erzähler tritt ein kollektives Familien-Wir auf, das im Spiegel der Ereignisse mehr und mehr in seine Einzelteile zerfällt. Parallel dazu zerbröckelt eine schöne Idee. Eine Familie aus der Stadt erträumt sich zuhinterst im Tal ein neues Leben, doch mit den Einheimischen ist nicht gut »Land spielen«. Mezgers Roman ist ein schillerndes Buch, das seinen Stoff auf eigenwillige Weise bearbeitet und ihm eine böse Note verleiht. Besonders in der Sprache steckt eine Unverblümtheit, die Tragik und Komik in sich vereint. (bm)

Zürich: Salis

Gerlinde Michel: ***Frei willig. Roman***

Gerlinde Michel greift ein Thema auf, das bisher kaum vorkam in der Schweizer Literatur: Walter Grimm, Inhaber eines Labels für klassische Musik, hat eine dunkle Vergangenheit. Er war Freiwilliger in der Waffen SS, was seine Tochter Valérie zufällig entdeckt. Sie beginnt zu recherchieren. Michel gelingt es auf subtile Weise, Valéries Suche nach der Wahrheit als Identitätssuche eines Landes, einer Familie und eines Individuums zu erzählen. Schweigen, Betrug und Lebenslüge bestimmen das gesamte Leben des Vaters der Protagonistin; das Politische und das Private sind untrennbar ineinander verstrickt. (löt)

Zürich: Edition 8

Francesco Micieli: ***Schwazzenbach. Schlaflos in Lützelflüh. Erzählung***

Angst vor Überfremdung beherrschte 1970 die Schweiz. Wäre die Schwarzenbach-Initiative damals angenommen worden, hätten 300 000 Italiener die Schweiz verlassen müssen. »Wir waren Feindgebiet, eine Überwucherung. Gefährlich. Wir waren ein unbekanntes Etwas, das den Schweizern die Schweiz wegnahm«, erinnert sich Angelo vierzig Jahre später. Für einen Gotthelf-Vortrag kehrt er nach Lützelflüh im Emmental zurück, wo er in den 1970er-Jahren als Sohn italienischer Emigranten aufwuchs.

Angelo ist das Alter Ego von Francesco Micieli. Dass dieser weit mehr als ein »Pressesprecher der Fremdheit« ist, beweist er einmal mehr mit dieser dichten und sehr lesenswerten Erzählung, die Gotthelf-Zitate und Gastarbeiterjargon kunstvoll verwebt. (berg)

Oberhofen am Thunersee: Zytglogge

Michèle Minelli: ***Die Ruhelosen. Roman***

Auf 740 Seiten breitet Michèle Minelli ihren Familienroman aus: drei Familien, acht Generationen, 150 Jahre. Von nicht standesgemäßen Ehen wird erzählt, von Flucht und Neubeginn, von Geburten, Krankheiten und Tod, Liebe und Eifersucht, Armut und Niedergang. Es gibt kaum ein Thema, das die in Zürich geborene Autorin in ihrem zweiten Roman nicht aufgreift. Und sie tut dies in einer opulenten Sprache, die detailgenau und in feinste Verästelungen führend Stimmung zu schaffen vermag. Wer es liebt, sich in Geschichten zu verlieren und anhand von Stammbäumen und Landkarten immer wieder auf den richtigen Weg zurückgeführt zu werden, wird *Die Ruhelosen* genießen. (lst)

Berlin: Aufbau

Adolf Muschg: *Löwenstern. Roman*

Der livländische Krautjunker von Löwenstern (1777–1836) hegt einen Traum von Japan, als es noch kaum möglich ist, jenes ferne Land zu betreten. So verinnerlicht er die Sehnsucht und nimmt nur aus der Ferne am Leben dort teil, indem er die Bücher von Japanreisenden liest und sich in seinen Kopf zurückzieht. Adolf Muschg kennt sich mit dieser Sehnsucht aus, in seinem Roman haucht er ihr Seele ein. Aus der Feder Löwensterns gibt er im behutsam historisierenden Konversationsstil einige Kostproben seiner literarischen Meisterschaft. Diese lassen getrost über einige stilistische Mängel am Ende des Buchs hinwegsehen. (bm)

München: C.H. Beck

Matthias Nawrat: *Wir zwei allein. Roman*

Wir zwei allein schildert die Geschichte eines jungen Paares. Der Ich-Erzähler arbeitet als Gemüsehändler und führt ein gemütliches Leben im Schwarzwald. Um Theres' Liebe zu gewinnen, wird er aus seiner Lethargie erwachen müssen. Theres mag nämlich keine Langweiler. Der Ich-Erzähler beginnt von Reisen, von fernen Ländern und von Zukunftsperspektiven zu träumen. Theres liebt aber auch noch einen anderen Mann. In einer sensiblen Sprache zeichnet Nawrat das Porträt einer »Generation von Unentschlossenen«, die sich – im Spannungsfeld zwischen Konvention und Innovation – auf der Suche nach einem geglückten Liebesleben befindet. (nmg)

Zürich: Nagel & Kimche

Andreas Neeser: *Fliegen, bis es schneit. Roman*

Perfekt geplant – das ist die Beziehung von Isabelle und Simon. Beide sind beruflich gefestigt, als Nächstes stehen Kind und Eigenheim auf dem Plan. Doch wen erstaunt's: Das äußerlich perfekte Gefüge weist erste feine Risse auf. Gesprengt wird es von einem merkwürdigen Fremden, der plötzlich auftaucht und sich an Isabelle heranmacht. Obermeier ist ein Stalker mit psychopathischen Zügen. Isabelle schwankt zwischen Faszination und Abscheu, doch sie kann sich seiner nicht erwehren und gerät immer tiefer in einen Gefühlsstrudel. Das Thema ist zweifellos brisant, insgesamt aber wirkt der Roman etwas überkonstruiert. (berg)

Innsbruck: Haymon

Jens Nielsen: *Das Ganze aber kürzer*

Jens Nielsens Texte sind sprachlich zu verstehen, nicht inhaltlich. Der neue Band *Das Ganze aber kürzer* hält mit monologischer Sturheit schräge Beobachtungen fest und erfindet allerlei absonderliche Begebenheiten. Das klingt oft unsinnig und ist es auch. Wer bei diesen meist slapstickhaft komischen Ein- und Überfällen an Charms denkt, liegt gewiss nicht falsch. Auch bei Nielsen steckt im Komischen zugleich eine Grimmigkeit, die zuweilen brutal durchschlägt. Gewissheiten vermittelt Nielsen nicht, wer danach sucht, sollte die Hände von diesem Buch lassen. Liebhaber des tieferen Blödsinns dagegen finden sich darin gut aufgehoben. (bm)

Luzern: Der gesunde Menschenversand

Angelika Overath: *Fließendes Land. Geschichten vom Schreiben und Reisen*

Fließendes Land versammelt Reiseberichte, Essays und kurze Texte, fast alle bereits in der NZZ oder anderswo erschienen. Es geht um Lesen und Schreiben, Reisen in exotische Länder, den Rückzug ins Kloster, um Malerei und Musik. Atemberaubend ist der Einstieg mit den frühen Erinnerungen: Wie die mütterliche Perfektionssucht und die väterliche Ohnmacht sich in Gegenständen und Ritualen der Kindheit verkörpern, ist hohe Kunst dieser »Reportagen aus der Intimität«. Und die rätselhafte Geste des Jungen in »Kirschbäume und frühe Zweifel«, der sein Hemd auszieht und dem Mädchen unter ihm zuwirft, beschäftigt auch die Leser noch lange. (rg)

München: Luchterhand

Oscar Peer: ***Die Unschuldigen. 7 Variationen***

»Dass es sich um einen absichtlichen oder vielleicht unbewusst gewollten Unfall handelte, würde sicher niemand behaupten«, heißt es in »Am Zürichsee«, der letzten der sieben »Variationen«. In diesen lotet der Autor die Tiefen aus, in denen Absicht, unbewusstes Wollen und glückliche wie unglückliche Umstände für Männer und Frauen zum unentwirrbaren Verhängnis werden. Im Zentrum steht die Geschichte von »Georgs Mühle«. Deren Protagonist erinnert nicht nur im Namen an Kafkas Gregor Samsa. Seine Verwandlung beginnt mit der Einsicht, »das sein Körper, fast wie ein kranker Baum, einem geduldigen Zerfallsprozess anheimgefallen war« – auch dies ein Grundmotiv der sieben Variationen. (roth)

Chur: Desertina

Yael Pieren: ***Storchenbiss. Roman***

»Schreiben wollte ich nur, um Ordnung zu schaffen«, hält die Ich-Erzählerin in Yael Pierens Debütroman *Storchenbiss* ganz am Schluss fest, und Ordnung bedeutet hier, mehr zu wissen über das Woher und Wohin, über Mutter und Vater, über Beziehungen jetzt und früher. Die 1989 geborene Autorin, Tochter einer Deutschen und eines Ungarn und in Basel und Wien lebend, hat den Mut, ihren Roman aus Momentaufnahmen zusammenzusetzen, hier ein Paar 1970, da eine Familie 1955, und die Ich-Erzählerin im Heute, die eben eine neue – leere – Wohnung bezieht. Da gibt es keine Beständigkeit, die Familie bricht auseinander, die Liebe ist keine Garantie. Zusammengehalten wird der Text von der Sprache, fein, poetisch, den melancholischen Grundton des Romans aufnehmend. (lst)

Zürich: Rotpunktverlag

Jolanda Piniel: ***Die Verbannte. Roman***

»Aufgebrochen« ist das erste Wort der Ich-Erzählerin. Sie entschließt sich zum Aufbruch im Doppelsinn des Wortes: Sie zieht los zu einer Reise nach Bukarest und knackt in deren Verlauf das Familiengeheimnis, das über ihrer Mutter und ihrer Großmutter liegt. Warum wurde die Mutter während des Zweiten Weltkriegs als kleines Kind aus Rumänien in die Schweiz geschickt? Die Großmutter hat bis zu ihrem Tod geschwiegen, sie wollte Ruhe haben und hat die Schnur zu ihrer Vergangenheit gekappt. Diese knüpft die Enkelin jetzt auf einer spannenden Spurensuche vor Ort und anhand der Memoiren des Großvaters neu zusammen, und der Roman schafft es, die verschiedenen Zeit- und Geschehensebenen in kunstvoller Mühelosigkeit miteinander zu verbinden. (roth)

Zürich: Dörlemann

Hansjörg Schertenleib: ***Wald aus Glas. Roman***
Was verbindet ein junges türkisches Mädchen, das in einem Hotel am Schwarzen Meer arbeitet, mit einer Altenheimbewohnerin in der Schweiz? – Es ist »die furchtbare Kraft [...] in uns, die Freiheit«, ein Pavese-Zitat und Motto des Romans. Beide reißen aus in das Land ihrer Kindheit. Ayfer, die 15-jährige Türkin, tritt alleine die Reise in die Schweiz an, während die 73-jährige Roberta sich durchschlägt nach Österreich. Die vom Ende her abwechselnd erzählten Geschichten verlaufen etwas absehbar parallel, ohne dass die beiden Frauen voneinander wüssten – einmal jedoch kreuzen sich ihre Wege unbekannterweise. (rg)

Berlin: Aufbau

Michail Schischkin: ***Briefsteller. Roman***
Nach *Venushaar* besticht der in der Schweiz lebende Russe Michail Schischkin in Briefsteller (übersetzt von Andreas Tretner) erneut mit seinem ganz besonderen Ton: tieftraurig, erdenschwer und doch wieder ganz leicht und humorvoll. Es handelt sich um einen Briefroman: Die beiden Liebenden Sascha und Wolodja werden nach einem Sommer auf der Datscha getrennt. Er kämpft in China im Boxeraufstand (1900), sie studiert in Moskau Medizin. Wolodja stirbt, Sascha heiratet – doch der Briefwechsel geht unbeirrt weiter. Mehr als der philosophische Gehalt des Romans überzeugen die genauen Beobachtungen und sinnlichen Beschreibungen. Denn was ist der Mensch? »So ein Knäuel aus Wärme und Licht.« (rg)

München: DVA

Hansjörg Schneider: ***Nilpferde unter dem Haus. Erinnerungen, Träume***

Während Kommissar Hunkeler seine Fälle löste, notierte sein Autor Hansjörg Schneider Träume und Erinnerungen in ein Tagebuch. Im Schmerz um den Tod seiner Frau steigen Konflikte aus seiner Kindheit auf, oft auch ein brachialer Zorn auf das rigide, intellektuellenfeindliche Leben, das ihm der Vater aufoktroyieren wollte. Der Text geht in seiner unverblümten Direktheit unter die Haut, gerade auch da, wo Schneider die Grenzen dessen, was man als Leser/-in gerne liest, überschreitet: Dazu gehören Fehden mit wichtigen Figuren aus dem Kulturbetrieb und ab und zu eine ordentliche Portion Narzissmus. (löt)

Zürich: Diogenes

Bruno Steiger: ***Der Trick mit dem Sprung aus dem Stuhl***

»Wäre etwas, es wäre lediglich ebenfalls.« Diese Sentenz aus »Letzte Notizen« bringt die Prosa von Bruno Steiger auf den Punkt. Er erhebt gar nicht den Anspruch, es seinen Lesern einfach zu machen. Poesie in seinem Sinn ist ein Anlass, die beengenden Grenzen der Wahrnehmung auszuweiten. Darauf hat sich einzustellen, wer sich lesend und schweifend in diesem funkelnden Sammelsurium von Geschichten und Notaten, Anrührendem und Theoretischem, Witz und Ernst bewegt. Dem Verstehen geht hier das Erfahren und Erahnen voraus, als Gewinn locken unverhoffte Einsichten. (bm)

Solothurn: Engeler

Verena Stössinger: ***Bäume fliehen nicht. Roman***

»Weißt du noch, damals?« Die Frage stellt sich leicht, schwieriger ist es, darauf eine Antwort zu formulieren. Der Roman begleitet einen alten Mann auf der Suche nach seiner Erinnerung. Mehr als ein halbes Jahrhundert ist vergangen, seit er 1947 aus seiner Königsberger Heimat vertrieben wurde. Das ist vorbei, gleichwohl ist der Moment gekommen, da »alles noch mal ans Licht geholt werden muss«. Verena Stössinger hat ein höchst subtiles Buch geschrieben, das die Suche nach Erinnerung geradezu beispielhaft in eine Sprache übersetzt, in der sich das Tastende, Lückenhafte auch stilistisch spiegelt. (bm)

Alpnach: Wallimann

Alain Claude Sulzer: ***Aus den Fugen. Roman***
Als der Starpianist Olsberg inmitten eines Konzerts mit einem lakonischen »Das war's« die Bühne verlässt, gerät für einige Menschen die Welt aus den Fugen. Alain Claude Sulzer verfolgt sie in seinem kaleidoskopartigen Roman durch den weiteren Verlauf des Abends. Liebe kippt in Verrat, und Verrat erzeugt neue Lieben. Auf elegante Weise verbindet das Buch die verschiedenen Erzählstränge, mutet dieser Konstruktion im Endeffekt aber zu viel zu. Die glatte Politur seiner Erzählung hinterlässt am Ende einen schalen Nachgeschmack, auch wenn Sulzer einige feine Beobachtungen gelingen. (bm)

Berlin: Galiani

Daniel Suter: ***Die ägyptische Tochter. Roman***
In Zürich herrscht Aufruhr. Die Stadt plant ein Medien-Center am Nordrand der Stadt, das unweigerlich Proteste auslöst. Als dann auch noch die Tochter des städtischen Chefbeamten für Hochbau mit einem Kopftuch Aufsehen erregt, wird das öffentliche Interesse erst recht angeheizt. Das Privatleben des Beamten gerät unter Beobachtung, die Abstimmung über das Projekt ist verloren, die Sieger fordern Köpfe. Daniel Suters kundig recherchierter und gewitzt aufgebauter Krimi trägt zuweilen zwar etwas dick auf, er hält der Metropole Zürich aber einen träfen und dazu amüsant zu lesenden Spiegel vor. (bm)

Zürich: Edition 8

Patrick Tschan: ***Polarrot. Roman***
Der Toggenburger Bauernbub Jakobli versucht sich unter dem Namen Jack Breiter in Sankt Moritz als Heiratsschwindler, fliegt aber kurz vor dem Ziel auf. In Basel steigt er auf im Chemiekonzern Gugy, der den Nazis die Farbe »Polarrot« für die Hakenkreuzfahne verkauft. Doch als er für die schöne Frau des Chefs Goldbarren aus jüdischem Besitz in die Schweiz schmuggelt und dabei erwischt wird, nimmt auch diese Karriere ein brüskes Ende. Zuletzt lebt er als Bauer Jacques im Jura, wo er gegen Bezahlung Flüchtlinge über die Grenze bringt. Aus Geldgier, Liebe und (ein bisschen) Überzeugung auf der richtigen Seite – so erzählt Tschan süffig die Geschichte eines Schweizer »Helden«. (rg)

Wien: Braumüller

Christian Uetz: ***Sunderwarumbe. Ein Schweizer Requiem***
Der Tote, der hier besungen wird, gibt sich als Philosoph den Namen Hieronymus Sunderwarumbe und sucht in der Nachfolge Meister Eckhardts, des deutschen Mystikers aus dem Spätmittelalter, nach einem Sinn jenseits des Warums. In der Nachfolge Martin Heideggers definiert er den Menschen als »Sterbewesen«, das frei wird und sein Leben ausleben kann, indem es den Tod als seine wahre Bestimmung anerkennt. Seine zahlreichen, weit ausgreifenden philosophischen Anläufe, die sich von 1977 bis 2005 erstrecken, hinterlässt Sunderwarumbe seinem jungen Freund Georg – einem philosophischen Poeten wie Christian Uetz. Als Leseanleitung hält er zum Schluss fest: »Texte absolut unverbindlich. / Nicht mehr rückbezüglich. / In keiner Weise Mitteilung.« (roth)

Zürich: Secession

Matthias Zschokke: ***Der Mann mit den zwei Augen. Roman***
Matthias Zschokke erzählt in seinem neuen Roman von einem gewöhnlichen Mann, der ins Alter gekommen ist und soeben seine Frau verloren hat. Sie nahm sich das Leben. Er bleibt in der Welt zurück und geht fortan seiner einsamen Wege. Von einem andern Menschen können wir ohnehin nichts wissen, wo wir uns selbst kaum kennen. Zschokkes Roman schwankt gefährlich zwischen absurdem Witz und bedrückender Entfremdung. Er ist einerseits das ausgebuffte Porträt eines Jedermann – zugleich erzählt es vom Menschen als einem im Kern einsamen, geradezu heroisch misanthropischen Wesen. (bm)

Göttingen: Wallstein

Christine Lötscher (löt) arbeitet als freie Literaturkritikerin und Mitarbeiterin des Schweizerischen Instituts für Kinder- und Jugendmedien (SIKJM) in Zürich.

Beat Mazenauer (bm) lebt und arbeitet als freischaffender Autor, Literaturkritiker und Netzwerker in Luzern und Zürich.

Daniel Rothenbühler (roth) ist Gymnasiallehrer und arbeitet in der Literaturförderung und -vermittlung zwischen der deutsch- und der französischsprachigen Schweiz.

Liliane Studer (lst) arbeitet als Lektorin (Dörlemann Verlag und freiberuflich) und ist in der Literaturförderung tätig.

Kurzkritiken, französische Schweiz

Von Christian Ciocca, Françoise Delorme, Céline Fontannaz, Elisabeth Jobin, Anne Pitteloud, Marion Rosselet und Elisabeth Vust

Antonio Albanese: *Le Roman de Don Juan. Roman*

Gibt es einen Mittelweg zwischen der zermürbenden Zweierkiste und der Libertinage? Was wurde aus Don Juan im 21. Jahrhundert? Wie schreibt man einen Liebesroman? Mit diesen Fragen beschäftigt sich Antonio Albanese in seinem zweiten Buch, in dem er drei Geschichten nach Art der russischen Matrjoschkas ineinander verschachtelt und so auf amüsante Weise die Fallstricke und Täuschungen der Liebe darstellt. Albanese scheut sich nicht, mit den Stereotypen des Genres zu spielen, die Klischees auszureizen. Auch wenn er manchmal Gefahr läuft, sich darin zu verlieren, gelingt es ihm letztendlich doch, sie zu überwinden. (ap)

Lausanne: L'Âge d'Homme

Thomas Bouvier: *Le Livre du visage aimé. Roman*

Thomas Bouvier legt mit *Le Livre du visage aimé* einen lyrischen Roman mit starker Erzählkraft vor. Drei Stimmen verweben sich im Ausdruck einer Liebe: des Adoptivsohns zum sterbenden Vater, des Gatten zu seiner kranken Frau und eines Mannes zu seiner Geliebten. Der eine erlebt die Abenteuer eines Romanhelden, der andere durchquert eine fantastische Erzählung, der dritte webt an einem Liebesgedicht in Briefform. Diese Gesangspartitur fächert sich auf in zahlreiche andere Stimmen, die das menschliche Leben erforschen: die Schwierigkeit zu lieben, die Einsamkeit, die Fantasiegespinste, die Frage nach dem Bösen und nicht zuletzt die Sprache selbst. (fd)

Genève: Zoé

Anne Brécart: *La Lenteur de l'aube*

Nach dem wunderbaren Roman *Le Monde d'Archibald* (Zoé, 2009) nimmt die Genferin Anne Brécart mit *La Lenteur de l'aube* erneut Themen auf, die ihr am Herzen liegen: Ichfindung mittels einer Rückkehr in die Vergangenheit, Offenbarung der Sinnlichkeit, aber auch Tod und

Trauer. Die Autorin erforscht mit präziser Sprache die prägenden Ereignisse eines Lebens. Hanna, Erzählerin zwischen zwei Welten, kehrt nach zwanzig Jahren Abwesenheit in die Stadt Genf zurück. Dort findet sie – manchmal nur im Traum – die Leute wieder, die in ihrem Leben entscheidend waren, die sie geliebt und dann verlassen haben. Verschiedene Begegnungen führen sie schließlich ans Krankenbett ihrer Mutter, mit der zusammen sie die Suche nach der eigenen Identität beschließt. (ej)

Genève: Zoé

Anne Bregani: *Oiseaux et autres instants. Poèmes*

Mit *Oiseaux et autres instants* (»Vögel und andere Momente« – welch schöner Titel!) legt Anne Bregani erneut schnörkellose, leichte und zugleich tiefsinnige Gedichte vor. Ihre Haikus folgen oft der japanischen Tradition, indem sie Wahrnehmungen expressiv nebeneinanderstellen. Sie enthalten jedoch auch Bilder, was eher der westlichen Tradition entspricht. Ein Augenblick wird erfasst, flüchtig, aber immer noch präsent. Dann verfliegt er – und lässt in unserem erstaunten Gedächtnis einige Takte nachklingen. Die Radierungen von Danielle Ansermet, schwarz und weiß in luftigen Grautönen, unterstreichen die kostbare und frische Schlichtheit der Texte und auch deren poetische Kraft. (fd)

Genève: Samizdat

Yasmine Char: *Le Palais des autres jours. Roman*

Le Palais des autres jours ist eine Fortsetzung des vielbeachteten Romanerstlings *La Main de Dieu* (Gallimard, 2008) der Lausanner Autorin mit libanesischen Wurzeln Yasmine Char. Die junge Lila erzählt, wie sie den Libanon verlässt und nach Frankreich emigriert, zusammen mit ihrem Zwillingsbruder Fadi, mit dem sie eine enge Liebe verbindet. Paris scheint ihnen zu ruhig im Vergleich zu Beirut, wo weiterhin Krieg herrscht. Lila versucht, mit ihrem Ausländerstatus zurechtzukommen, während Fadi sich von ihr entfernt und sie am Schluss sogar verleugnet. Mit eindringlicher Sprache nimmt der Roman Themen des Erstlings wieder auf, behauptet aber auch seine Eigenständigkeit. (ej)

Paris: Gallimard

David Collin: *Les Cercles mémoriaux. Roman*

Nach *Train fantôme* (Seuil, 2007) folgt der zweite Roman von David Collin, über einen gestrandeten, gedächtnislosen Mann, den der Mönch Cheng in einem Kloster der Wüste Gobi aufnimmt. Auch die drei Hefte in verschiedenen Sprachen, die der Unbekannte auf sich trägt, geben keinen Aufschluss über seine Herkunft. Er kommt wieder zu Kräften – und zu einem Vornamen, Elias. In Begleitung der abenteuerlustigen Fotografin Shen-Li führt er die Reise fort, bis nach Buenos Aires, wo er wohl ein Opfer der Diktatur war. Der zauberhafte Roman hat etwas von Borges' Traumliteratur. David Collin verzahnt jedoch Wirklichkeit und Fantasie in so kraftvollen Sinneswahrnehmungen, dass seine Leser die Orientierung verlieren. (cc)

Bordeaux: L'Escampette

Léonard Crot: *Les Pommiers de la Baltique. Roman*

Der erste Roman von Léonard Crot, *Les Pommiers de la Baltique*, präsentiert das Konzentrat einer düsteren, rhythmisierten und poetischen Sprache. Sie wird zur literarischen Musik dreier Figuren, deren Monologe in acht »Sätzen« zu lesen sind: Die verblühte Dominique klammert sich aus Verzweiflung an ihren Mann, der sie verachtet; Edgar ist besessen von Fran, seiner Jugendliebe; Marina wohnt als ohnmächtige Zeugin den Selbstmordversuchen ihrer Mutter bei. Mit diesem Schmerzensschrei der einfachen Leute übersättigt der junge Lausanner Autor die Schwärze und nimmt ihr so die Nuancen, beweist aber dennoch ein vielversprechendes Talent. (ej)

Vevey: L'Aire

Benoît Damon: *Trois visites à Charenton*

Ich-Erzähler der *Trois visites à Charenton,* Insasse einer Irrenanstalt, soll einer der zehn Geisteskranken sein, die der Maler Théodor Géricault 1822 porträtierte. Während er dem Maler Modell sitzt, lässt der »Irre« seiner Besessenheit freien Lauf. Sie kreist um die Guillotine, als deren Sohn er sich sieht: Gezeugt während der Enthauptung von Louis XVI, sei er während jener von Marie-Antoinette geboren worden und habe deshalb ein violettes Muttermal am Hals. Der »Guillotomane« macht sich ein Vergnügen daraus, »dem von Natur aus schlecht gewachsenen Schnabel den Hals umzudrehen«. Das fünfte Buch von Benoît Damon zeugt von enormer Virtuosität. Urwüchsig und gewitzt – die Wörter sind König. (mr)

Seyssel: Champ Vallon

Joël Dicker: ***La Vérité sur l'affaire Harry Québert. Roman***

Der 670 Seiten dicke, spannende Thriller, Zweitling des 27-jährigen Genfer Autors, erhielt den Grand Prix de l'Académie française, sowie den Prix Goncourt des Lycéens. Im puritanischen Amerika (New Hampshire) wird im Garten des Schriftstellers Harry Québert der Körper der Jugendlichen Nora Kellergan gefunden, die 1975 verschwunden war. Harry Québert steht unter Mordverdacht. Der junge Erfolgsautor Marcus Goldman beschließt, die Unschuld seines Freunds und Mentors zu beweisen. Dicker legt die Fährten gekonnt, bleibt aber den altbekannten Mustern des Genres verhaftet. Personen und Stil bleiben flach, strikt im Dienst der Handlung. (ej)

Lausanne/Paris: L'Âge d'Homme/ de Fallois

Sylviane Dupuis: ***Poème de la méthode***

Poème de la méthode verbindet Geschichte der Gemeinschaft und Leben des Einzelnen, Fragen der Poetik und brüchige Antworten. Nach der schwer erträglichen Reise zu einem Massengrab in Rumänien, nach Birkenau und zu anderen Bildern der Gewalt, die sich im Gedächtnis festsetzen, führt der Weg (griech. *méthodos* heißt: Gang einer Untersuchung, Weg) in die gequälte nahe Vergangenheit und die schwierige Gegenwart. Der verletzte Gesang schöpft auf erstaunliche Art neue Kraft in einem persönlichen Trauerfall. Eine ganz einfach menschliche Liebe findet die richtigen Worte, die so selten sind. Die Dichterin schafft Anklänge an andere künstlerische Erfahrungen, von Malern und Musikern, und bündelt sie zu einer feinen Flamme im dunkelsten Schwarz. (fd)

Chavannes-près-Renens: Empreintes

Bastien Fournier: ***Pholoé. Roman***

Im fünften Roman des Wallisers Bastien Fournier tritt nicht mehr der bisherige Protagonist Simon auf, sondern Hauptfigur ist diesmal ein Mädchen, Pholoé. Sie lässt sich vom Wind über das Schlachtfeld der Jugend treiben. Dabei muss sie sich verschiedenen Prüfungen stellen, wie dem körperlichen und seelischen Verfall ihres Vaters und einer Enttäuschung in der Liebe. Die Geschichte schreitet elliptisch voran, in kurzen Folgen, die eng an die Sinne und die vier Elemente gebunden sind. Doch auch Welthaltiges erscheint in dem intimen Text, wenn die Erzählung zum Stillstand kommt und einer Liste des Zeitgeschehens Platz macht – und so einen grandiosen Rausch erzeugt. (ev)

Vevey: L'Aire

Marie Gaulis: ***Le Rêve des naturels***

Le Rêve des naturels ist weder Roman noch Essay, eher poetische Meditation, einsam-verträumter Spaziergang. Die französisch-schweizerische Autorin mischt geografische und geistige (Um)Wege auf den Spaziergängen der Ich-Erzählerin in der Schweiz und vor allem in Australien, in einer unmöglichen und nostalgischen Suche nach dem Ursprung. Die Aborigines tragen, so meint sie, in ihrem Körper das Zeichen einer uralten Präsenz, deren Abdruck auch die Erde der Südhalbkugel prägt: Die Gehbewegung gibt ihr Zugang zu diesem »ursprünglichen Puls in unserem Körper«, der sich, wie das Schweigen, hinter dem Lärm der Städte und der Menschen verbirgt. (ap)

Genève: Zoé

Jean-François Haas: ***Le Chemin sauvage. Roman***

Der dritte Roman von Jean-François Haas spielt in der ländlichen Schweiz der 1960er-Jahre – aufmerksame Leser werden die Umgebung von Fribourg erkennen. Es geht um die Freundschaft zwischen dem Ich-Erzähler und Myriam, einem gleichaltrigen Mädchen, das als Bauernmagd verdingt wird. Myriam wird Opfer sexuellen Missbrauchs und verschwindet, bis man ihren leblosen Körper findet. Eine Untersuchung wird eröffnet. Im Dorf weckt das Verbrechen Hass und alte Streitigkeiten. Ein starker erzählerischer Atem beseelt das Buch, Kriminalgeschichte, Sozialstudie und Bildungsroman in einem: Ein Kind mit seinen Spielen, seiner Fantasie und seinen Albträumen erfährt den Verlust der Illusionen. (cf)

Paris: Seuil

Édouard Höllmüller: *L'Envol. Fragments de langue paternelle*

Der ursprünglich aus Zürich stammende Édouard Höllmüller befasst sich in seinem ersten Buch mit der Rolle der Sprache für die Bildung unserer Identität. Mithilfe eines Abecedariums verfolgt man, wie der älteste Sohn einer Familie zur Lebensfreude und zum Schweizerdeutsch zurückfindet, nachdem er einem rigiden Gesellschaftssystem und der geistigen Kastration durch die Großmutter unterworfen war. Nach dem Selbstmord des Vaters kommt der Junge in die Westschweiz, wo die Distanz sein Leiden lindert, aber nicht vergessen lässt. Großartig geschrieben, vermag die Erzählung die gesellschaftliche Dimension dieses persönlichen Wegs aufzuzeigen und die väterliche Sprache dem Schweigen zu entreißen. (cc)

Lausanne: Éditions d'en bas

Jean-Louis Kuffer: *Chemins de traverse. Lectures du monde (2000–2005)*

Der sechs Jahre lang geführte Bericht über »Werke und Tage« des ehemaligen Literaturkritikers der Tageszeitung *24 heures* vereint Erlebtes, häufig in der Abgeschiedenheit seiner Klause oberhalb von Montreux, mit Leseeindrücken und Aphorismen über Zeitgenossen. Jean-Louis Kuffer verschlingt Bücher und hat dabei stets einen Stift in der Hand. Eine fruchtbare Haltung, die diese »Querfeldeinwege« sehr persönlich gestaltet: über den Freund Marius Daniel Popescu, den »Barbaren«, über Jacques Chessex und Vladimir Dimitijevic, mit denen es zu denkwürdigen Zerwürfnissen kam. Ein Genuss sind auch die poetischen Texte über kulturelle Ereignisse oder über die Naturerfahrung am Genfersee. (cc)

La Chaux-de-Fonds: Olivier Morattel

Le Persil: La traduction littéraire, un art à part entière

Das unter der Leitung von Marius Daniel Popescu monatlich erscheinende Magazin *Le Persil* widmet im Frühjahr eine Dreifachnummer der Kunst des Übersetzens. Mit Essais (genannt seien die von Yla von Dach und Camille Luscher), literarischen Texten (insbesondere der Übersetzerinnen Jacqueline Aerne und Mathilde Vischer) und spielerischen Beiträgen (wie dem Buschtelefon oder der Rückwärts-Übersetzung) präsentiert das von Danielle Gavin zusammengestellte Heft eine große Bandbreite und eine vielfältige Sicht auf das Thema. Subtil beleuchtet es den mysteriösen Vorgang der Übertragung von einer Sprache in die andere. (mr)

Douna Loup: _Les Lignes de ta paume. Roman_

Nach dem beachtlichen Erfolg ihres sensiblen Romanerstlings *L'Embrasure* legt die 30-jährige Douna Loup mit *Les Lignes de ta paume* ein ganz anderes Buch vor. In Dialogform zeichnet die Autorin das Porträt der 86-jährigen Linda Naeff, einer Genfer Malerin. Kurze Kapitel begleiten die Protagonistin auf ihrem unsteten Lebensweg, dessen Schwierigkeiten und Nöte sie nur dank einer blühenden Fantasie meistern konnte. Der berührenden Lebensgeschichte, abwechselnd in der ersten und in der zweiten Person erzählt, verleiht die Autorin mit ihrer feinfühligen Sprache eine besondere Kraft. (ej)

Paris: Mercure de France

Frédéric Pajak: _Manifeste incertain, tome 1_

Manifeste incertain I vereint in einem Werk Notizen und Zeichnungen des französisch-schweizerischen Autors und Künstlers Frédéric Pajak, »Fragmente von überallher, aus geliehenen und nie zurückgegebenen Wörtern«. Lange Textpassagen schildern die geistigen und geografischen Wege des Berliner Philosophen und Literaturkritikers Walter Benjamin. Die Gedanken der beiden Männer überlagern sich und ergänzen einander und schaffen so ein Bild der jeweiligen Zeit. Dem Wort gegenübergestellt sind eigenständige Tuschzeichnungen, die sich zwar von ihm inspirieren lassen, es aber nicht »umsetzen« – keine Illustration des Textes also, sondern höchstens eine Interpretation. (ej)

Lausanne: Noir sur blanc

Marius Daniel Popescu: *Les Couleurs de l'hirondelle*

Nachdem sein erster Roman, *La Symphonie du loup*, dem Vater gewidmet war, spricht Marius Daniel Popescu im zweiten, ebenfalls stark autobiografischen Roman von seiner Mutter. So kehrt er in sein Geburtsland Rumänien zurück, das er 1990 verlassen hat. Von Bukarest nach Lausanne, von der Vergangenheit in die Gegenwart, von der sterbenden Mutter zur heranwachsenden Tochter – die Erzählung trägt von einem zum andern, farbig, vielstimmig, ja theatralisch. Das Schreiben erlaubt es Popescu, im Hier und Jetzt zu leben und doch auch in der Vergangenheit; sein scharfer Blick auf die tausend Kleinigkeiten des Alltags macht aus dem Gewöhnlichen eine Wunderwelt. (ev)

Paris: José Corti

Marius Daniel Popescu (Hrsg.): *Léman noir. Nouvelles inédites*

Marius Daniel Popescu hat zwanzig Autoren der Westschweiz – gestandene Schriftsteller oder Neulinge – aufgefordert, die noch wenig bekannte literarische Tradition der Noir-Kriminalnovelle in der Region anzusiedeln. Polizeiliche Ermittlung und Krimi-Atmosphäre mit Lokalkolorit finden darin Platz, mehr noch das vielgestaltige Genre des Thrillers, mit Abstechern ins Fantastische. Die Qualität ist nicht bei allen Novellen gleich hoch, aber mehrere unter ihnen sind richtige Würfe, wie »Lavaux-Kinshasa« von Daniel Vuataz oder »La Lumière« von Alain Bagnoud, die auf gute künftige Kriminalromane hoffen lassen. (cf)

Bangkok/ Lausanne: BSN Press/ Giuseppe Merrone Editeur

Silvia Ricci Lempen: *Une Croisière sur le lac Nasser. Roman*

Die Protagonisten des Romans befinden sich an Bord eines Schiffs auf dem ägyptischen Nassersee. Das sind der Fernsehstar Luis, der nur einen Seitensprung im Kopf hat, die schöne Sterneköchin Marie, Marlene, eine scharfsichtige und nicht sehr gesellige alte Dame, und der alleinstehende Charles-Etienne, der sich unbehaglich fühlt in seiner Haut. Die inneren Monologe dieser vier Personen bilden den Hauptfluss der Erzählung, die das übersteigerte Verlangen in ein Drama enden lässt. Kulisse des Kammerspiels ist die großartige Landschaft. Durch sie erhält die Erzählung eine größere Dimension, während Prolog und Epilog ihr eine besondere Tiefe verleihen, indem sie das Leiden der Personen relativieren, ohne über sie zu urteilen. (mr)

Vevey: L'Aire

Dominique de Rivaz: *Rose Envy*

Die kurze Erzählung in der zweiten Person entführt den Leser in ein modernes Märchen: Wie kann man sich die Liebe bewahren, bis über den Tod hinaus? Die Erzählerin erforscht im wörtlichen Sinn die Selbstverzehrung, das Einverleiben der eigenen Substanz (genauer gesagt des Wangeninnern) und auch der Nahestehenden: zuerst das eines plötzlichen Kindstods gestorbene Baby, dann der geliebte Mann. Dessen Asche möchte sie, wie Artemisia, mit Wein vermischt zu sich nehmen. *Rose Envy* (das ist der Name des Lippenstifts, der den Verzehr besiegelt) ist ein seltsamer Text, elliptisch, allegorisch und packend. (oc)

Genève: Zoé

Jean-Pierre Rochat: *L'Écrivain suisse allemand. Roman*

Im neunten Werk des Bauern und Autors Jean-Pierre Rochat, der im Berner Jura lebt, erzählt ein Bergbauer von der außergewöhnlichen Freundschaft mit einem Deutschschweizer Erfolgsautor, der nach einer Liebesnacht plötzlich verstirbt. Bei der Beerdigung seines Freunds gerät der Erzähler ganz wider Willen in den Kreis der Frauen, mit denen der Casanova-Literat Umgang pflegte. Die etwas ungeschickte Darstellung dieser Frauenfiguren, verführerisch und emotional, für ihre Zwecke zu jeder List bereit, gehört nicht zu den Stärken des Romans. Aber *L'Écrivain suisse allemand* bezaubert mit seiner Energie und seiner entfesselten Sprache voller Regionalismen. (ej)

Delémont: Éditions d'autre part

Daniel de Roulet: *Fusions. Roman*

Nach *Kamikaze Mozart* (Buchet Chastel, 2007) ergänzt Daniel de Roulet seine Saga des 20. Jahrhunderts mit *Fusions*. Darin geht es um die Atomfrage zur Zeit des Kalten Krieges und vor allem um die großen Entscheidungen, die Ende der 1980er-Jahre gefällt wurden, als die Sowjetunion in ihren Grundfesten erschüttert war. Mittels realer und fiktiver Personen stellt der Autor die verschiedenen Positionen der Atompolitik dar. Zwei Unternehmen, die auf die Behandlung nuklearer Abfälle spezialisiert sind, sollen fusionieren. Die Handlung mag etwas an den Haaren herbeigezogen sein, doch sie ermöglicht die Darstellung eines Ausschnitts aus nahezu fünfzig Jahren Weltgeschichte. (ej)

Paris: Buchet Chastel

Catherine Safonoff: *Le Mineur et le canari*

In *Le Mineur et le canari* begibt sich die Ich-Erzählerin, eine 70-jährige Genferin, wegen Depression und Medikamentenabhängigkeit in psychotherapeutische Behandlung. Sie verliebt sich in ihren Psychiater und schreibt über die Sitzungen bei ihm, aber auch über ihren Alltag und ihre Vergangenheit. Das Buch gibt Einblick in ein Leben mit seiner ganzen Vielschichtigkeit, seinem Verlangen – nach Männern und nach sich selbst. Dabei spricht sie auch von der Schwierigkeit des autobiografischen Erzählens, das Familie und Freunde einbezieht. Schreiben wie Leben erfordert Freiheit – eine Freiheit, die Catherine Safonoff beansprucht, die ihren Ton, klarsichtig und nie selbstgerecht, bestimmt. (oc)

Genève: Zoé

Marina Salzmann: *Entre deux. Nouvelles*

Die Genferin Marina Salzmann veröffentlicht ihren ersten Erzählband. Neunzehn Texte entfalten sich in einem unsicheren Zwischen-Raum (entre-deux). Ungeheuer, Fantasten – das Imaginäre wird wesentlich, Unerwartetes mischt sich unter das Alltägliche. Der Realitätsbezug verschiebt sich und man befindet sich in der unheimlich-vertrauten Welt des Traums. Der Sinn dieser Texte entschwindet, taucht plötzlich nach einer Biegung wieder auf. Bilder und Gegenstände verwandeln sich, Geschichten enden abrupt, der Augenblick eröffnet neue Dimensionen. Marina Salzmann gestaltet diese Stimmen sehr poetisch, lässt sie sich verkörpern und wieder auflösen, im Fluss der Sprache und ihrer unbegrenzten Formbarkeit. (ap)

Orbe: B. Campiche

Marie-Jeanne Urech: *Le Train de sucre. Roman*

Das achte Buch der Lausannerin Marie-Jeanne Urech, *Le Train de sucre*, ist in einer orientalischen Stadt angesiedelt. Der Roman erzählt das Schicksal dreier Freunde, die zusammen einen Zuckerzug erworben haben, dessen Fracht sie bei seiner Ankunft verkaufen wollen. Inzwischen vertreiben sie sich die Wartezeit und bemänteln die politische Instabilität ihres Landes, indem sie einander Geschichten erzählen, die der fantastischen Ader der Autorin entsprechen. So begeben sie sich auf einen Streifzug an Ort und Stelle, eine Reise aus Wörtern und Träumen, schwankend zwischen Realität und Legende. Die großartige Erzählerin verbindet zwei Genres, die sich durch ihr Werk ziehen: Novelle und Roman. (ej)

Vevey: L'Aire

Frédéric Wandelère: *La Compagnie capricieuse*

Frédéric Wandelère, der Dichter aus Fribourg, verzichtet bei aller Brüchigkeit nicht darauf, vom Glück zu sprechen. Das kleinste Anzeichen davon wird begrüßt: Libelle und Grashüpfer, Boten aus der Kindheit, Schmetterlinge, die ins Zimmer fliegen, oder, weniger flüchtig, weibliche Gestalten, die der Blick streichelt. Den Taucher führen Fische und Krevetten, barocke Geschöpfe, in Kenntnis ihrer wissenschaftlichen Namen nach Rom. In Fribourg machen sich die Freudenmädchen über einen Kunden lustig, in wahren Genrebildern. Der Tod, zerstreut, mäht nur die Freunde nieder; die sieben Kapitel, jedes in seiner Besonderheit, verschließen die Ohren vor ihm. Eine zarte Spannung zwischen Realität und Sprache, ohne jede Tragik, denn das Gedicht gibt sein Stelldichein, wann immer es will. (cc)

Genève: La Dogana

Mary-Laure Zoss: *Une syllabe, battant de bois*

Das neue Buch der Lausanner Dichterin Mary-Laure Zoss, *Une syllabe, battant de bois*, fasst drei beschwerliche Bergbesteigungen in kurze, dichte Texte, dem langen Satz des Lebens und der Sprache abgerungen. In diesen Prosagedichten erscheint die ganze Körperlichkeit unseres Lebens, die unaufhörliche und anstrengende Aufgabe des Atmens, die Mühseligkeit, sich einen Weg zu bahnen, zur Welt zu kommen, zu sich selbst zu kommen. Zwischen dem Einen und dem Geteilten, in und mit einer absolut unverwechselbaren Stimme, sucht und findet die Dichterin ihren Ort: greifbar, bedroht, leidenschaftlich. (fd)

Le Chambon-sur-Lignon: Cheyne

Aus dem Französischen von Ruth Gantert

Christian Ciocca (cc) ist seit 2001 Redaktor bei Radio Télévision Suisse (Espace 2). Er produziert die wöchentliche Sendung »L'Horloge de sable« und die tägliche Chronik »Helvetica«.

Françoise Delorme (fd) ist Töpferin im französischen Haut Jura, promovierte Literaturwissenschaftlerin und Dichterin. Sie ist Redaktorin der Website www.viceversaliteratur.ch und zeitweilige Mitarbeiterin der *Revue de Belles-Lettres* (Genf).

Elisabeth Jobin (ej) studiert Kunstgeschichte an der Universität Bern. Sie ist Autorin, Redaktorin der Website www.viceversaliteratur.ch und Verantwortliche für die Antenne romande des AdS (Verband der Autorinnen und Autoren der Schweiz).

Anne Pitteloud (ap) lebt in Genf. Sie ist als Journalistin verantwortlich für die literarische Rubrik der Tageszeitung *Le Courrier* und Mitglied mehrerer Jurys für Literaturpreise.

Elisabeth Vust (ev) ist Bibliothekarin in Lausanne. Sie ist Redaktorin der Literaturwebsite www.viceversaliteratur.ch und diskutiert regelmäßig in der Kritikerrunde der Literatursendung »Zone critique« bei Radio Télévision Suisse (Espace 2).

Kurzkritiken, italienische Schweiz

Von Yari Bernasconi, Roberta Deambrosi und Matteo Ferrari

Daniele Bernardi: *Ballata/e degli alberi solitari*; Andrea Bianchetti: *Estreme visioni di bianco*; Elena Jurissevich: *Le parole tornino fiato. Poesie*

Drei schmale, doch bemerkenswerte Gedichtbände seien hier hervorgehoben:

Elena Jurissevich richtet in *Le parole tornino fiato* klare Verse an ein Du, Gott oder Mensch (oder beides), mit dem nichts einfach oder selbstverständlich ist. Unter anderem mit Verweisen auf die Heilige Schrift untersucht sie die Aussagen eines Körpers, der willig oder gezwungenermaßen zu einem Werkzeug der Erkenntnis wird – und, trotz erlittener Entbehrungen, auch der Versöhnung.

Auch Andrea Bianchetti benennt einzelne Teile eines Körpers und entwirft dabei das fragmentarische Bild eines kaum mehr menschlichen Wesens. Sein Band *Estreme visioni di bianco* scheut sich nicht vor banalen Alltagsbeschreibungen, die zeitlich und räumlich kaum verortet mit der Wirklichkeitstreue ihr Verwirrspiel treiben. Bilder entstehen eher im Bereich des Möglichen als in dem der Gewissheit – wie gewiss kann schon das Gedächtnis sein, wenn es der Kindheit nachspürt? Manchmal blitzen jedoch Erkenntnissplitter auf.

Ballata/e degli alberi solitari von Daniele Bernardi schließlich folgt in dichten, zeitweise hypnotischen, ehrlichen und direkten Versen einem existenziellen Weg. Er führt zur Erkenntnis eines Wortes, das »noch die Waffe im Kampf« ist, in einer inneren oder äußeren Welt voller Hindernisse. (rd)

Lugano: Alla chiara fonte

Vanni Bianconi: *Il passo dell'uomo. Poesie*

Gewichtig und doch auch ganz natürlich weckt der Titel »Der Schritt des Menschen« bereits viele Assoziationen, wie schon der erste Gedichtband von Vanni Bianconi, *Ora prima* (Casagrande, 2008). Und wirklich trifft der Dichter, wie Fabio Pusterla sagt, »beim Voranschreiten auf die wichtigsten Lebenserfahrungen: Tod, Liebe, Vaterschaft«. Viele Einzelheiten bestimmen die Reise – kleine Details, die unbedeutend scheinen, aber universell sind: »eine verletzte Katze im Innenhof/ kann sich nicht bewegen, starrt stundenlang/ noch während zweier Tage voll Hass/ auf die Vögel, die sich in den Mauern verstecken«. (yb)

Bellinzona: Casagrande

Giuseppe Curonici: *L'incendio della montagna blu. Il quadro perduto di Cézanne. Romanzo*

»In der Liebe und in der Arbeit die gleiche Unvorsichtigkeit. Firmat erschrak, etwas konnte da nicht stimmen.« Im dritten Roman von Giuseppe Curonici, nach den erstaunlichen *L'interruzione del Parsifal dopo il primo atto* und *Nell'isola distante* (Interlinea, 2002 und 2004) geht es um den Protagonisten Firmat, der »gleich zweimal hintereinander« einer »völlig unbekannten Person« vertraut. So bewegt man sich in zwei parallele Richtungen, die sich ergänzen, zwischen Kriminalroman und persönlichen Aufzeichnungen: Da ist einerseits die Affäre um ein Gemälde von Cézanne, das bei einem mysteriösen Brand verschwunden ist, andrerseits die Liebe zu einer Frau, Irene. (yb)

Novara: Interlinea

Massimo Daviddi: *Il silenzio degli operai. Poesie*

Nach *Zoo persone* (Ulivo, 2000) und *L'oblio sotto la pianta* (Casagrande, 2005) legt der dritte Band von Massimo Daviddi eine ausgewogene Mischung von Poesie und kurzen Prosatexten vor. Der Dichter bevorzugt die Kurzform und erforscht so seine Hauptthemen im Verlauf mehrerer Texte aus verschiedenen Blickwinkeln. Tiziano Rossi bezieht sich in seinem Vorwort auf das Gesamtwerk Daviddis und sagt zu Recht, es drehe sich um »ein gemeinsames Schicksal«. Auf diesen Seiten pulsiert der Herzschlag einer vielgestaltigen Menschlichkeit, verbunden mit den Erfahrungen des Lebens, das nie glatt verlaufen kann: »so lebt man, immer, immer auf der Lauer/ auch wenn es uns nicht so scheint«. (mf)

Milano: La Vita Felice

Pietro Montorfani: *Di là non ancora. Poesie*

In seinem Gedichtband *Di là non ancora* stellt Pietro Montorfani »die Früchte einer immer wieder aufflackernden Inspiration« zwischen 1999 und 2010 vor. Vereint in einem einzigen Band – das erste »richtige« Buch des Dichters – geben die Gedichte Einlass in eine Welt, die nur skizziert war in den bisherigen kleinen Bändchen *Intuisco che ridi* und *Quasi un Hopper* (Alla chiara fonte, 2005 und 2008). Dies wertet die Gedichte auf, die in dem Band wieder erscheinen (nur wenige Texte sind unveröffentlicht), zeigt sie aber auch von einer anderen Seite, mit einer zusätzlichen Dimension: Im Zusammenspiel erhebt sich eine veritable Dichterstimme. (yb)

Bergamo: Moretti & Vitali

Ugo Petrini: *Le gazzelle di Thomson. Poesie*

Nach vielen schmalen Bändchen mit kleiner Auflage unterstreichen die über hundert Seiten des Bands *Le gazzelle di Thomson* die Bedeutung des Dichters – der dies allerdings gar nicht nötig hat. Abseits vom Scheinwerferlicht verfolgt Ugo Petrini seit Jahrzenten sein tiefgründiges Werk von seltener Feinheit und Eleganz, gut verankert in der Tradition der italienischen Dichtung. Nach Art der im Titel genannten Gazellen, bemerkt Alessandro Martini im gehaltvollen Nachwort, sind die hier versammelten Gedichte »Alarmsignale eines hochsensiblen Einzelnen in der Masse, menschlich vor allem in ihrem animalischen – das heißt beseelten – Sein.« (yb)

Lugano: Giampiero Casagrande

Fabio Pusterla: *Quando Chiasso era in Irlanda – e altre avventure tra libri e realtà*

Der neue Band von Fabio Pusterla, *Quando Chiasso era in Irlanda*, versammelt dreizehn unterschiedliche Texte, von denen zehn bereits publiziert wurden, meist in der Presse (so auch der titelgebende Text), während drei zum ersten Mal erscheinen. Die Essays bestechen durch eine innovative Reflexion über Poesie und Literatur oder über Macht und Kraft der Sprache im Allgemeinen. Außerdem ist ihnen eine diskrete autobiografische Ader gemein, die einen guten Einblick in das Werden des Autors gibt: Lektüren und Begegnungen, Geistesblitze und Einsichten vom Jugendlichen, der er einst war, bis zum heute bekannten Dichter. (mf)

Bellinzona: Casagrande

Silvia Ricci Lempen: ***Cara Clarissa. Romanzo***

Die geschätzte Autorin von französischen Romanen veröffentlicht hier zum ersten Mal in ihrer Herkunftssprache Italienisch, und dies in einwandfreiem Stil, der sowohl die dichterischen Möglichkeiten der Sprache ausschöpft als auch deren Stärken in Erzählung und Beschreibung gezielt einsetzt. Thema sind die Erinnerungen von Giulia, einer gelangweilten Dame aus gutem Haus. Ihr innerer Monolog geht zurück in die Vergangenheit als Schülerin eines bürgerlichen Römer Gymnasiums, während sie in der Gegenwart in der Ödnis eines Chalets in den Bergen Zigaretten raucht und mit ihrem Leben abrechnet, das sie nur zeitweise richtig gelebt hat. (rd)

Roma: Iacobelli

Sergej Roić: ***Il gioco del mondo. Romanzo***

Ahil-Achill, »Held und Jäger«, ist der Protagonist dieser Geschichte, angesiedelt in einer für das damalige Jugoslawien entscheidenden Phase, unmittelbar vor und während des Kriegs. Der Sohn eines Kroaten und einer Serbin verbringt die Kindheit in Bosnien. Der Roman präsentiert sich in sechs Szenen, die ihrerseits wieder in »Bilder« aufgeteilt sind. Den Anfang dieser »Bilder« machen jeweils drei Absätze, in denen drei philosophische Konzepte vorgestellt werden. Diese ziehen sich als roter Faden durch die Erzählung, die nicht immer leicht zu verstehen ist. Doch die zahlreichen Stimmen, die immer wechselnden Romanfiguren und die verschiedenen Zeitebenen – die der fast durchgehaltene Gebrauch des Präsens zusammenhält – vermitteln Dringlichkeit und Lebenshunger. (rd)

Lugano: Opera nuova

Oliver Scharpf: ***La grande veronica. Poesia***

Auf dem Buchumschlag spannt sich das Gitternetz eines Tennisschlägers vor dem Gesicht von Gabriela Sabatini, Tennisstar Ende der

1980er-Jahre. Das lange Gedicht, im Querformat über eine Doppelseite gedruckt, besteht aus fünfzehn Strophen, deren Kadenz an Kerouac denken lassen. Ein oft frohlockender Fluss aus Assonanzen und Binnenreimen, Zitaten und Bildern, prägenden Erinnerungen und entscheidenden Momenten. *Flashes* – oder besser: Asse – aus einem einzelnen Vers setzen Akzente, »um mit der Poesie etwas Sport zu treiben«, wie schon in *Uppercuts* (Mobydick, 2004) und *La durata del viaggio dell'oliva dal martinicocktail* (PeQuod, 2007). Aber auch – wesentlicher – weil es manchmal »tatsächlich um Leben und Tod geht«. (rd)

Faenza: Mobydick

Flavio Stroppini: *Pellegrino di cemento. Le voyage d'Orient a 100 anni da Le Corbusier*

1911 unternahm Charles-Edouard Jeanneret, später unter dem Namen Le Corbusier bekannt, eine lange Reise in den Osten, die er in *Voyage d'Orient* beschreibt. Hundert Jahre danach folgt Flavio Stroppini der gleichen Reiseroute mit dem Ziel, ein Buch zu schreiben. Es entsteht ein Bericht über Orte, aber vor allem Personen, der Eindrücke und Sinneswahrnehmungen ins Zentrum stellt. Keine journalistische Reportage also, sondern ein persönliches Tagebuch. Der Reisende ist immer auch Protagonist in den beschriebenen Szenen, neben seinen zeitweiligen Weggenossen, denn »Reisen heißt, unsere eigenen Orte in Bezug zu denen der anderen zu setzen, [...] zu entdecken, dass wir gleich sind«. (mf)

Mendrisio: Capelli

Aus dem Italienischen von Ruth Gantert

Roberta Deambrosi (rd) ist Redaktorin der Literaturwebsite www.viceversaliteratur.ch und arbeitet an einer Doktorarbeit über Anna Felder.

Matteo Ferrari (mf) ist Doktorand in italienischer Sprach- und Literaturwissenschaft an der Universität Freiburg. Er schreibt eine Dissertation über Plinio Martinis *Il fondo del sacco*.

Kurzkritiken, Romanischbünden

Von Valeria Martina Badilatti und Mevina Puorger

Balser Puorger: ***La glieud da Schilana ed oters raquints***

Balser Puorger (1864–1943) lebte in Graubünden und Italien. Sein Werk war dem bürgerlichen Realismus verpflichtet. Die Erzählungen wurden zwischen 1910 und 1939 zunächst einzeln, 1953 postum in überarbeiteter Fassung publiziert. Sie beruhen fast ausschließlich auf historischen Ereignissen, wie beispielsweise dem Ruhm und Untergang der wohlhabenden Sentner Familie Corradini. Der vorliegende Band stützt sich auf die Erstausgaben und gibt so der Sprache des Autors ihr ursprüngliches Gepräge wieder, mit Dialektismen und Italianismen. Das Nachwort situiert mit Bildern und Faksimiles Leben und Werk des Autors. Ein aufwendiger Anmerkungsapparat unterstützt die Lektüre dieser eindringlichen Prosa. (vmb)

Zürich: Edition Mevina Puorger

Anna Ratti: ***L'üsch nair***

Anna Ratti gelingt es in ihren Kunstmärchen, Altes mit Neuem, Tradition mit Originalität zu verbinden: Fantasievoll führt sie Volksmärchen weiter, deren Faszination ungebrochen ist. Hundert Jahre nach den Brüdern Grimm legte Gian Bundi die Engadiner Märchen vor, auf Oberengadinisch, mit Illustrationen von Giovanni Giacometti. Anna Ratti übernimmt in ihren Märchen Motive und Muster des klassischen Volksmärchens, gibt ihnen aber mit eigenem Stil und neuer Erzählweise eine spezielle Prägung. So erhalten herkömmlich negativ konnotierte Tiere, beispielsweise die Schlange, in Rattis Märchen eine helfende Funktion, die von den Märchenhelden jedoch nicht immer erkannt wird, wie das zauberhafte titelgebende Märchen »L'üsch nair« (Die schwarze Tür) zeigt. Die romanische Märchenkultur ist um einen Edelstein reicher geworden. (mp)

Schlarigna: Uniun dals Grischs

Neuauflagen rätoromanischer Klassiker

Viele wichtige Bücher der Rätoromanen sind nicht mehr erhältlich. Fehlt der kulturelle Nährboden für eine (Klein)Sprache, so ist ihr Dasein mit der Zeit gefährdet. Es ist daher löblich, dass 2012 drei längst vergriffene Klassiker in einer neuen, teils überarbeiteten Form wieder erschienen sind.

La müdada (Die Wende), das Opus magnum von Cla Biert, erschien 1962. Damit die Geschichte des Wandels der ruralen Gesellschaft vor hundert Jahren auch im 21. Jahrhundert verständlich bleibt, sind der neuen Auflage ein umfassendes Glossar und ein aufschlussreiches Nachwort angefügt.

Mit seiner Novelle *La Jürada* legte Jon Semadeni 1967 ein literarisches Novum vor. In fantastischer Erzähltechnik schildert der Autor das Motiv von Schuld und Sühne mittels eines Lawinenniedergangs. Die Neuauflage, ergänzt mit der deutschen Übersetzung, gibt den romanischen Originaltext (leider) sprachlich modernisiert wieder.

Die Chasa Editura Rumantscha schließlich legt Theo Candinas' einst tabubrechendes *Gion Barlac. Historias cuortas/ Kurzgeschichten* wieder auf. Was 1975 die Gemüter der surselvischen Moralapostel erregte, wird heute zur amüsanten Lektüre. (mp)

Cla Biert: *La müdada. Roman.* A chüra da Mevina Puorger Pestalozzi, cun ün glossar da Sidonia Klainguti ed üna postfacziun da Valeria M. Badilatti. Zürich: Limmat.

Jon Semadeni, *La Jürada/Der Bannwald.* Übersetzung von Claire Hauser Pult und Chasper Pult, Nachwort von Chasper Pult, 16 Zeichnungen von Cécile Wick. Zürich: Howeg.

Theo Candinas: *Gion Barlac. Historias cuortas/ Kurzgeschichten*, Cun in epilog dad Iso Camartin. Cuira: Chasa Editura Rumantscha.

Mevina Puorger lebt in Zürich und arbeitet als Dozentin für Rätoromanisch an der Volkshochschule und am Romanischen Seminar der Universität Zürich. Sie ist auch Übersetzerin und Verlegerin.

Übersetzungen von Schweizer Literatur in andere Landessprachen

Ins Deutsche übersetzte Bücher aus der Schweiz im Jahr 2012

S. Corinna Bille: *Alpenblumenlese. Kleine Prosa.* Aus dem Französischen von Hilde Fieguth. Zürich: Rotpunktverlag.

S. Corinna Bille: *Dunkle Wälder. Roman.* Vorwort von Maurice Chappaz, aus dem Französischen von Hilde Fieguth. Zürich: Rotpunktverlag.

S. Corinna Bille: *Schwarze Erdbeeren. Erzählungen.* Hrsg. von Peter von Matt, übersetzt von Marcel Schwander, mit einem Vorwort von Monique Schwitter. Zürich: Nagel & Kimche (Neuauflage).

Theo Candinas: *Zwischen Traum und Wirklichkeit. Kurzgeschichten.* Bern: RL-Verlagsgenossenschaft.

Theo Candinas: *Gion Barlac. Historias cuortas/Kurzgeschichten.* Cuira: Chasa Editura Rumantscha (Neuauflage).

Maurice Chappaz: *In Wahrheit erleben wir das Ende der Welt. Ein Lesebuch.* In der Übertragung von Hilde und Rolf Fieguth, zusammengestellt und mit einem biografischen Nachwort versehen von Charles Linsmayer. Frauenfeld: Huber (Reprinted by Huber).

Philippe Dubath: *Stéphane Chapuisat. Eine Geschichte.* Aus dem Französischen von Claudia Steinitz. Zürich: Bilgerverlag.

Douna Loup: *Die Schwesterfrau. Roman.* Aus dem Französischen von Peter Burri. Basel: Lenos.

Bruna Martinelli: *In den Falten der Zeit.* Aus dem Italienischen von Judith Blumenthal, Antonella Rigamonti und Andreas Grosz. Erstfeld: Pudelundpinscher.

Valère Novarina, *311 Gottesdefinitionen.* Aus dem Französischen und mit Anmerkungen von Leopold von Verschuer. Berlin: Matthes & Seitz.

Charles Ferdinand Ramuz: *Histoire du Soldat/Die Geschichte vom Soldaten.* Übersetzt von Mani Matter. Französisch/Deutsch. Oberhofen: Zytglogge.

Werner Renfer: *Frühzeitiger Herbst/Automne précoce. Gedichte französisch und deutsch.* Ausgewählt und übersetzt von Christoph Ferber, Nachwort von Barbara Traber. Zürich: Limmat.

Jean-Jacques Rousseau: *Träumereien eines einsam Schweifenden.* Nach dem Manuskript neu übersetzt von Stefan Zweifel. Berlin: Matthes & Seitz.

Anna Ruchat: *Schattenflug/Volo in Ombra.* Übersetzung von Maja Pflug. Zürich: Limmat.

Michail Schischkin: *Briefsteller.* Aus dem Russischen von Andreas Tretner. München: DVA.

Michail Schischkin: *Auf den Spuren von Byron und Tolstoi. Eine literarische Wanderung von Montreux nach Meiringen.* Aus dem Russischen von Franziska Stöcklin. Zürich: Rotpunktverlag (Neuauflage).

Jon Semadeni: *La Jürada/Der Bannwald.* Übersetzt von Claire Hauser Pult und Chasper Pult. Zeichnungen von Cécile Wick. Zürich: Howeg.

Olivier Sillig: *Skoda.* Aus dem Französischen von Claudia Steinitz. Zürich: Bilgerverlag.

Leo Tuor: *Giacumbert Nau. Cudisch e remarcas da sia veta menada / Bemerkungen zu seinem Leben.* Rätoromanisch/Deutsch. Übersetzt von Peter Egloff. Zürich: Limmat.

Frédéric Wandelère: *Hilfe fürs Unkraut. Gedichte.* Aus dem Französischen von Elisabeth Edl und Wolfgang Matz, mit einer Vorbemerkung von Philippe Jaccottet. München: Hanser.

Ins Französische übersetzte Bücher aus der Schweiz im Jahr 2012

Fabiano Alborghetti: *Registro dei fragili. 43 canti / Registre des faibles. 43 chants.* Traduit de l'italien par Thierry Gillybœuf, Collection bilingue. Lausanne: Coédition Éditions d'en bas/CTL/SPS.

Manuela Benuzzi Billeter: *Derrière le paravent.* Traduit de l'italien par Danielle Benzonelli. Lausanne: Plaisir de lire.

Peter Bichsel: *La couleur Isabelle.* Traduction d'Ursula Gaillard. Lausanne: Éditions d'en bas.

Arno Camenisch: *Derrière la gare.* Traduction de Camille Luscher. Lausanne: Éditions d'en bas.

Alex Capus: *Léon et Louise.* Traduit de l'allemand par Emanuel Güntzburger. Arles: Actes Sud.

Mikhaïl Chichkine: *Deux heures moins dix. Roman.* Traduit du russe par Nicolas Véron. Lausanne: Noir sur blanc.

Ralph Dutli: *Mandelstam, mon temps, mon fauve. Une Biographie.* Traduction de l'allemand par Marion Graf. Paris: Le Bruit du temps / Chêne-Bourg: La Dogana.

Elena Jurissevich: *Ce qui reste du ciel. Poésie.* Traduction de l'italien par Mathilde Vischer. Genève: Samizdat.

Gottfried Keller: *Mérette.* Adaptation de Bruno Blume, traduction d'Ursula Gaillard, illustré par Laura Jurt, Zürich: OSL.

Melinda Nadj Abonji: *Pigeon, vole.* Traduction par Françoise Toraille. Paris: Métailié.

Ilma Rakusa: *La mer encore. Passages de la mémoire.* Traduction de Patricia Zurcher. Lausanne: Éditions d'en bas.

Jürg Schubiger: *Quand la mort est venue.* Traduction de Marion Graf. Lausanne: La Joie de lire.

Annemarie Schwarzenbach: *De monde en monde. Reportages 1934–1942.* Traduit de l'allemand par Dominique Laure Miermont et Nicole Le Bris. Genève: Zoé.

Martin Suter: *Allmen et le diamant rose.* Traduit de l'allemand par Olivier Mannoni. Paris: Bourgois.

Robert Walser: *Lettres de 1897 à 1949.* Traduit de l'allemand par Marion Graf, édité par Marion Graf et Peter Utz. Genève: Zoé.

Ins Italienische übersetzte Bücher aus der Schweiz im Jahr 2012

Étienne Barilier. *Il decimo cielo.* Traduzione di Laura Este Bellini, prefazione di Fabio Pusterla. Locarno: Dadò.

Ulrich Becher: *Caccia alla marmotta.* Traduzione di Roberta Gado. Milano: Baldini Castoldi Dalai.

Jean-Luc Benoziglio: *Il re di Francia, seguito e fine*. Traduzione di Maurizia Balmelli, Bellinzona: Casagrande.
Jacques Chessex: *L'ultimo cranio del marchese di Sade*. Traduzione di Maurizio Ferrara. Roma: Fazi.
Friedrich Dürrenmatt: *L'incarico, ovvero Sull'osservare di chi osserva gli osservatori. Novella in ventiquattro frasi*. Traduzione di Giovanna Agabio e Roberto Cazzola. Milano: Adelphi.
Friedrich Dürrenmatt: *Franco Quinto. Commedia di una banca*. Traduzione di Aloisio Rendi. Milano: Marcos y Marcos.
Luisa Famos: *Tutto si rinnova*. A cura di Marisa Keller-Ottaviano, postfazione di Clà Riatsch. Bellinzona: Casagrande.
Max Frisch: *Cercavamo braccia, sono arrivati uomini*. A cura di Mattia Mantovani. Locarno: Dadò.
Pierre Girard: *Il banchiere non gradisce le bistecche*. Traduzione di Camilla Diez. Bellinzona: Casagrande.
Franz Hohler: *Il cavallo bianco e altri racconti*. A cura di Gabriella de'Grandi, con una prefazione di Anna Felder. Locarno: Dadò.
Philippe Jaccottet: *La poesia romanda*. Traduzione e prefazione di Fabio Pusterla. Locarno: Dadò.
Klaus Merz: *L'argentino*. Traduzione di Donata Berra e Roberta Gado. Bellinzona: Casagrande.
Verena Stefan: *Ospiti estranei*. Traduzione di Emanuela Cavallaro. Ferrara: Tufani.
Martin Suter: *Il talento del cuoco*. Traduzione di Emanuela Cervini. Palermo: Sellerio.

Redaktion *Viceversa*

Ruth Gantert (rg), Romanistin, ist Projektleiterin von *Viceversa* und verantwortlich für die deutsche Ausgabe von *Viceversa.* Sie zeichnet für die Gesamtredaktion der Website www.viceversaliteratur.ch und ist Geschäftsführerin der Kulturstiftung Fondazione Casa Atelier Bedigliora.

Yari Bernasconi (yb) ist verantwortlich für die italienische Ausgabe von *Viceversa* und doktoriert über Giorgio Orelli. Er ist künstlerischer Leiter des Service de Presse Suisse.

Marion Rosselet (mr) ist verantwortlich für die französische Ausgabe von *Viceversa.* Sie arbeitet bei den Éditions d'en bas.

Valeria Martina Badilatti (vmb) lebt in Zürich, wo sie an der Kantonalen Maturitätsschule für Erwachsene Französisch unterrichtet. Sie arbeitet auch in verschiedenen Bereichen der romanischen Kulturszene.

Christa Baumberger (berg) arbeitet als wissenschaftliche Mitarbeiterin im Schweizerischen Literaturarchiv in Bern und als Lehrbeauftragte für Literaturwissenschaft an der Pädagogischen Hochschule/Universität Zürich.

Odile Cornuz (oc) doktoriert über Interviewbände von Schriftstellern. Sie ist selbst Autorin und lebt in Neuchâtel.

Roberta Deambrosi (rd) doktoriert über die Tessiner Schriftstellerin Anna Felder und ist Redaktorin der Website www.viceversaliteratur.ch.

Céline Fontannaz (cf) lebt in Lausanne und arbeitet als Journalistin bei RTS.

Nina Maria Glauser (nmg) ist Assistentin für neuere deutsche Literatur am Deutschen Seminar der Universität Lausanne. Sie doktoriert über Paul Nizon und Hugo Loetscher und ist Vorstandsmitglied der G.E.D.L. (Gesellschaft für die Erforschung der Deutschschweizer Literatur).

Arno Renken unterrichtet an der Hochschule der Künste in Bern und am Schweizerischen Literaturinstitut. Er ist Mitglied des Forschungskollektivs »Groupe de la Riponne« und Co-Leiter der Reihe »par Ailleurs« bei Van Dieren Éditeur.

Barbara Sauser ist Übersetzerin aus dem Italienischen, Polnischen und Russischen. Sie lebt in Bellinzona.

Mathilde Vischer ist literarische Übersetzerin und unterrichtet in Genf an der Faculté de traduction et d'interprétation.

Übersetzerinnen und Übersetzer von *Viceversa Literatur*

Marion Dick, Christoph Ferber, Ruth Gantert, Barbara Sauser, Michael Stauffer, Claudia Steinitz, Christina Viragh und Gabriela Zehnder.

Übersetzerinnen und Übersetzer von *Viceversa Littérature*

Étienne Barilier, Jean-Jacques Bretou, François Conod, Sophie Delaloye, Ursula Gaillard, Simon Koch, Marielle Larré, Camille Luscher, Charlène Tardy, Nicole Taubes, Christian Viredaz, Véronique Volpato et Patricia Zurcher.

Übersetzerinnen und Übersetzer von *Viceversa Letteratura*

Maurizia Balmelli, Emanuela Cavallaro, Sandra Clerc, Gabriella de'Grandi, Roberta Gado, Pierre Lepori, Monica Pavani, Anna Pensa, Chiara Tana, Annarosa Zweifel Azzone.

Lektorat

Daniela Koch, Rotpunktverlag

Korrektorat

Günther Fässler

Fotografien

Yvonne Böhler fotografierte Maurizia Balmelli, Étienne Barilier, Paolo Di Stefano, Händl Klaus, Werner Lutz, Kurt Marti, Anne Perrier, Ugo Petrini, Ángela Pradelli, Noëlle Revaz, Leta Semadeni, Christina Viragh und Christian Viredaz.
Das Foto von Plinio Martini stammt aus dem Privatarchiv von Alessandro Martini, Villars-sur-Glâne.
Das Foto von Monique Schwitter ist ein Selbstporträt.

Illustrationen

Seite 16: Der Brief von Kurt Marti an Ernst Merz, datiert Bern, 24. Mai 1937, befindet sich im Nachlass Ernst Merz, Schweizerisches Literaturarchiv (SLA), Bern.
Seite 118: Giovanni Bellini (1430 [?]–1516), *Darbringung im Tempel* © Galleria Querini-Stampalia, Venedig, Italien / The Bridgeman Art Library (Ref. FTB 61116).
Seite 187–189: Die erste Illustration zu *Il fondo del sacco (Nicht Anfang und nicht Ende)* von Plinio Martini ist von Isabelle Pralong.
Seite 191 und 192: Die zweite Illustration zu *Il fondo del sacco (Nicht Anfang und nicht Ende)* von Plinio Martini ist von Andreas Gefe.
Seite 136 und 137: Die drei Zeichnungen zu den Gedichten von Werner Lutz sind von Werner Lutz.

Viceversa Literatur
Jahrbuch der Schweizer Literaturen

Literaturen und kultureller Austausch in der Schweiz: Seit über zehn Jahren widmet sich das vom Service de Presse Suisse herausgegebene Jahrbuch *Feuxcroisés* – seit 2007 *Viceversa Literatur* – dem Literaturaustausch in der Schweiz. Hatte sich *Feuxcroisés* einzig an ein französischsprachiges Publikum gerichtet, so ist *Viceversa* mehrsprachig und umfangreicher: Das Jahrbuch erscheint in drei Ausgaben auf Deutsch, Französisch und Italienisch in Zusammenarbeit mit einem Verlag in jeder Sprachregion und mit der Website des Service de Presse Suisse www.viceversaliteratur.ch.
In den drei Ausgaben von *Viceversa* werden Autorinnen und Autoren aus allen Sprachregionen der Schweiz in ausführlichen Dossiers mit Essays, Gesprächen und unveröffentlichten Texten vorgestellt. Außerdem erhalten Schweizer Übersetzerinnen und Übersetzer die Gelegenheit, literarische Texte ihrer Wahl zu übertragen.

Überblick *Viceversa* (2007–2012)

Viceversa Letteratura 1 (2007), Edizioni Casagrande

Scrittori: Pascale Kramer, Lukas Bärfuss, Corinne Desarzens, Vic Hendry, Ilma Rakusa, Maurice Chappaz, Franz Hohler, Beat Sterchi, Grisélidis Réal. Focus: Giovane poesia nella Svizzera italiana, Poesia/Periferia. Scrivere/tradurre: Friedrich Glauser. Dossier: Ascoltare il testo.

Viceversa Littérature 1 (2007), Éditions d'en bas

Écrivains: Lukas Bärfuss, Vic Hendry, Franz Hohler, Aurelio Buletti, Ilma Rakusa, Beat Sterchi. *Traducteurs:* Gerda Scheffel / Robert Pinget, Friedrich Glauser. *Dossier thématique:* Jeune poésie en Suisse italienne. *Dossier spécial:* Entendre le texte.

Viceversa Literatur 1 (2007), Limmat Verlag

Porträts: Pascale Kramer, Corinne Desarzens, Vic Hendry, Maurice Chappaz, Aurelio Buletti, Grisélidis Réal. *Fokus:* Junge Lyrik aus der italienischen Schweiz, Poesie/Peripherie. *Übersetzen:* Gerda Scheffel / Robert Pinget, Friedrich Glauser. *Thema:* Texte hören.

Viceversa Letteratura 2 (2008), Edizioni Casagrande

Scrittori: Jean-Luc Benoziglio, Philippe Jaccottet, Agota Kristof, Mariella Mehr, Adolf Muschg, Dragica Rajčić, Madeleine Santschi, Armin Senser. *Scrivere/tradurre:* Christoph Ferber, Valère Novarina / Leopold von Verschuer *Dossier:* Critica letteraria.

Viceversa Littérature 2 (2008), Éditions d'en bas

Écrivains: Mariella Mehr, Adolf Muschg, Alberto Nessi, Dragica Rajčić, Armin Senser. *Traducteurs:* Christoph Ferber, Valère Novarina / Leopold von Verschuer. *Dossier spécial:* La critique littéraire dans les médias.

Viceversa Literatur 2 (2008), Limmat Verlag

Porträts: Jean-Luc Benoziglio, Philippe Jaccottet, Agota Kristof, Alberto Nessi, Madeleine Santschi. *Übersetzen:* Christoph Ferber, Valère Novarina / Leopold von Verschuer. *Thema:* Literaturkritik.

Viceversa Letteratura 3 (2009), Edizioni Casagrande

Scrittori: Jürg Schubiger, Frédéric Pajak, Rafik ben Salah, Tim Krohn, Rose-Marie Pagnard, Eveline Hasler. *Scrivere/tradurre:* Jürg Laederach. *Focus:* Svizzera italiana e retoromanica. *Dossier:* Luoghi reali e utopici nella letteratura elvetica.

Viceversa Littérature 3 (2009), Éditions d'en bas

Écrivains: Jürg Schubiger, Tim Krohn, Eveline Hasler, Rafik ben Salah. Traducteurs: Jürg Laederach. *Dossiers spéciaux:* Lieux littéraires; Le fil à retordre de la culture suisse italienne; Les Romanches et leurs classiques.

Viceversa Literatur 3 (2009), Limmat Verlag

Porträts: Rafik ben Salah, Rose-Marie Pagnard, Frédéric Pajak. *Übersetzen:* Jürg Laederach. *Fokus:* Literatur in der italienischen Schweiz; Literatur in Romanischbünden. *Thema:* Fiktive Orte in der Literatur.

Viceversa Letteratura 4 (2010), Edizioni Casagrande
Viceversa Littérature 4 (2010), Éditions d'en bas
Viceversa Literatur 4 (2010), Limmat Verlag

Porträts: Arno Camenisch, Jacques Chessex, Anne-Lise Grobéty, Christian Haller, Fleur Jaeggy, Martin Suter. *Übersetzen:* Gilles Decorvet, Thomas Eggenberg, Dubravko Pušek. *Inédits:* Leopoldo Lonati, Melinda Nadj Abonji, Michail Schischkin, Mary-Laure Zoss.

Viceversa Letteratura 5 (2011), Edizioni Casagrande
Viceversa Littérature 5 (2011), Éditions d'en bas
Viceversa Literatur 5 (2011), Limmat Verlag

Porträts: Ernst Burren, Gaston Cherpillod, Giorgio Orelli, Angelika Overath, Claudia Quadri, Catherine Safonoff. *Übersetzen:* Prisca Agustoni, Vahé Godel, Irma Wehrli. *Inédits:* Charles Lewinsky, Oscar Peer, Philippe Rahmy, Anna Ruchat.

Viceversa Letteratura 6 (2012), Edizioni Casagrande
Viceversa Littérature 6 (2012), Éditions d'en bas
Viceversa Literatur 6 (2012), Limmat Verlag

Porträts: Klaus Merz, Erica Pedretti, Fabio Pusterla, Jacques Roman, Alain Claude Sulzer, Yvette Z'Graggen. *Zu Gast:* Juri Andruchowytsch und Alfonsina Storni. *Übersetzen:* Matteo Campagnoli, Genia Catala, Hartmut Fähndrich. *Inédits:* Dumenic Andry, Pietro De Marchi, Marcel Miracle und Wanda Schmid.

Einen Überblick über die Inhalte von *Feuxcroisés* 1999–2006 finden Sie unter www.viceversaliteratur.ch.